U0126450

道家詮釋學與純粹力動現象學

吳汝鈞等著

臺灣 學生書局 印行

序

　　《道家詮釋學與純粹力動現象學》一書是我替國立中央大學中
文研究所與哲學研究所在 2010 年上學期所開設同名課程的上課錄
音記錄。前此我曾替中央大學開設過「當代新儒學的深層反思與對
話詮釋」和「禪的存在體驗與對話詮釋」兩門課，其中記錄都已分
別整理成書出版了，現在出版的這部著作是同類書的第三部了。在
基本構思和實際執行上都與上面二書相同，都以老師與同學對話的
方式進行，只是探討的問題不同而已。這次是探討先秦道家與我所
提的純粹力動現象學作比較研究。同學基本上是就我預先定好的題
材分別作出報告，在課堂上講述，我則隨時提出回應，其中包括對
某些重要概念與問題作進一步的解釋，澄清同學在理解上的不恰當
之點，對他們提出質疑和提出大量的補充，務求對於所處理的概念
和問題作出正確的、周延的、詳盡的交代。其他同學也可以隨時提
出問題，參予討論，也可以詢問老師講說的有關問題，老師也會斟
酌他們的提問作出適量的回答。整個授課都是透過對話的方式進
行，氣氛相當輕鬆，學生沒有壓力的感覺，但還是要作備課的工
夫。

　　這種授課方式在臺灣或許是先例，但在日本與歐美的大學的研
究院課程行之有年。主要的理念是學生讀研究所，應該已具有一定

程度的有關科目的知識和在思考上有些訓練，老師不必像在中學或大學中以作 lecture 來講授，學生也不必在課堂上不停地把老師所說的記下來，成為一個 take note 的機器，而可以較用心地注意課程上的概念的詮釋與問題的分析與處理。老師也會在這些問題上多加留意，引導同學如何清晰地表達概念和有系統地思考問題。這樣，同學可以有效地增加有關科目的知識，和提昇自己的對哲學問題的分析和思考能力，有助將來繼續作學術研究。特別是，他們要預先對被安排給自己的題材作出廣泛的閱讀，寫成報告，在適當的時段中提出，並隨時準備老師和同學的質詢甚至挑戰，這種質疑與挑戰有時可以是很考功夫和很 exciting 的。

參予這個課程的有六位同學，其中有四位是修學分的，另外兩位則是來旁聽的。修學分的同學要作報告，旁聽的則只是來聽而已。我酌情把整個課程的討論分成兩個子題，同學可依其自身的興趣和知識選擇子題。具體的安排是：中央大學博士生顏銘俊負責「道家道、無、無為、逍遙與純粹力動」，同大學博士生呂銘崴負責「純粹力動與道家的動感」，同大學博士生瞿慎思負責「道家的終極關懷與對世界的態度：以純粹力動現象學作參照來看」，和淡江大學碩士生張惟智負責「自我設準、睿智的直覺與知性，兼及靈臺明覺我」。他們所做的「功課」，基本上都很好，他們都很用功。初稿出來後，我全看過，並作了一些修改，那主要是文字上的問題；我盡量不碰內容方面，讓它能以原來狀態與讀者見面。只是張惟智君所寫的、所記錄的，在文字上改動較多。他們大部分都可以做學術研究的工作，我希望他們會沿著這條道路走下去。只是有點擔憂讀完學位找適合的工作職位的問題。目前在臺灣，很多拿到

博士學位的同學找不到工作，特別是在大學中教書的職位，或者是做博士後研究。即使能找到後者，也只是過渡性質，三幾年後，便要退出了。因此，我常常提醒年青的同學，拿到博士學位只是申請大學教職的不可或缺的條件而已，但不表示甚麼保證。要增加自己的競爭能力，還需不斷努力，多寫些研究的論文，甚至專著，才會有較好的機會。

回到本書方面去，我發覺同學們都很用心看我在這方面有關的著作：《純粹力動現象學》、《純粹力動現象學續篇》和《純粹力動現象學六講》，他們在道家哲學方面也做了好些準備工作。我把他們的功課依序分成四章。由於我們的講課不是專家式的，因此未有涉及馬王堆及郭店所出土的《老子》的古本。最後，我製成了一個書目，那是有關道家哲學與純粹力動現象學方面的，給有興趣的讀者作進深理解的參考。

如同過往所開講的兩門課程一樣，這次的講課也是在中央研究院中國文哲研究所中進行。我很感謝中央大學有關方面能顧及我的健康問題，讓我不必老遠趕到中央大學講課，而能在就近的中研院舉行；對於從遠處過來中研院聽課的同學，我也很感恩。另外，香港的陳森田先生在這本小書的出版方面負責了部分的打字工作，在此也一併向他致謝衷。

吳汝鈞

二○一一年三月於南港中研院

道家詮釋學與純粹力動現象學

目 次

第一章　道家「道」、「無」、「無為」、「逍遙」與純粹力動

第一節　老子道論及其相關問題解析

老師：各位同學，我們今天這個課程，主要是討論道家思想，以老子、莊子為主要範圍，應該還不會那麼快就討論到有關純粹力動的問題。我看你這份報告的篇幅可能比較長一點，所以我們要花相當多的時間來做回應跟討論。那麼，在你進行報告的過程中，我如果覺得有什麼意見必須提出，會暫時打斷你的報告，然後提出我的回應；而同學如果有問題，也可以隨時提出。……好了，可以請你開始了。

同學（顏）：好，那麼我就開始了！這份報告的內容，是因應老師開設這門課的目的，也就是要針對「道家思想」和「純粹力動現象學」，進行一種對話的工作。而我負責的主題，是道家的「道」、「無」、「無為」、「逍遙」的觀念跟「純粹力動」觀念的比較。所以在一開始，我主要是針對道家在「道」、「無」、「無為」、

「逍遙」等幾個觀念的展示情況,進行一點說明。道家思想當然是一個我們比較熟悉的思想體系;而「純粹力動現象學」,則是老師您近年來致力開創的新說,它在整體內容上,主要是揭示「純粹力動」的觀念作為宇宙開創、發展的終極原理,然後以之為基礎,進一步為人類在世間的現實人生中,提供一套得以綜攝知識追求、倫理追求、藝術追求與宗教追求之多元價值實踐的新型態形而上學。而我的這份報告,就是就我當前理解的水平,嘗試對兩者間一部分比較重要的思想內涵加以比較。

我們知道,要講道家思想,不能迴避的就是「道」這個哲學範疇,因為中國歷史上,第一次明確賦予「道」這個字一種哲學意涵的,就是《老子》這本書,之後整個先秦道家不管是老子、莊子、文子,甚至到了漢代道教確實成立以後,他們都是以「道」這個字作為整個學派或宗派的思想表徵,所以「道」論的重要性是不言可喻的。因此,以下我在介紹道家思想時,主要就是以「道」論為基礎加以延伸、說明,不管是介紹老子或莊子思想。——另外,就我的理解,如果以老師您給我的主題來說的話,「道」、「無」、「無為」、「逍遙」這四個觀念中,「道」、「無」根本上就是一種形而上學概念,而落實在現實生活的層面上,以老子來說,就是希望我們以「無為」的態度應機接物;以莊子來說,就是希望我們達致一種「逍遙」的生命境界。因此,我認為,「道」、「無」的觀念屬於道家思想在形而上學方面的建構;而「無為」、「逍遙」則分別是老子、莊子兩人依於道家思想的形而上學建構,最終提出的安頓現實人生的方法。

老師：嗯，這裏我要先做出一點說明，就是「道」這個觀念，老子跟莊子都很強調；然後「無」是老子講得比較多，莊子則講得比較少一點，但「無」的觀念意涵，還是包含在莊子思想裏面，只是整部《莊子》的文本，對「無」這個觀念的討論相對來說比較少而已。至於「無為」，它根本上是老子思想中一種「工夫論」的觀點，但如果我們光講「無為」，似乎還不太夠，因為只講「無為」，消極的意味就很重。其實老子的思想也不是真的那麼消極，為什麼呢？因為他講「無為」之外，另一方面也講「無不為」，所以老子的「工夫論」是有兩個面向的：一面是「無為」，一面是「無不為」。那麼，「無為」跟「無不為」我們通常是怎麼去理解它們呢？其實所謂「無為」的「為」，跟「無不為」的「為」，它們的意思應該是不盡相同的，因為如果意思都相同，那麼老子的「無為而無不為」的主張就有矛盾了！所以「無為」這個詞語中的「為」，指的是一種刻意的行動或作法，也就是說，不是一種「自然而然」的作法。在這種行動跟作法中，屬於人為、人工這方面的因素很強；而「無不為」這個詞語中的「為」字，是指在「道」作為一種終極原理、作為一種宇宙萬物創生的根源，它在「無為」運化的同時，與宇宙萬物之間還是有所關聯，對宇宙萬物還是有所關心，不是把宇宙萬物擺在一邊不管。這是老子所講的「無為」跟「無不為」在意涵上的區別。

　　而這個「逍遙」呢，就是莊子的話語，它表達了莊子心目中最高的精神境界，但「逍遙」作為一種精神境界，表面上看希望跟整個世間保持一種距離，這樣才能「逍遙」嘛！對莊子來說，世間所有的事物從表面看來似乎都存在著障礙，就是說，事物與事物之間

常常存在著一種爭執的關係，這就是我們平常說的障礙。那什麼是障礙呢？譬如說：我現在進到這間討論室，我就選擇坐在這張椅子上，那等一下還有同學進來，他就只能坐在其他的椅子上，不能坐我這張椅子，因為這張椅子上的空間已經被我佔據了，這就是有礙。所以這種礙也可以看作是一種束縛，就是說你拿它沒辦法，在現實中很多情況都是這樣。又譬如說：某間大學中某一個系裏，只能有一位講座教授，那某甲已經當了講座教授，當然其他某乙、某丙、某丁……等等這些先生們，自然就沒機會了，要等某甲退休了，或因故從講座教授的位子上退下來了，他們才有機會，所以某甲當上講座教授的這個事實，對其他的同仁來說，就是有礙。總之，「逍遙」這個觀點，基本上就是我剛才說的，要跟這個世間保持一段距離，它表面上是有這個意思，但其實也不是那麼消極。莊子思想的導向一樣是兩面的，一方面就是強調「逍遙」，要跟世間保持一段距離，在這種情況中他比較能夠專心從事自我的修養，不受外在環境的困擾；可另外一面，他還是很關心世間事務，不是全然的消極主義者，但一般的觀點就是這樣，認為莊子完全是個離世的人物，就是不食人間煙火，自己待在一個很高的境界，然後平觀現象界中的各種現象，但我想莊子並不是一般人所想的這種樣子。一般人會有這種想法，我想有一個比較明顯的原因：因為〈逍遙遊〉是《莊子》「內七篇」中的第一篇，所以一般人就覺得，在這七篇之中，「逍遙遊」最重要；而其餘外、雜篇因為比較不能夠完全代表莊子的思想，而莊子安排〈逍遙遊〉為「內七篇」的第一篇，理所當然就應該是最重要的，因次序在最前面嘛！但這種安排是不是有這種意味，其實也很難講。為什麼我說莊子思想的意向不

光是「逍遙」？不只是尋求一種自由自在的境界，自己就待在裏面平觀世間萬事萬物，他應該還有另外一個面向，因為「高處不勝寒」。「高處不勝寒」這句話誰講的啊？

同學（顏）：蘇東坡！

老師：對，你只是一個人獨處在一個很高的境界裏，而跟現實世間的物事都斷絕關聯，你會有一種孤獨的感覺，這應該不是一種最完美的心境。莊子應該不是一個這樣的徹底的消極主義者。另外，在《莊子》這本書裏面，用了很多篇幅去抨擊暴君、抨擊當時的統治者，說他們把自我的享樂建築在老百姓的痛苦之上。莊子為什麼花這麼多篇幅談這方面的事呢？這就表示他的終極關懷不光是「逍遙」的那種境界，也是對現實世間有一種參與，即便他是一種消極的參與，但也是一種參與。以上是我針對老、莊的這幾個觀念，首先提出的一些意見。請繼續。

同學（顏）：那接著我就直接進入老子的「道」論。我們知道，在《老子》這本書的整體語境裏面，「道」這個字的意涵是很豐富的，並不只承載著一元意涵而已，它有時候指「本體」，有時候指「規律」，有時候又指人生準則。但最核心、最根本的還是「本體義」，所以我們主要還是討論「道」的「本體義」。我覺得《老子·二十五章》裏面所說的：

> 有物混成，先天地生。寂兮寥兮，獨立而不改，周行而不殆，可以為天下母。吾不知其名，強字之曰道，強為之名，

曰大。

這段話可以涵蓋「道」這個形上本體的五種性質，就是「先在性」、「獨立性」、「永存性」、「作用性」（或者說：「運動性」）還有「根據性」。

老師：嗯，在這裏，我們要先注意到「形上學」這個名相，就是Metaphysics，在哲學上就是指隱藏在現象背後，不呈現的、有實體性的原理，但這樣說還是比較空泛，到底「形而上學」是什麼呢？我們可以從它所涵蓋的內容——或者說，它所要處理的到底是哪一方面的問題探討。從這樣的角度去看的話，我們可以說，「形而上學」所處理的問題對象有兩層：一層就是「本體論」，專門探討宇宙萬物的「本體」；而另一層是，一方面講「本體」，一方面又探討「本體」的活動，也就「本體」創生萬法的活動，說明宇宙萬物生成變化的問題，換句話說，就是「宇宙論」。所以「形而上學」一般而言，就是包含「本體論」跟「宇宙論」兩個層次。其中關於「本體論」的問題，在以前就是專指探究宇宙萬物的本質、實體，就是探究藏在宇宙萬物背後、那個創生宇宙的元素。但近幾十年，很多人對「本體論」有不同的詮釋，他們把「本體論」看作是「存有論」。那什麼是「存有」呢？「存有」一方面當然有實體的意味，可另外一方面，「存有」又可以概括一般存在於空間與時間中的事物，也就是所有存在著的事物。如果是這種觀點的話，「本體論」就一方面可以說是以探究「本體」為重點的學問；另一方面，又可以說是解釋或探究存在界中所有物事的共同性質的學問。

像牟宗三先生就時常運用「存有論」這個觀念，他所謂的「存有」主要是針對我上面所說的現象界中的種種事物，它當然也包括「本體」在內，但重點好像從「本體」移挪到宇宙萬物上面了！但如果是探討比較具體的、存在於時間與空間中的物事的，其實就比較接近「宇宙論」了！這個「宇宙論」也就是 Cosmology，在日本或西方世界，有時後也被看作是一種「自然哲學」，這裏所謂的「自然」，就是指宇宙萬物。總之，對於像「形而上學」這一類的哲學名相，我們在探討它們的時候，必須對它們所可能指涉的意涵擁有一種比較確切的了解。好，請繼續。

同學（顏）：從《老子・二十五章》裏面，我們可以看到，老子的「道」至少有五種特性。第一個是「先在性」，所謂「有物混成，先天地生」，講的就是這種「先在性」。另外，像《老子・四章》所講到的，「道」體「淵兮，似萬物之宗」、「吾不知誰之子，象帝之先」，這些都是老子針對「道」的「先在性」所進行的一貫表述。特別是「象帝之先」這句話，因為「帝」這個觀念在殷、周之際是很盛行的，袘是殷、周之際中國先民崇拜的至上神，在中國先民比較盲昧的認知裏面，「帝」對人世間所有物事的發展，擁有一種超越且絕對的主宰力，而老子認為，「道」的存在甚至比「帝」的出現還要早，所以在老子哲學裏面，「道」的「先在性」是不言可喻的，它不只是邏輯意義上的「先在性」，也是時空意義上的「先在性」。

　　至於「獨立性」與「永存性」，我們可以連著看，「寂兮寥兮，獨立而不改」說明的就是「道」的「獨立性」與「永存性」，

也就是老子強調，「道」作為「本體」，它跟現象界中的物物事事是不同的。最直接的就是，它不必如現象界中的物物事事一般，必須向外有所依恃才能存在、發展，「道」是不必向外或向上有任何依恃的，它自己就可以獨立創化、獨立發展，這也可以說，這是「道」作為一個形上的本體所應具有的基本性格。另外，現象界中的物物事事，它們的存在都是短暫的，總有一天要消滅，所以不是永存性格的，但「道」是永存性格的，這就是「道」的「永存性」。而且，老子對「道」的「永存性」加以強調，並不只是要凸顯「道」相對於現象界中的物物事事而言是永恆存在的，更是為現象界中一切僅僅是短暫存在的物事，在它們消亡、變滅之後，預設一個終極的，而且是根源的回歸之所。因為這樣，道家、道教裏面一貫秉持的「歸根」、「反本」、「體道」、「復初」的修養論（修道）跟境界論（得道），便獲得了一個理論上的根本預設。

　　接著是「作用性」，個人認為，「道」的「作用性」是很重要的，所謂「周行而不殆」講的就是這個「作用性」，另外像《老子‧四章》裏面所謂「道沖，而用之或不盈」，同樣也是說明「道」作為宇宙萬物的形上根源，它本身是作用不止、運動不息的，而這種作用我覺得最主要的就是宇宙創生的作用，所以底下談到的「作用性」就比較像是老師您剛才所說的「宇宙論」的部分。例如：《老子‧六章》說到「谷神不死，是謂玄牝。玄牝之門，是謂天地根。綿綿若存，用之不勤」，這就是《老子》這本書裏面一段比較屬於「宇宙論」的陳述。這段陳述是比較具有神秘性的，它是用女性的生殖器做比喻，把天地萬物的開創跟「道」的創生作用直接連繫起來。另外像《老子‧四十二章》所謂「道生一，一生

二，二生三，三生萬物」，這整段陳述，就更是老子對「道」這個形上原理的創生作用所作的最具概括性的說明。

最後是「根據性」，老子認為，「道」之為物「可以為天下母」，這是用「母子」關係來類比「道」與天地萬物間的關係。而且這不只是用母體孕生親子的形象過程來說明「道」對天地萬物的創造，更是用母體孕生親子之後，對親子依然從事著無時稍歇的恩慈撫育，來說明現象界中的物物事事在接受了「道」的創化之後，仍然時時接受著「道」的作用力的浸潤跟推動，所以能持續地發展、變化——也就是，沒有「道」，天地萬物就將無以變化、發展與存在。那麼，從以上五種特性，我們就可以比較全面地關照到，「道」是創生宇宙萬物的「本體」；而宇宙萬物，是因為「道」而得以創生，並且以「道」作為自身存在、發展的根據。

老師：你這裏提到「道生一，一生二，二生三，三生萬物」，這段話非常重要，但在《老子》這本書裏面，關於「宇宙論」的問題，也就是「道」怎麼樣去創生萬物，老子就提了這段話交代而已。這裏有一點我們要注意，就是儒家——尤其是發展到宋明理學的階段，他們常常強調「天道」、「天命」、「天理」或者是陽明所講的「良知」，他們都把這些東西看作是一種形而上學的「實體」。這裏就有一個問題，因為形而上學的「實體」基本上是抽象的，我們是看不見的，那我們說他能創生萬物，萬物是具體的啊！這中間怎麼講創生呢？也就是說，抽象的「天道」、「天命」、「天理」或「良知」、「本心」，怎麼創造出具體的萬物呢？就像現在大家眼前這個茶壺，它的具體性格就很明顯，它的顏色是紅的，我們敲

它，它會有聲音、有反應，也就是說，我們可以感受到它的物質性，然後我們用它來飲水，它便有實際的作用：裝水。總之這個水壺有外型、有作用，這些都可以說是它的具體性。我舉這個例子是要說明，像儒家他們講「天道」、「天命」、「天理」或「良知」、「本心」能創造萬物，但對抽象的終極原理如何創生具體宇宙萬物的問題，並沒有加以說明。再進一步說，「天道」、「天命」、「天理」、「良知」這些原理都是沒有時間性、沒有空間性的，它們是超越時空網絡的根本存在。可是存在於現象界中的一般性的事物，都是存在於時間與空間的網絡中的，它們有時間性、有空間性，那麼，沒有時間性、空間性的「天道」、「天命」、「天理」、「良知」，是怎麼樣去創造有時間性、空間性的具體事物呢？關於這個問題，據我所知，孔、孟當然沒有去處理它，而宋明儒學講「天道」、「天理」講很多，譬如程明道，他不是說自己的所有學問都有所本，但「天理」是他自家體認出來的嗎？程明道講過這句話嘛！對不對？

同學（顏）：對！

老師：那我們的問題就是，如果「天理」確實能夠創生萬物，是宇宙萬物創生的形上根源，那麼，它是怎樣創生？或者說，這裏所謂「創生」是什麼意思？我們可以從很多方面去了解所謂的「創生」。譬如說：母雞生雞蛋，這是創生。我們也可以拿麵粉製造出很多食物，比如麵包、蛋糕、餃子、鍋貼、銀絲卷等等，這也是一種創生，就是用麵粉製造出各種不同類型的食物。又比如佛教裏面也有一種講法，說亂草裏面自然會長出昆蟲，這種生叫「化生」，

也就是「四生」中的「化生」……這樣看來，所謂「生」這個字眼，就是指這些「生」嘛。總之，儒家一直沒有解決這個問題，這個問題可能要從佛教裏面去找答案。佛教有所謂「種子」（bīja）的學說，也就是唯識宗所說的「種子」，他們以「種子」為主要因素，就是「四緣」中的「因緣」，在配合其他的因素，也就是其餘的「等無間緣」、「所緣緣」、「增上緣」三緣，它們結合起來，就生出了世間各種不同的物事。就像一朵漂亮的玫瑰，它是怎麼形成？它是怎麼生長的呢？它首先必須有玫瑰的種子，再來還要其他條件的配合，像泥土、水、太陽光、空間……等等，這些因素都具備了，一顆玫瑰的種子才能發芽，最後開枝散葉，開出一朵漂亮的玫瑰花來，佛教在這方面交代的很清楚。但我們仍要問：一切具體的事物究竟是怎麼樣從抽象的原理中創生出來呢？

　　就我來看，佛教的唯識宗裏面有一種比較可以接受的講法。佛教把這種創生稱作「變現」、「詐現」（pratibhāsa），這是佛教在「宇宙論」方面的一個比較重要的觀念。就是說，萬物呈現在我們的眼前，我們看到它們的形狀、顏色，感到它們的作用……等等，在唯識宗來講，這些都只是「詐現」的、或者是「變現」的而已，也就是我們的「心識」變現出來的，但實際上是不是有這些東西呢？我們不談，我們不能篤定地說：「有」，它們只是呈現在我們的眼前。那它們算不算是一種存在？算不算是一種「有」？這很難確定地說。但它們都是很具體的東西啊！它們還是在我們的眼前出現啊！所以我們不能很肯定地指稱他們的真實性，甚至很正確地指出它們出現的來源，但它們確實展現在我們眼前！就好比我們眼前這個錄音機好了，它有它的顏色、外表、作用等等，但我們能不能

說它就是一種真正的存在，是一種具有實在性的東西，我們還是不能說，我們只能說它是「詐現」。「詐現」是什麼意思？就是說它不是真的，它呈現出來的東西，只是「宛然」存在於那裏而已，所以有一種更落實的說法就是——「宛然詐現」，就是這樣而已。它是不是「上帝」創生的呢？是不是「天道」、「天命」創造出來的呢？我們不能說。熊十力先生就曾用過這種說法：「宛然詐現」，這是屬於佛教的「宇宙論」觀點。所以哲學上有很多問題，我們不能單單依靠一種學派的觀點來解決，要多參考其他不同學說裏面的見解。從這個例子，我們認為佛教的「宇宙論」觀點，可以補充儒家的不足，當然，這是不是一個可以被接受的補充？又或者是不是一個最好的補充，也很難定論，但是當我們思考宇宙萬物的真實存在性究竟如何的時候，這種說法提供了一種可能的解釋。

同學（瞿）：那佛教這種認識存有的方式，是不是比較接近「主觀論」？因為這種觀點主張，事物明明存在，但我們不給它們一個明確的肯定。

老師：這跟你提的主觀的確很有關係。因為在客觀上這些存有物是什麼，我們不知道，但它們就顯現在我們的感官面前。我們有感官能夠去接觸、去感受那些存有物，它們在我們的感官中呈現出某種狀態或形象，但這些狀態、這些形象就是詐現，我們可以通過主觀的、感性的認識能力去察覺到它們的存在。至於在另一個我們主觀的、感性的認知能力所無法達致的客觀世界裏面——這個世界我們只能想像，不能夠看到、不能夠接觸到，也無法置身於其中、遊歷於其中——到底還有沒有這些存有物呢？我們不知道。所以憑我們

人類的認知能力，所能了解的事物真的是很有限的，不管物理學、化學、生物學、醫學、天文學……等等各類科學，都只能碰觸到現象界中種種呈現在我們眼前的東西而已。

同學（顏）：那麼，若依佛教唯識宗的說法，對那些沒有感知能力，或欠缺某些感知能力去接觸的事物而言，是不是就沒有所謂「存在」這回事？

老師：我想那是一種特例。譬如一個人天生就沒有耳朵，聽不到聲音，所以不能說有聲音，這是一種特例，我所說的主要是針對一般情況。

同學（顏）：那麼像石頭這種東西呢？它完全沒有感知能力，那麼順著唯識宗的講法，對石頭而言就沒有所謂的「存在」嗎？

老師：這樣說好了。一塊石頭你說它存在，我就可以說，它的這種存在，只在我們的感官面前才有效。離開我們眼前的現象界，在另外一個沒有時空性的世界裏面——假使有這樣一個世界存在的話，我們是不是可以說，在那個世界裏面還有石頭存在呢？像我們所看到的石頭一樣。這不能說，不能說有，也不能說沒有。但就像擺在我們面前的這個茶壺一樣，我們的各種感官都能感覺到它，所以我們說它是存在的，存在於我們的感官面前。石頭也是一樣，你拿一個石頭放在我們面前，只要它能讓我們的感官感覺到，我們就會說它是存在的，存在於時間空間裏面，存在於現象界裏面，存在於地球裏面——但終歸來說，就是存在於我們的感官裏面。我們可以說，這就是一種主觀論的解析。舉個例來說好了！你說這些存在是

不是由上帝創造的？或者，在上帝面前有沒有它們的存在性？這個我們就不能說。

旁聽生：老師，這裏我有一個問題，老師您剛剛提到，宋明儒學並未說明「天命」、「天道」這些抽象的形而上實體，它們為什麼能創造出具體的東西。就我所知，儒家講創生是連著「氣」講的，也就是陰、陽二氣流行交感，所以創生萬物，如「氣具而有形，形具而有質」這種說法。這樣看來，對於抽象的形而上實體如何創生具體的萬物這個問題，儒家是不是其實也有回應呢？

老師：這個「氣」的概念，是很有意思的。根據儒家的講法，萬物由「氣」而來，但「氣」的根源在哪？在儒家那裏其實有不同的說法，就是說，儒家學者所提的「氣」的概念，以及「氣」跟萬物本根之間的關係，中間還沒有形成共識。譬如漢儒講「氣化宇宙論」；到了張載又繼續發展，把「氣」直接看作宇宙的終極原理；接著又有王船山、戴震，它們都很看重「氣」。但「氣」到底是物質性（material）？還是精神性（spiritual）呢？這個問題沒有解決啊！我們說「氣」分「陰」、「陽」，那我就要問，陰、陽二氣到底是物質性？還是精神性呢？那從「氣」再上推，我們可以繼續追問，「氣」是不是就是本體呢？如果不是，「氣」的背後是不是有一個可以被視作本體的東西，可以作為「氣」的根據，然後創化出「氣」來？這些問題在儒家那邊，好像沒有很具體的答案。所你提這個問題很好，以往研究宋明儒學，通常都集中在兩個主要範疇來講，一個是「心」、一個是「理」。朱熹講「理」，陸象山講「心」；王陽明又把「心」跟「理」溝通起來，提出「心即理」。

但有沒有人講「氣」呢？有。像張載、邵雍、王船山這些人都講「氣」。所以現在有人提出，宋明儒學的重點應該不只是「心」跟「理」，應該還有「氣」，但目前還沒有人好好去整理、發揮這個說法，把它建構成學術思想上的一個重要觀點。所以，我覺得儒家「氣」論，是很值得大家去深入探討的。

　　那麼，我們再回到老子「道生一，一生二，二生三，三生萬物」的說法，這就是比較具體的「宇宙論」的說法。但這個「一」到底是什麼呢？

同學（顏）：有一種比較流行的觀點，認為「一」就是「氣」。

老師：其實有很多種解釋，你提的是其中之一。如果「道生一」就是生出「氣」；「一生二」就是分化出陰、陽二氣；「二生三」就是陰、陽二氣再搭配另外一個因素，或者是有某種因素的加入使得陰、陽二氣得以作用；然後「三生萬物」，是指陰、陽二氣的作用創生萬物，這樣萬物的創生就得到解釋了。所以道家是有交代宇宙論的問題，但交代得不是很清楚。另外還有一種觀點，說「道」就是「無」，「一」就是「有」，「道生一」就是「無」中生「有」或「有」從「無」生。然後「一生二、二生三、三生萬物」，就是「有」又繼續生出第二個、第三個具體的事物，這樣不斷分化、發展下去，萬物就創生出來了。所以老子這段話是很值得注意的，可以跟儒家的觀點互相參照。……這節課先上到這邊，我們休息一下。（下課）

老師：請接著講。

同學（顏）：剛剛我們主要是說明老子哲學中，對「道」的「本體義」的主張，但「道」如果真的存在，它自身的樣貌如何？也就是說，它應該是什麼樣子的？它展現的應該是一種什麼樣的狀態？再進一步說，如果「道」是有作用的，那麼，它是怎麼樣運作的？有什麼樣的運作過程呢？對於這些問題，老子沒有說明的很具體，只比較概括地用「無」、「有」兩個概念來說明。最直接的就是《老子·一章》裏面的一段話：

> 無名天地之始，有名萬物之母。故常無，欲以觀其妙；常有，欲以觀其徼。此兩者同出而異名，同謂之玄，玄之又玄，眾妙之門。

像牟宗三先生就把「無」跟「有」稱作是「道的雙重性」。「無」就我的理解，指的就是「道」本來的樣子，也就是「道」的原初狀態，像《老子·十四章》講的這段話：

> 視之不見名曰夷，聽之不聞名曰希，搏之不得名曰微。此三者不可致詰，故混而為一。其上不皦，其下不昧。繩繩兮不可名，復歸於無物。是謂無狀之狀，無物之象，是謂惚恍。迎之不見其首，隨之不見其後。

所謂「希」、「夷」、「微」，就是要說明「道」這種原理，它的體相是沒辦法通過人的感官去有效把握的。而這裏所說的「無狀之狀」、「無物之象」的「恍惚」狀態，指的就是「道」的本然狀態

——「無」。尤其是「繩繩兮不可名，復歸於無物」的這種說法，更是要強調：「道」不管怎麼運動、怎麼作用，「無物」終究是它最終要回歸的狀態。

老師：你這邊引到「無名天地之始，有名萬物之母」這段話，這裏有一點必須注意，就是這段話的斷句，一般來說有兩種可能性，而且因為斷句的不同，對這段話可以有兩種不同的理解。如果我們把這段話讀作「無名，天地之始；有名，萬物之母」，那麼就顯出「名」這個觀念的重要性，「無名」、「有名」就成為這段話的重點。如果把這段話讀作「無，名天地之始；有，名萬物之母」，那這段話的重點就不在「名」的觀念上，而是在「無」跟「有」的觀念上。但我想，第二種斷句方式的可能性是比較大的，因為老子的這段話是在討論形而上學的問題，也就是「無」跟「有」的意涵，以及「無」、「有」兩者之間的關係，如果我們把重點放在「名」上面，那就涉及語言哲學的問題，比較不契合老子哲學的重點。

同學（顏）：如果我們把這段話讀作第一種斷句方式：「無名，天地之始；有名，萬物之母」，那這整段話應該怎麼理解？因為《老子·一章》開宗明義講的就是名言的問題，也就是所謂：「道可道，非常道；名可名，非常名」，所以第一種斷句方式似乎也很契合《老子·一章》的整體語境。

老師：如果是這樣，我們就要思考：「名」的涵義究竟是什麼？另外，「名」的作用是不是有侷限性？通常在哲學上有一種看法，也就是說，對於那些具有絕對性、超越性、常住性，甚至能超越時空

性的東西，我們會說，那是語言沒辦法表述的，因為它是絕對的，而我們一般使用的語言文字，是約定俗成而來的，所以語言文字是不具有絕對性的，約定俗成是一種相對性的方法。我們談形而上學的絕對真理，是不是一定要用「道」這個字眼？這沒有必然性，大家只是約定俗成地使用「道」這個字去指稱一種形而上的實體，或者形而上的真實。所以，如果我們把這段話讀作「無名，天地之始；有名，萬物之母」，那整段話的意思就是：「天地之始」是「無名」，也就是說，「道」是絕對性的；而「道」開創出來的宇宙萬物是「有名」，也就是說，宇宙萬物是相對性的，所以能使用語言文字去加以指謂、指稱，就是英文裏面 denote 這個字眼。所以這種句讀方式，就是把主要的討論對象分成兩種：一種是絕對的、是無名的；一種是相對的、是有名的。而它所要表達的重點就是：絕對性的東西——也就是「道」——是沒辦法用語言文字去表述的。

　　在佛教裏面，也有很類似的觀點，像《維摩詰經》有一章談「不二法門」，說有三十一個菩薩都出來講不二法門，最後文殊師利菩薩也出來發表他的看法。但到了維摩詰那裏，他就不講，他「默然無言」，所以文殊師利就讚嘆他，說這才是真正的不二法門。因為不二法門是不能講的，那些菩薩們講東講西、講這講那，當然都是要講不二法門，但不二法門是絕對性的，是不能講的，維摩詰就不講，所以文殊師利認為維摩詰的理解境界比較高。維根斯坦也講過類似的看法，他認為，凡是語言文字不能到達的領域，我們只能對它們保持緘默。就是不要講，講多錯多。有時我們試著想用語言文字去解釋一個東西，結果卻適得其反，反而把想要解釋的東西弄得

更複雜、更難以理解，不是嗎？總之，如果是依第一種斷句方法去理解這段話，那整段話的意思，焦點就似乎從形而上學的問題，轉移到語言哲學的問題。當然兩種斷句的方式都有人提出來，我們比較關心的，是把兩種斷句背後不同的哲學意涵分別清楚。

同學（張）：關於「無，名天地之始；有，名萬物之母」這段話，如果「無」是講「道」的無限性，「有」是講「道」的創生性，那麼「有」是不是一個形而上的的概念？如果是，那「有」、「無」就都是形上性格的概念，這樣會不會有問題呢？另外，「常無，欲以觀其妙；常有，欲以觀其徼」這段話裏面的「其」字，牟宗三先生說指的是我們的「心」，但也有說指的是「道」本身，那麼這兩種理解的差別在哪裏呢？

老師：我先回答第二個問題。在老子的年代，「心」的問題還不太被人拿出來探討，尤其是一種具有形而上地位的「心」的概念，在那個階段應該是還沒有很盛行，不光是道家，就是儒家也不常講「心」，比較少談主體性的問題，孟子講「盡心知性知天」，莊子講「靈臺明覺心」，是一些例外情況。但「道」的觀念就不一樣。先秦時期裏面的諸子百家，他們談論哲學問題，都很自然的會從「道」開始講，所以從這種歷史現象來印證，我們會認為「常無，欲以觀其妙；常有，欲以觀其徼」這段話裏面的「其」，它討論的應該是「道」，至少應該是比「心」的可能性大。至於第一個問題，「無」跟「有」當然可以看作「道」的兩個面向，「無」就是從負面來看，也就是佛教裏面所謂的「遮詮」，透過一種否定的方式去講事物的性格，不是從正面去講。舉個例來說，我說：「他不

是一個好人」，這是一種負面的描述，但他背後的意思就是：「他是一個壞人」，這兩種不同的說法，表達同一個意思。一個是否定的方式，佛教把它叫「遮詮」；一個是肯定的方式，佛教把它叫「表詮」。像老子的「有」，就是從正面的角度去講「道」，這就是一種「表詮」；而老子的「無」，則是從負面的角度去講「道」，是一種「遮詮」，但這個「負面」並沒有估值的意味，這種情況在哲學的表述裏面常常出現。

另外，像熊十力先生講「體用」問題的時候，認為「體」、「用」都是本體的兩個面向，也就是宇宙的終極原理可以「體」、「用」兩個方面去理解。「體」是屬於終極原理內在方面的本質；「用」則是終極原理外在方面的表現。而道家的「無」跟「有」，也可以用這種思維去理解，就是說，「無」是「道」的內在方面的性格；「有」是「道」的外在的性格。甚至於，你要把「無」、「有」當作是名言方面的問題——也就是「無名」、「有名」——來理解，也未嘗不可，這些思想史的問題很難有一個明確的解決，不能篤定地判斷出什麼就是對、什麼就是錯。老子已經是古人，在這裏我們只能試著推論，不能從他本人那裏獲得認證。

同學（顏）：剛剛講到，「無」在老子那裏，指的應該是「道」的本然狀態，就是我們沒辦法憑感知能力去掌握、去理解它。老子顯然也注意到，如果「道」是一種純然而且絕對的「無」，那它如何創造出具體的萬物呢？全體現象界的構成又如何可能呢？所以，「道」體在「無」態之中具含「有」態的主張，便因此確立，《老子·二十一章》就有以下的說法：

> 道之為物，惟恍惟惚。惚兮恍兮，其中有象；恍兮惚兮，其中有物。窈兮冥兮，其中有精；其精甚真，其中有信。

也就是，「道」實際上是一種「無」中含「有」的存在，「道」並不是一種絕對虛無的狀態。我認為，因為老子這樣的闡述，使得「道」作為一個終極、而且是實存的本體的主張，能夠在理論上更加落實。但關於「有」這個概念，它在《老子》這本書的語境中是不是單純具有形而下之具象物事的意義，也就是說，「有」是不是只純粹代表形而下的具象物事呢？就我來看，答案應該是否定的。就像《老子‧四十章》所謂「天下萬物生於有，有生於無」的說法，如果把它跟《老子‧一章》那裏「無名天地之始，有名萬物之母」的說法合看，那麼，顯然在老子那裏，所謂「有」，也可以說是「道」體創化作用的別名，它直接就可以用來指涉「道」的作用。換句話說，在《老子》這本書裏面，有時以「有」這個字眼作為現象界中一切存有物的總名；有時又以「有」作為「道」體創化作用的別名。但「有」如果是作為一種「道」體的創化作用，那麼，它發動的原初根據（或者說：動力）是什麼呢？這自然又要回到「道」的原初狀態──「無」去理解。《老子‧十一章》說明的就是「無」跟「有」的這種關係：

> 三十輻，共一轂，當其無，有車之用。埏埴以為器，當其無，有器之用。鑿戶牖以為室，當其無，有室之用。故有之以為利，無之以為用。

這樣看來,「道」的作用──「有」──是經由「道」的原初狀態──「無」──去發動,這樣的理解應該是沒有什麼問題。總之,「道」作為宇宙萬物的形上本體,它的基本相狀就是「無」,也就是無物、無形的狀態;但這個看似純「無」的本體,卻始終運轉、並且始終有一種創化的作用在發動,宇宙萬物就是因為這個創化作用而得以成立、發展;而這個創化作用本身,跟它作用之後產生的一切具象成果,就是「有」。換句話說,「無」是「道」之體,「有」是「道」之用。形而上的「道」體──或者直接稱為「無」體──就是形而下之萬物創化、發展的動力與根據,這就是《老子》一書所開創的道家形而上學的基本範式。

老師:所以你的觀點是,「無」是體、「有」是用?它們之間是一種「體用」關係?

同學(顏):對,我的理解是這樣。

老師:這樣理解是沒有問題。但要注意一點,「體用」這種名相,在先秦時期還沒有被提出來,好像要到魏晉玄學那裏才被明確的提出來。回歸到《老子》這本書裏面去看,我們會發現,它對「道」的「體」、「用」分別沒有很明顯的著墨,只知道「無」、「有」兩個觀念之間關係很密切。我們可以從思想這方面的材料來推論。「體用」這種名相,很多人都有提及,像熊十力先生就很強調「體用」,尤其是「體用不二」關係。但我仔細讀過熊十力先生的著作之後,覺得用「體用不二」的關係去說明終極原理,還是不夠圓融,雖然說「體用不二」,但最終「體」還是「體」、「用」還是

「用」，兩者還是有區別。所謂「體用不二」是說「體」、「用」不能分離，也就是說，「體」是「用」中之「體」，「用」是「體」中之「用」，這就是熊先生的說法。這雖然也有圓融的意味，但我覺得，還沒做到對圓融的真正的證成。所以我是這樣思考，我們講「用」這個觀念，是不是非得要放在「體」這個觀念的脈絡下來講？也就是說，「用」是不是能被獨立地提出來討論？還是一定要依附在我們對「體」的討論之下呢？再進一步說，「體」跟「用」是不是一定要被分開來討論？我們能不能以一種最圓融的眼光來理解它們呢？也就是：「體」就是「用」、「用」就是「體」，我們不必替「用」這個觀念，從它的外在方面另外尋找一個「體」；也不必經過這個「體」的一段作業、發動的過程，才產生這個「用」。總而言之，「體」跟「用」能不能是完全相同的東西？在這種思考下，我提出了「純粹力動」的觀念，把「體」跟「用」等同起來，使它們不只是「不分離」的關係而已，它們根本是一樣的東西。如果是這樣的話，那「體用關係」的意味就解消了、解構了，在終極真理的層次上，我們根本不用去談論「體用關係」。這是我的《純粹力動現象學》這本書的一個重要觀點。

我們現在還是繼續從老子思想方面來討論。你這邊引了一段文字：「道之為物，惟恍惟惚。惚兮恍兮，其中有象；恍兮惚兮，其中有物」，這裏面提到「物」這個字眼。那麼，「道之為物」這句話應該怎麼解？這裏的「物」字要怎解釋呢？是把「道」作為一種事物來看？也就是說，「物」這個字眼是不是有一個相應的指涉對象呢？還是說，它只是一種泛說？我想，答案應該是後者。「道之為物」，並不是說「道」是一種「物」，「物」這個字眼在這裏不

是意指我們通常所了解的物體，就像眼前這個茶杯。「道」不能是一個物體，不能是「物」。所謂的「物」，在這裏只能是虛說。意思就是：談到「道」這個觀念，我們用哪些性格來說明它。如果我們把它譯成英文，就變成是：「So far as the Tao is concerned⋯⋯」，英文就是這樣表達。但在中文裏面這種表達不是很流行，所以就用「物」來表達。但「物」這個觀念意思非常廣泛，凡是存在的東西我們都可以說它是「物」，照這種觀點，我們當然可以說「道」也是一種存在，但「道」是超越時空的存在。總之「物」概念的外延是非常大的，我們通常講的「物體」是其中的一個意思；在「唯物論」思想那裏，「物」又變成有形上學意義的觀念，跟我們一般所指的「物」不同。所謂「唯物論」，或者說「辯證唯物論」，就是認為整個存在世界的基礎是物質，不是心靈。在這種思想裏面，「物」就成為一個和「心」相對揚的形而上學概念。但老子這裏所謂「道之為物」就完全沒這些意思。如果有這些意思的話，那老子接著又說「其中有象」、「其中有物」，不就變成「物」中有「物」了嗎？所以老子這裏提「物」，是在比較鬆散的思維脈絡下提。像我們常常會使用的「對象」這個字眼，它涵括的意思也非常廣，它可以是一個很嚴格的「知識論」概念，就像康德所提出的那一套，所謂「現象」經過「範疇」（category）的範疇作用才能成為「對象」。這裏講的「對象」，就是一種很嚴格的知識論的提法；而我們日常生活裏面常常講的「對象」，意思就比較鬆散，譬如我們說：「那個整天待在房裏不出門的宅男，他怎麼可能找得到交往的對象呢？」這裏這個「對象」的指涉就很明確，指女朋友，是比較鬆散的用法。

旁聽生：老師，老子的「道」所意指的是一個實體的存在，還是一個境界呢？

老師：這個問題就涉及唐君毅先生跟牟宗三先生對「道」的不同理解。唐君毅先生在《中國哲學原論》裏面有幾章講道家哲學，他在裏面認為老子的「道」是一個形而上的實體。所以唐先生是在一種實體主義的思維背景下去理解老子的「道」，認為道是形上性格的，也是實體，它不是虛假的。而牟宗三先生則從另一個角度去理解老子的「道」，認為「道」是一種心靈境界，最明顯的就是他的《中國哲學十九講》裏面，牟先生把道家的「道」解釋為一種主觀的心靈境界。這兩種解釋差異很大。如果我們說「道」是一種形而上的實體，這是一種「存有論」的解釋。而如果把「道」理解成一個主觀的、實踐的境界，那麼「道」就成為「工夫論」中的重要觀念，它轉到一種非實體主義的路向方面去了，「道」在這種思維脈絡下不是一個實體，而是一種精神境界，它不是天生就有，要透過修行的工夫，才能體證到那種境界。唐、牟兩位先生都是當代新儒家的重要舵手，但他們對老子的「道」的理解，卻剛好是兩種相反的觀點。那我們怎麼從他們的理解中，再抽繹出另一種新的解讀呢？其實我們可以說，唐、牟兩位先生講得都很對，一個從實體主義去講，一個從非實體主義去講，講的都是「道」，我說他們講得都對，是我認為哲學上的實體主義與非實體主義之間，是可以互轉的，也就是實體與境界之間是可以互轉的，存有論與工夫論之間的關係是可以密切聯繫起來的。當然我的這種理解你們可以不接受，你們可以只接受唐、牟兩位先生中的任何一種解析，就是魚與熊掌

你不兼得，你只取魚，或者只取熊掌，但我的這種理解就是兩者兼而有之，也有魚、也有熊掌。其實我們大可以敞開我們的思路，讓實體主義、非實體主義都進到我們的思路裏面來。然後把它們調和起來，把它們視為可以互轉的，它們彼此之間是關係密切的，密切到本體跟工夫是同一的、不離的關係，這樣實體主義、非實體主義就可以彼此共存，這是我提供給各位的另一種思考角度。我在《老莊哲學的現代析論》那本書裏面也談過，我用兩章專門探討了唐、牟兩位先生對「道」的理解，最後我就提出這種實體主義與非實體主義之間可以溝通、可以互轉的見解。在這種見解下，唐、牟兩位先生的理解都可以被包容過來。以上是我針對這個問題的回應。

第二節　老子無為論的解析

同學（顏）：那麼，接著我要討論老子對人生安頓的主張，也就是自然、無為。我認為整個道家、道教對人生安頓的主張，主要就是扣著自然、無為來講。

老師：講道家是沒問題，但道教就不是。道家、道教是很不同的。道教徒是那些吃丹砂、想長生不死的人，這害死很多人。因為丹砂裏面有水銀啊！水銀是有毒的，它不容易消化，它會一直壓迫食用者的脾胃，嚴重的話會致死。所以道教講的是這一套，道家就不是。而且說到底，誰能夠真正長生不老啊？外星人我們沒見過就不敢說，但在地球上的生物都是要死的，沒有人能夠跳脫出死亡的命

運，我們最多能試著讓自己延年益壽，讓自己活到九十歲、九十五歲甚至一百歲等等，但你不能奢望自己做一個長生不死的神仙，那套理想是行不通的。道家的思想就很不同，它不是從肉體、形軀方面的精進跟持守來著想，它是從精神的、心靈的境界方面來著想。莊子就很常討論生死，但不講長生不死，是吧？

同學（顏）：好，那道教的內容是怎麼樣，我們這裏就不談。我覺得道家思考人生安頓的方式，是歸根於對「道」體的崇敬跟嚮往，也就是說，「道」是一種最崇高的、最本源的存在，所以《老子》這本書在論述了「道」的總體內涵之後，它最終的目的其實就是一種體「道」之學，也就是要提倡一種向「道」體學習的修養論。但要向「道」體學習，首先就要先能認知「道」體、體證「道」體嘛！《老子·一章》開宗明義就明明白白地強調：「道可道，非常道；名可名，非常名」，就是我們不能透過一般既有的名言、概念去認知、去把握「道」的性格，也就是說，我們一般慣用的、通過「名言」、「概念」去認知、指涉對象的經驗路數，在「道」體的認知課題上是無效的，所以老子概括地提出了另一種體證「道」體的方法，也就是「靜」，我把它叫做「靜以體道」，《老子·六章》的這段話，就導出了這種主張的基本思路：

> 致虛極，守靜篤。萬物並作，吾以觀復。夫物芸芸，各復歸其根。歸根曰靜，靜曰復命。復命曰常，知常曰明。

「致虛」、「守靜」成為後來道家、道教一脈相成的基本修養。我

覺得這裏所說的「靜」有兩層意涵：第一層意涵，是個人身心總體狀態之「靜」；第二層意涵，是指天地萬物對其本根的復歸過程，也就是說：「靜」就是天地萬物對其本根的復歸過程。反過來，天地萬物從「道」體創化出來的過程，就是「動」。就第一層意涵來說，「靜」就是屬於個人在一種境界體證的過程中，整體身、心（或謂「精神」）所應該保持的寧靜狀態。也就是說，一個人的整體身、心不能有此寧靜狀態的的呈顯，便不能體知或觀照到玄之又玄、無形無名的「道」體內涵。就第二層意涵來說，《老子》所預設的、天地萬物理應復歸的唯一本根就是「道」，但何謂天地萬物對此本根的復歸過程就是「靜」呢？因為天地萬物在日常的存有狀態下——也就是「生」的、「存在」的狀態，對作為創化本原的「道」體，經常是未有（或者是不能有）復歸的自覺的。只有在生機終結、存有狀態消亡，而一切生理作用與運動全然靜止之後，才能融入自然大化，最終復歸「道」體，受「道」體作用的推動而再次運化、質變，成為一種新型態的存在。

老師：所以依你這種理解，「道」是屬於實體主義的？不是精神方面的？

同學（顏）：對，我認為「道」基本上就是一個終極實體，它是實體性格，但我們要認知它、把握它或企及它，必須通過一種精神修證的路數。

老師：嗯，所以你這裏引的這段話就很重要，所謂「致虛極，守靜篤。萬物並作，吾以觀復。夫物芸芸，各復歸其根」，這一段話就

是老子的工夫論。也就是說，要體證「道」這種存在，還是要通過一種工夫論才可以達成。但我覺得，在這裏我們不要講「道體」這個字眼，因為「道體」是宋明儒學的名相，它不是道家的名相，在《老子》這本書裏面，只談到「道」，但沒有使用「道體」這個名相，雖然它們的意思是互相包涵，但如果我們直接用「道體」指稱「道」，形而上本體的性格就很強。從形而上學的實體主義的觀點來看，老子講的「道」跟宋明儒學講的「道體」意義還是有差別，老子的「道」的本體性還不是這麼強的，太強調「道」在客觀實體上的意義的話，就很難再講它是一個主觀的實踐境界，像牟宗三先生說的。而且，這也會讓「道」的性格向西方的「上帝」那邊傾斜，就是很接近「上帝」，也就是「道」跟「上帝」之間的差異就只在於「上帝」是人格的，但「道」不是人格的。如果是這樣，「道」跟我們的距離就太遙遠了，就像「上帝」跟我們的距離，所以「上帝」必須透過耶穌的「道成肉身」，來跟我們接觸、溝通，替我們贖罪。總之，「道體」這個字眼的客觀性、形而上性是很強的，老子的「道」應該還沒到那個程度。而且，如果你強調這幾句話，那我們就要注意到，「道」一方面有「虛」、「靜」的面向，一方面又有「作」──也就是「作用」的面向。所以「道」還是能夠體證的，在我們的生命中能透過一種實踐去體證這個「道」。透過什麼樣的實踐呢？就是虛靜的實踐。那這麼說來，「道」就不只是一個形而上的實體，它也同時可以是我們所體證到的一種精神境界，「道」也可以被視為一種主觀實踐的精神境界，是不是？老子這個工夫論，就是教我們如何把「道」體證為我們的心靈境界。

旁聽生：老師你剛剛提到道家在「本體論」跟「工夫論」之間可以互轉的思路，也就是說，它是不是有一個前提：就是「道」它還是一個實體，只是即本體即功夫？所以「道」的實體性其實是不能夠取消的。但有沒有另一可能是「道」的實體性可以被取消的？因為有人也提出一種看法，就是「夫物芸芸，各復歸其根」的這個「根」，就是指萬物的「本真」，而回復萬物的本真，就是臻至於體「道」的層次。這樣的思路能不能成立呢？

老師：「道」的實體性應該還是不能被取消，因為「道」有創生的作用，如果我們要談創生，就一定要在實體性的基礎上談。這不光是道家這樣講，儒家也是這講。像熊十力先生很推崇的《易傳》，它一開始就講「生生不息，大用流行」，所以「道」就是存有論的根源，可是「道」不是外在的，它不光是有超越性而已，它還有內在性。也就是透過一種工夫的實踐，我們就可以去體證「道」，把它吸收、內化為我們的一種心靈境界，或者像牟宗三先生所說的主觀的實踐境界。我想這樣去思考比較完備。我們不必取消它的實體性，也不要把「道」跟主體的「我」區分得一清二楚，說「道」歸「道」，「我」歸「我」。換句話說，「道」雖然是超越性的，但它跟我們的距離並不遙遠，我們是可以體證到它的。

同學（顏）：剛剛提到，從萬物的形體消亡、生機靜止、運作停歇後才能復歸於「道」的觀察，《老子》揭示了「靜」以體「道」的修養論。那麼，通過「守靜」的工夫而體證的「道」，最值得現實世界的人們學習的又是什麼呢？就是「道」的作用原理，也就是創化萬物的作用原理：「自然」，也就是《老子·二十五章》所講

的，「人法地，地法天，天法道，道法自然」的思想提法。但什麼
是「道法自然」呢？所謂「自然」，從它本始的語義來看，應就是
「自己的樣子」，所以，「道法自然」最直接的理解，應該就是
「道，效法自己的樣子」，換言之，「道」是外無所法的。但是，
「道」為何外無所法呢？我的理解是，因為「道」的自身就是宇宙
的終極原理。但「道效法自己的樣子」又應該怎麼去理解呢？在
《老子》這本書裏面沒有針對這一點詳加說明，但《老子》這本書
在很多地方都強調、也討論了「道」創生萬物的作用原理。我們可
以拿這些觀點互相參照、比較，然後連繫「自然」這個詞在《老
子》這本書裏面可能具有的比較確切的意涵。例如《老子・三十四
章》說：

> 大道氾兮，其可左右。萬物恃之以生而不辭，功成而不有，
> 衣養萬物而不為主。常無欲，可名於小；萬物歸焉而不為
> 主，可名為大。以其終不自為大，故能成其大。

又如《老子・五十四章》也說：

> 故道生之，德畜之；長之育之；成之熟之；養之覆之。生而
> 不有，為而不恃，長而不宰。是謂玄德。

在上面這兩章，老子都強調「道」創生萬物是無所選擇、沒有目的
的。他認為「道」雖然作為萬物創生的源頭，但「道」在創生萬物
的過程中，是不對萬物有所主宰，不干預萬物的發展的。以上純粹

是就「道」化萬物的原理來談的，但在《老子·十七章》裏面，老子把這種原理比擬為一種現實社會中政教施設的最佳典型，而且比較明確地用「自然」這個詞來比附這種原理：

> 太上，不知有之；其次，親而譽之；其次，畏之；其次，侮之。信不足焉，有不信焉。悠兮其貴言。功成事遂，百姓皆謂：「我自然。」

這章所講的，是老子「無為而治」的思想內容，認為最佳的政教施政，就是一種「不干預主義」，用老子自己的說法，就是《老子·五十七章》所說的：「我無為，而民自化；我好靜，而民自正；我無事，而民自富；我無欲，而民自樸。」更是像《老子·二章》所說的：「聖人處無為之事，行不言之教」的治國原理。所以綜合以上的說法，我認為，在《老子》這本書裏面所講的「自然」，它最根本的意涵即是「道」對於天地萬物不做主宰、不加干涉，使天地萬物自我成就、自我成全；換句話說，是不預立目的、不預設發展趨向而使天地萬物得以隨機成就的創化原理。用《老子·二章》的說法來看，就是「生而不有，為而不恃，功成而不居」。用《老子·五章》的說法來看，就是「天地不仁，以萬物為芻狗」。而且，也正是因為「道」不對天地萬物的創造與發展預立目的、預設發展趨向——包含「價值」導向，天地萬物才能像「自然」這個詞的字面上講的，以它們「自己的樣子」去發展與存在。

老師：老子這些主張裏面，有相當濃厚的辯證意味，所以黑格爾很

喜歡老子。像老子講「反」就是很明顯的例子，就是「反者，道之動」。像你這裏引的話裏面，「以其終不自為大，故能成其大」，這就是一種很具睿智的洞見，《莊子》裏面有一章，談到有一棵茂密的大樹吸引眾人的圍觀，讚嘆它花葉繁茂，莊子跟弟子經過那裏，看了一眼就走開了，完全沒有要好好欣賞的意思。弟子就疑問，為什麼不留下來跟著大家一起欣賞這棵大樹？莊子怎麼回答？莊子說，這棵大樹根本是一無用途，什麼都做不了，沒有任何功用，所以才能長得這麼高大，如果它有實際用處的話，早就被人砍掉拿去造桌子、椅子、棺材等等，所以這種樹一點用都沒有，它是很脆弱的，所以才能安享天年。莊子這種觀點，就很有一種弔詭的意味在裏面，也就是越是沒有用，就越能生存得長久，而成就它的「大用」。莊子就是從跟世俗觀點相反的角度來看這件事。像《老子》裏面有些文字談到「水」，「水」一般給人的印象，是一種很柔弱的東西，但經過老子闡釋，就反轉成一種很堅強的自然力量，這種觀點，也有很強的辯證意味。不是嗎？一般人不是很喜歡戲水嗎？在海邊、在沙灘上，但一不小心就溺死了！所以我們不能小看「水」這種東西，一不小心它就要了你的命。

同學（顏）：嗯。接下來我要講「無為」，我覺得《老子》對「道」體這種成化萬物的作用原理除了用「自然」這個詞說明以外，其實還用了另一個思想提法──「無為」，來加以說明。從這個意義上來看，我們可以說「自然」就是「無為」，「無為」就是「自然」，都是用來說明，「道」創生萬物的方式就是：不預立目的、不預設發展趨向而使宇宙萬物能自我發展、自我存全，《老

子·三十七章》所謂「道常無為而無不為。侯王若能守之，萬物將自化」，就是最典型的陳述。而且在《老子》這本書裏面，「無為」使用得很頻繁。

老師：所以你把「無為」跟「自然」等同起來？在《老子》這本書裏面，有沒有文獻根據？

同學（顏）：《老子》這本書裏面沒有直接提到過「自然」就是「無為」，但我認為在《老子》這本書的整體語境中，我們可以這樣理解。

老師：「自然」就是讓現象界中的物事自由自在地發展，我們不添加任何人工的干預，而「無為」也是這樣？你是這個意思麼？

同學（顏）：或者這樣說好了，如果「自然」是一種對於天地萬物而言，不做主宰、不加干涉，卻能使之自我成就與存在的創化原理，而我們要去學習這種原理，那麼這種原理在吾人身上就落實為一種立身行事的處世原則：「無為」。因為我認為，所謂「自然」這種創化原理，它最值得注意的就是：對事物的發展不預立目的、不預設發展趨向——包括不預立價值追求。具體一點講，所謂的「自然」的創化原理，就是「無目的」、「無動機」地去創造。而我們如果要體證「道」的這種創化原理，並把它內化為我們自身的修養，在現實生命中確實地去實踐它，那麼這種修養就叫做「無為」，也就是在現實生活中我們要有所作為，但是要「無目的」、「無動機」地去有所作為。它不是那麼消極的，不是說我們不必有所作為，在現實生活中我們還是要有種種實踐，但應該要「無目

的」、「無動機」地去實踐。

老師：所謂「無為」，你說就是「無目的」？

同學（顏）：對，無目的、無動機。這是我的理解。

老師：那我就要問，現在很多年輕人很喜歡去健身房，裏面有很多機器，讓人可拉彈弓啊！在跑步機上跑步啊！也就是說這些人想把自己的身體強化、美化，講誇張一點，希望自己像李小龍一樣，身上沒有半寸的脂肪，都是肌肉（muscle），那這種行為算不算有動機呢？

同學（顏）：有啊！這個是有動機，它們希望自己體型變得更健美，整體外形變得更帥、更好看；或者希望自己的身體變得更健康。這不都是一種動機嗎？

老師：所以是「無為」還是「有為」？

同學（顏）：是「有為」。

同學（張）：這裏又有一個問題，那「人文世界」就老子而言，算是「無為」還是「有為」呢？

同學（顏）：關於「人文世界」，從《老子》這本書的內容推敲，老子應該是把它看作「有為」。

老師：我想也不能這樣講。老子也不一定反對人類的文化活動，或者是禮樂這些東西，他所反對的是人們對這些東西總是執著不放

手，超過這些人文機制或活動應有的運作極限，所以老子才反對人文活動。所以像禮樂，老子應該不是根本上要反對。但如果施行禮樂的人緊緊把持禮樂不放，讓它成為人類生活裏面的外在形式，而不是誠心誠意進行禮樂這種活動，就是說使禮樂活動變成一種「形式主義」，這就是太濫作、太過分，這樣老子就反對。《老子》這本書有些文字表達了對禮樂的負面觀感，但也沒怎麼徹底的否定下去。

同學（顏）：所以我的理解就是，老子希望人們是「無目的」、「無動機」地去推動這些事務。

老師：無動機？那如果是好的動機呢？

同學（顏）：老子認為，這個動機會變質。也就是說，就算我們先預設一個動機，它是好的、正面的動機，但在人們實現它的過程，一定會往負面的方向發展。而且預立的一個東西是好的，就已經對比出一個較差、較不好的東西來。

老師：所以老子是有條件地講「無動機」，就是說，在某種情況下會使「有動機」的實踐活動變不好，所以老子主張「無動機」。因此就像禮教的問題，禮教是好的，但把它抓得太緊的話，就像魯迅說的，「禮教」會殺人，王船山也說過「以理殺人」。所以不管是哪一種哲學思想，如果我們把它抓得太死煞，那對我們的現實生命不但沒有益處，反而有害，是吧？所以老子這層意思我們還是要理解清楚。

同學（瞿）：所以老師的意思是，老子所講的「無為」，是指我們無論從事任何一種活動，都不要太固著在這個活動上？但還是有意識地在從事這個活動？

老師：就是不要刻意去做。

同學（瞿）：但還是有意識地在從事這個活動？

老師：因為他認為做這個是對的、是好的。刻意做這種事情就是背後有動機，譬如說：一個很有錢的人捐很多錢給政府創辦一所大學，這本來是好事，但如果你有一個動機說，這個大學就是要用我的名字來「命名」，這就不好。你捐錢是好事啊！為人民服務，對社會有貢獻，把錢花在有益的地方；但你又要這所大學用你的名字去命名，這就變成一種交易。

同學（張）：所以老子主張的「自然」應該是有條件的嗎？

老師：沒有，應該是沒有條件的，如果講條件，就不能講「自然」。

同學（張）：所以也不能說，老子是覺得這是好的所以去做，應該是沒有什麼好、壞成見的預設而自然的去實踐，我們才能說這是「自然」。如果說因為一件事是好的才去做，這樣好像也是有條件？

老師：你這個提問，跟環保的問題可以連著思考。現在不是很多人提倡環保嗎？就是由於科技的發展，地球一直承受傷害，植物一直

被砍伐，泥土就鬆軟，大風大雨來時就有土石流的災難⋯⋯我們以這種手法破壞大自然的原來的狀態跟內在平衡，老子是絕對不會贊成的。所以老子講的「自然」，最直接的理解就是，讓現前的事物，以它現前的狀態繼續存在，不要破壞它的現狀，這就是「自然」。比如兩岸關係，臺灣這邊的人，不會贊成統一，也不會贊成獨立，就希望保持現狀，讓兩邊保持一種互動、競爭，本質上各自發展。兩岸的這種關係，跟老子所講的「自然」的狀態，也很相似。就是說，這種發展如果是最好的狀態，那我們就不要去干預，讓這種狀態繼續存在，這就是「自然」。

同學（瞿）：所以老子講的「自然」、「無為」，還是不能把它理解成等同的狀況、把它理解為同義詞？因為「道」是「無為無不為」。

老師：老子是講「自然」也講「無為」，但他講「無為」之後又講「無不為」。所以「自然」跟「無為」應該還是不一樣。

同學（瞿）：那老子講「道法自然」，應該怎麼理解？

老師：「道法自然」這個說法，我們不能用一般的詮釋去看待它，老子說「人法地，地法天，天法道，道法自然」，這裏我們要注意，你說「人法地，地法天，天法道」這一般沒有人反對，但「道法自然」就有問題，因為這樣就好像把「道」跟「自然」分開，好像「自然」又比「道」高了一層次，我們不能這樣理解。因為在老子那個時代，對一些字眼的使用不是很嚴格，所以「法」這個字在這裏是什麼意思，有不同的理解。如果把它理解成「效法」，那

「人法地，地法天，天法道」之後，「道」又要效法「自然」，那「道」就不是終極原理了！那它就可「言」了！不是至道了！

同學（瞿）：所以應該怎麼理解？

老師：理解成「配合」，因為「道」是有精神性的東西，而「自然」的範圍很廣，包含一切花草樹木、山河大地，也就是整個宇宙、整個自然世界。而在這句話裏面，「道」就是一種做事的方式。什麼方式呢？就是跟「自然」配合。這就符合老子「無為」的思想，而且也不會降低「道」的終極性，它還是終極的原理。所以在這裏我們可以用一種比較寬鬆的方式去理解，就是「道法自然」意指「道」配合「自然」，因為「道」畢竟有另一層涵義是人之道，就是做人處事的道理，包括對待父母要孝順，與人交游講信用等等。我們在人生之中應該是有些原則要依循的，我們可以說這就是一種「道」。好，我們今天講到這，下次我們進到莊子。

第三節　莊子道論及其相關問題解析

老師：我們上一次結束了老子的討論對吧？那這一次就進入莊子。

同學（顏）：好。我這邊介紹莊子，還是從莊子對「道」的理解開始，因為莊子畢竟也是先秦時期道家思想的重要代表之一，「道」自然也是莊子哲理思路開展的源頭。我們知道，在《莊子》這本書裏面，比較沒有莊子後學的觀念摻雜在裏面，而可能純粹是莊子個人哲理記載的篇章，應該是「內七篇」，但「內七篇」裏面，莊子

很少談論「道」的問題。但還是有，就是〈大宗師〉裏面的這段闡述：

> 夫道，有情有信，無為無形。可傳而不可受，可得而不可見。自本自根，未有天地，自古以固存。神鬼神帝，生天生地。在太極之先而不為高，在六極之下而不為深，先天地生而不為久，長於上古而不為老。狶韋氏得之，以挈天地；伏羲氏得之，以襲氣母；維斗得之，終古不忒；日月得之，終古不息；堪坏得之，以襲崑崙；馮夷得之，以遊大川；肩吾得之，以處大山；黃帝得之，以登雲天；顓頊得之，以處玄宮；禺強得之，立乎北極；西王母得之，坐乎少廣，莫知其始，莫知其終；彭祖得之，上及有虞，下及五伯；傅說得之，以相武丁，奄有天下，乘東維，騎箕尾，而比於列星。

從這段話裏面，我們可以看到，莊子認為，「道」是「有情有信，無為無形」的，這跟老子一樣，都主張「道」是一種「無」中含「有」的實存本體。然後莊子也認為，「道」是「自本自根，未有天地，自古以固存」、「神鬼神帝，生天生地」，這也是肯定「道」的「先在性」、「獨立性」與「作用性」；至於他列舉日月、星辰（維斗）與諸多上古傳說中的異人、神人、賢人……等等，描述他們都因為獲致「道」之神用的浸潤，所以能安居本位、為所當為、終古不移，甚至因此而天賦奇能、異行，所以能開創奇功、偉業，能人所不能。莊子這種論述，當然具有相當程度的想像成分，是比較誇張的，但這是為了說明，「道」的存在對宇宙萬物

的存在、發展來說，就是一種最根本、最有效的保證，這是肯定
「道」的「根據性」。所以莊子所理解的「道」，跟老子那裏所界
定的內涵無甚差異，本質上就是一個創化宇宙萬有、並為宇宙萬有
之存在根據的實存本體。我們可以說，莊子的「道」論基本上是對
老子「道」論的繼承與發展。

　　但我們也必須注意到，莊子除了強調以上諸種「道」的重要特
性以外，他還很強調「道」的另一種特性：普遍性。上面〈大宗
師〉這段話，所謂「在太極之先而不為高，在六極之下而不為
深」，講的就是「道」的「普遍性」。它說明了「道」是一種通貫
於全體現象界的徹上、徹下的普遍存在，在〈齊物論〉裏面所謂
「道未始有封」的思想，可以說就是莊子針對「道」的「普遍性」
所做的典型陳述。另外，在「外篇」的〈知北遊〉裏面，更有一則
「每下愈況」的比喻，很可以傳達莊子對「道」這種無處不在的
「普遍性」的基本理解❶。這種觀點表明了，莊子所理解的
「道」，不是一種超越於宇宙萬物之外的、孤懸的存在；換句話
說，「道」跟宇宙萬物之間不是分離的，「道」就存在於宇宙萬物
之中。而莊子這種對「道」之「普遍性」的觀照，我認為，直接促
成了莊子在看待宇宙萬物與人類自身時，所慣有兩種基本態度：
「道物無際」跟「道通為一」。

　　就「道物無際」來說，由於「道」乃是一種通貫於全體現象界

---

❶　這裏所談到的，關於莊子論「道」的「普遍性」，參劉笑敢《莊子哲
　　學及其演變》（北京：中國社會科學出版社，1988 年 2 月一版），
　　頁 107、108。

的徹上、徹下的普遍存在，所以莊子進一步強調：「道」相對於宇宙萬有雖然具有超越性，但「道」與宇宙萬有（包含「人」）之間，是沒有分際的，〈知北遊〉中所謂「物物者與物無際」，我把它直接稱作是「道物無際」，它表達的就是這種「道」、「物」之間沒有分際的思想，而這種思想實則進一步暗示了一種「道即吾身」、「吾身即道」的超越式的嚮往；而就「道通為一」來說，莊子在〈齊物論〉裏面提到：

> 道行之而成，物謂之而然。惡乎然？然於然。惡乎不然？不然於不然。物固有所然，物固有所可。無物不然，無物不可。故為是舉莛與楹，厲與西施，恢恑憰怪，道通為一。其分也，成也；其成也，毀也。凡物無成與毀，復通為一。

所以莊子的觀點是，因為宇宙萬物都是「道行之而成」的，所以宇宙萬物都各自具有它本來的樣貌與功用。更重要的是，因為「道」就貫通在宇宙萬物之中，成為其樣貌與功用的「所以然」之理，所以縱使宇宙萬物各自具有的樣貌與功用是千殊萬別的，但從道化成物的觀點來看，宇宙萬物的特性都是相通的，這就是莊子「道通為一」的思想。而我認為，因為「道物無際」的世界觀，莊子最終指點的、「與天地精神往來」的境界追求就有可能；而「道通為一」的世界觀，則決定了莊子等觀萬物、弭平一切是非價值限域的認識論。

老師：你是說「道」跟宇宙萬物沒有分際？你是這樣理解嗎？

同學（顏）：對，基本上是這樣。

老師：這樣理解會不會有問題？你怎麼理解這裏所謂的「無際」？因為一般談到那些創造宇宙萬物的東西，不管它們是什麼，你怎麼論述它們，給它們一個什麼樣的名稱，我們通常會認為，它們根本上就是具有終極性的，它們能產生種種作用，是萬物存在、發展的基礎，所以你這裏說「道」跟宇宙萬物沒有分際，可以這樣說嗎？「無際」如果把它理解成沒有分別，也就是等同，這樣就很難解釋得通。你在理解上要注意到這點。

同學（顏）：嗯，「無際」在這裏是不應該理解成「等同」，應該把它理解成沒有界線比較適當。

老師：另外，你這邊引的〈大宗師〉這段話，有個必須特別注意的地方。就是莊子說：「夫道，有情有信，無為無形」、「自本自根，未有天地，自古以固存；神鬼神帝，生天生地」，從這種說法我們就可以看出，莊子所講的「道」，不是像那些主張虛無主義的人所講的，這整個世界都是虛幻的，是一無所有，就是像尼采哲學那種消極的哲學觀點。莊子不是這樣，「道」雖然也有「無」的面向，但不是純粹的虛無，不是一無所有。當然這裏面所講的「情」跟「信」，我們應該怎麼理解它，這還有問題，有文字學上的問題，也有哲學詮釋的問題，但莊子大體上就是從正面去說明「道」的特性，用「有情有信」這種肯定的語氣去講；然後他接著又說，「道」是「自本自根，未有天地，自古以固存」，這裏我們就要注意到「存」這個字眼，它點出了「道」的「先在性」。所謂「先在

性」是什麼？就是說，不管在邏輯上或時間上，「道」的出現跟存在，都是先於宇宙萬物的，所以才能是萬物的根據。所以「道」不能是一無所有，就是英文裏面 nothingness 的意味，所以莊子這裏所說的：「夫道，有情有信」，我們可以概括地把它理解成：「道」是有確切的內涵的。就像在現象學裏面，當胡塞爾講到「絕對意識」的時候，他就強調所謂「絕對意識」是有它的實質內涵的，就是德文 Inhalt。那什麼是 Inhalt，胡塞爾沒有進一步去發揮，但胡塞爾點出，這所謂 Inhalt 呈現了一種特徵，就是諧和、一致。

　　莊子講這個「道」，也有類似的意味。也就是說，「道」本來的性格是諧和、一致，然後繼續發展下去，不斷分化、變化，包括不斷地持續一種辯證性的內在發展，然後才從形而上的層次，發展出種種形而下的、經驗世界中的種種事物，所以莊子接著說，「道」能「生天生地」。當然莊子的這種主張裏面還是有缺點，就是他沒有說明「道」是怎麼「生天生地」的，過去有很多哲學家都是這樣講「生」，就是只說那些宇宙的終極原理能「生」，但說不出它們到底是怎麼「生」的。

　　像基督教就乾脆把「上帝」拿出來講，說天地萬物（包括「人」在裏面）都是「上帝」創造的，「上帝」無所不知、無所不能、無所不善，也就是全知、全能、全善，這是一種宗教教義的講法，是一種很固執、很主觀、不給人選擇餘地的說法，就像法官斷案時一槌定音一樣。雖然人生的問題是很複雜的，但基督教的說法就是把它簡單化，說我們一切都信仰「上帝」、都遵循《聖經》的教誨，當然這未嘗不可，反正人生有太多問題不能解決，有太多問題沒有

答案，而基督教就提供給我們一種非常確定的主張：一切都是上帝的意志所造成，所以皈依「上帝」、信仰「上帝」就是人生的正路。這種說法有人相信，有人不相信；有人接受，有人不接受。接受的、相信的人，覺得這樣做會獲得心靈上的平靜，減少很多生活上的憂慮，個人的生命從此充實飽滿，每個週日都到教堂參加禮拜，自己的遭遇無論好壞都託付給上帝，認為那都是「上帝」的安排，而且不管怎麼安排都是最好的安排。真的能這樣想的人，他們就很有福氣，有宗教信仰的人是很有福氣的，因為他們能把自己的生命完全寄託給一個屬於他力的大能，「上帝」也好、「阿彌陀佛」也好，自己就少了很多擔憂，因為他們相信一切都有這個他力大能替他們安排。好的遭遇是恩典，當然要心懷感謝地接受；不好的遭遇是考驗，考驗自己能不能扛得下來、撐得過去，這也沒有不好，因為有考驗才能成長嘛！所以因為這種想法，不管好事、壞事他們都能坦然接受。一個人能做到這樣，我是覺得很有福氣。但問題是，你能不能真的就完完全全地接受這種觀點，尤其是以一種比較理性的態度去思考？我就不能接受，跟基督教就沒有緣分，跟其他宗教也一樣，沒有什麼緣分。

同學（顏）：那麼，就像老師您所指出的，莊子這裏並沒有說明「道」是如何創生萬物的，這是莊子論述上的缺點；而先前老師也提到過，宋明儒學以「天道」、「天理」或「良知」講創生也是不夠的，那麼顯然哲學家光是預設一個「本體」、「本原」來說明創生的問題是不夠的，還需要有「宇宙論」的部分，但就算哲學家建構出「宇宙論」，這個「宇宙論」的證成是可能的嗎？

老師：首先我們要了解，我們現在討論的是哲學上的問題，不是科學上的問題，因此就這個問題來說，我們很難去論定誰就是對、誰就是錯。但科學的問題就不一樣，科學的問題可以透過實驗來證明，先針對一個問題提出一個假說，用種種不同的試驗方法來證實這個假說的真實性，使這個假說成為科學上的定論，然後這個定論就擁有權威性，有確證不移的可信度。但這個定論也未必就沒有錯誤，它仍然有被後人否定的可能性，通過種種不同的問題發現或實驗。但哲學的問題不能這樣看，哲學家智思的方向——或者說，哲學家在思考上的用心——是內向的，不是外向的，宗教也是內向的，但科學就是外向的，這是第一點。

然後我們也必須知道，不管哲學也好、宗教也好，歸根究底都要探討到終極真理的問題。譬如我們看到大自然中林林總總的景象，有花草、樹木、山河、大地，這都是我們看到的表面現象，但在這些表面現象底下有沒有所謂「真理」的存在呢？如果有的話，這個真理是什麼？能不能說是一個終極真理？哲學是談這個問題，所以這裏頭很難講真假。也就是說，這種對現象界種種事物的解析，是關聯到終極真理的問題，對於這種問題的思索，以及思索過後提出的答案，我們不適合判斷它的對錯，只適合判斷它的深淺。一個哲學家的觀察力夠深刻、夠敏銳，能夠從眼前種種錯雜紛陳的現象中，洞見其根源。所謂洞見，就是一種有智慧的、睿智的見解，它是具有精神自覺意義的見解。像陸九淵主張說的，宇宙就是吾心、吾心就是宇宙，我們若就這句話來考察，它是一個科學的命題呢？還是哲學的命題、宗教的命題呢？這不是科學吧？宇宙是宇宙、吾心是吾心，「心」、「物」必須是分開的，這就是科學的觀

點。因為所謂的科學研究，它要能有效地開啟，就必須從根本上預設「心」「物」兩大範疇是相對立的、是具有相對性的。但陸象山不是科學家，他是哲學家，他說宇宙就是吾心、吾心就是宇宙，這句話以康德的話來說，就不是來自理論理性，而是來自實踐理性。我們必須從這個角度看待這句話，否則它就是百分之百錯誤的講法。回到莊子那裏，也是一樣，他看待宇宙萬物的眼光，就是從哲學的角度去看待的。

同學（顏）：那麼，只要建構了「宇宙論」，老師您是不是就不會質疑一個哲學家所提出的，關於一個終極原理如何創生出天地萬物的論述呢？就譬如：宋明儒學如果在講了「天道」、「天命」之後，繼續建構出一套由「抽象」創生「具體」的說法，老師是不是就不會有所質疑呢？如果還是有質疑，老師您質疑的標準會是什麼呢？因為就像老師您所說的，哲學的問題跟科學的問題不同，哲學家的論述不能實證，也不需要實證。

老師：我還是拿眼前這個茶壺做例子。這個茶壺在這裏，有人提出一個問題：這個茶壺有沒有實在性？它是虛無的嗎？如果我們的答案是肯定的，那它的實在性是怎麼成立的？我們是根據什麼來說它有實在性呢？在宋明儒學那裏，對這種問題的回答就是：它是從「天道」的創生而來，除了這種講法以外，宋明儒學沒有提出別的解釋，而且他們也不大關心這方面的問題。他們的用心都放在如何去成就一種道德人格的理想，這種道德人格純粹是善性的，沒有絲毫惡性在裏面。而如果有人覺得這樣是不夠的，就會提出我常常提的那個問題，也就是宇宙萬物是具體的、立體的，而天道是抽象

的，抽象的東西怎麼創造出具體的東西呢？而像我之前講的，唯識宗在這個問題上，就有一種「存有論」乃至於「宇宙論」的推演。他們認為，像我們眼前的這個茶壺，它具有形狀、具有硬性、具有作用（可以裝水）、具有顏色，這種種性質聚合起來成為一個整全的形體，顯現在我們的眼前。我們可以說，這個茶壺的存在是一種「現」，也就是表現、出現，但這種顯現是不是一種實有的存在，也就是說它是不是一個實實在在的東西，我們不能說。我們只能說它是「詐現」的，好像有一種東西存在於我們的眼前，但在它的背後是不是存在著一些我們認知能力所不能企及的東西，譬如：實體、自性、基體，我們不能說。唯識宗就講到這裏，所以他們用「詐現」這樣的字眼去說明宇宙萬物的出現，這個「詐」字沒有否定的意味，沒有負面的色彩。

同學（瞿）：如果是這樣的話，「詐現」跟幻聽或幻覺要怎麼區分？

老師：幻覺就是一些根本不能在我們感官面前出現的東西啊！它沒有對礙性。

同學（瞿）：但對看到幻覺的人，他所看到的就是出現在他們眼前，他們覺得有那些東西。

老師：這只存在於那些人的主觀裏面，因為我們人的感官在功能上有相當的固定性，也有一定的普遍性，你的感官跟我的感官，在運作上跟功能上基本上會處在同一種程度，就是說，都是正常的、一般的運作，不是那種病態的、不正常的運作。譬如每個大學新生，

入學時都要做體檢，在檢查視力的時候，會讓每個新生區分各種顏色，這個紅色、那個綠色；這個黑色、那個白色……這就是要考驗他們有沒有色盲，看他們視覺上有沒有毛病。而你所說的幻覺，是心理因素所引起的幻覺，就像我作夢時所看到的東西，都是不存在的，但因為下意識、潛意識的作用，才會出現夢裏的各種景象跟情節。而一個人能不能達到連夢都不用去做的境界呢？《莊子》這本書裏面就有提到這種人，就是至人、真人、聖人這些人，他們連夢都不做，他們是無夢的。但我們凡人就不能做到這樣，我們差不多天天都作夢。……再回到我們剛剛說的「詐現」，就是說，如果你的感官沒有病態，它的作用是正常的，那麼，種種顯現在我們面前的東西，它們到底有沒有實在性？它們在我們眼前的樣子，是不是就是真的？是不是實的？如果你的答案是肯定的，那你就是實在論者，羅素他們就這樣講。如果你說這些都是通過我們的觀念構架起來的，那你就是屬於唯心論，是觀念論的立場。唯識宗當然是屬於觀念論的、唯心論的立場，但他們又進一步認為，宇宙萬物都只是在我們面前「宛然」具有一個樣貌、「宛然」具有一種存在性。這種說法我們很難駁倒它，它不是執實地去說創生，它只是使用「詐」這個字眼，說好像真實的有這種東西存在。所以熊十力提出「宛然詐現」的這種說法，真的是很巧妙。

同學（瞿）：如果我們眼前的一切事物都只是「宛然」──也就是「好像」──存在，那我們要怎麼去把握我們現前存在的一切？譬如：如果眼前這個茶壺是一種「詐現」，那我們怎麼去把握它、使用它？

老師：這是進一步的問題，是宇宙論的問題，要結合科學的解釋，才能做出有效的回答。因為這涉及到人類認識機能的問題。在哲學上、宗教上的講法裏面，有所謂「睿智的直覺」，這種認識機能能洞悉事物的本質，但這種本質跟科學所研究的對象也不同。科學所研究的對象，是事物的現象性、時空性、經驗性，這些都是人類的「知性」要處理的問題。這個問題是很複雜的，我們人類的認識機能究竟有幾種？是一種？兩種？還是三種？而這中間又有沒有層次的區別？你剛剛所提的這個問題，比較是科學的問題。科學這種學問是怎麼建立起來的呢？也就是說，我們怎樣對客觀的事物有正確的把握。一般的說法就是，我們有「知性」能去理解客觀事物；但唯識宗就不從科學的角度去探討這種問題，它是從唯識的真理來談。什麼是唯識的真理？我們的「識」──也就是認識能力──有哪些？一種是感官的「識」；一種是意識的「識」；再來是「阿賴耶識」，這跟認識沒有直接的關連。感官的「識」有眼識、耳識、鼻識、舌識、身識五種，把握視、聽、臭、味、觸五種感覺；意識是第六種，它能處理概念、理論的問題，具有記憶、推理、綜合等種種能力……我們今天上課到這裏，下次接著講。

第四節　莊子逍遙論與安命論的解析

同學（顏）：接下來我要談的，是莊子「逍遙」、「安命」、「齊物」、「齊是非」的思想。首先我覺得，莊子對人生安頓的主張沒有別的，就是「逍遙」（或者說：「逍遙遊」）的應世態度。「逍遙」這個詞，在《詩經》、《楚辭》或《禮記》這些中國古籍裏面，很早

就出現了，它的意思是安閑、自適、自得，而且多半跟形體上的徬徨、徘徊有關，很像是一種悠閒的漫步情境。但在《莊子》這本書的語境裏面，「逍遙」又特指精神上的自在、自得，跟形體上的徬徨、徘徊就比較沒有關係。

老師：我這裏先提一個問題。你這裏提到「逍遙」、「安命」、「齊物、「齊是非」四個命題，那麼，你側重這四個觀念的準則是什麼？也就是說，莊子思想裏面有很多題材，譬如：庖丁解牛、與天地精神往來……等等，這些材料都有很深的意涵在裏面。而你認為，「逍遙」、「安命」、「齊物、「齊是非」這四個命題是對應於人生安頓的，可不可以先解釋一下，為什麼它們在莊子的思想裏面是相應於人生安頓的課題呢？

同學（顏）：我認為莊子所要指點的人生安頓之方，最根本的就是「逍遙」的境界，但一個人要達到「逍遙」的境界，具體上至少要做到「安命」、「齊物」跟「齊是非」三者，否則就沒有「逍遙」的可能。

老師：我們先談「安命」好了。我們通常講「樂天安命」，意思就是要人安分守己，做人做事不要太極端，隨時保持一種從容的態度。譬如：你一餐能吃掉兩碗飯，而你一餐也就只吃兩碗飯，不會太多、也不會太少，這就是一種安命，對你來說也是一種很好的生活態度。只吃一碗飯太少，你會感到餓；吃了三碗又太多，你又會太滯。只有兩碗飯是剛剛好，所以過猶不及。但莊子所謂的「安命」，跟一般所謂的「樂天安命」不同。莊子所謂的「安命」，是

一種應接現實生活中一切事物的態度，也就是：在主觀方面依循自己的理想，使自己的生命感到平安、舒適；在客觀方面跟自然世界保持一種和諧的關係，不要逆天而行。如果是這樣，莊子的「安命」主張會不會太消極呢？

同學（顏）：在莊子那裏，的確是有這種比較消極的思想成分。他主張「安命」，最終連結到要人們凡事「順其自然」的人生指引，不要一心嚮往或追求一些外在的事物與價值，承認自己先天稟賦的與後天遭遇的一切，就是圓滿與充足的，別對自己或他人有無謂的苛求。我們從《莊子》這本書裏面，的確看得到這種比較消極的思想。

老師：所以莊子承認「宿命論」？

同學（顏）：對，莊子承認有定命的存在。

老師：如果是這樣，莊子這種思想的理性成分是不是降低了？因為一個人如果以一種「宿命論」的態度來生活，就很難要求他進取，就像佛學所講的「精進」。「精進」的態度跟「安命」的態度就相反。這是不是表示莊子認為，我們在生活中不需要進取，因為冥冥中有某種絕對的安排，我們不能反抗，只能順從這種安排。如果是這樣，莊子思想的理性價值就欠缺了。你有沒有注意到這點呢？

同學（顏）：我認為莊子思想的終點，是「同於大通」，而要做到這點，「安命」是必須的。

老師：「命」是什麼？跟「大通」有關係嗎？

同學（顏）：有關係，在莊子的思想脈絡中，「命」跟「大通」——也就是「道」——是有關係的，雖然他沒有說明得很清楚。

老師：所以這個「命」是連著「大通」來講，那就不是「宿命」嗎？就好像孔子講的：「五十而知天命」，就是知道整個自然世界的發展趨向，然後順著這個自然趨向去生活，在人生實踐上不要走極端。那是不是做到「安命」就能通到「大通」呢？「大通」就是「大道」，就是莊子所講的「天地精神」嘛！做到「安命」就能跟「天地精神」相往來嗎？

同學（顏）：莊子講跟「天地精神」相往來，是指一個人在心靈上、精神上能跟「天地精神」有所契接，而要達到這種契接，一個人的心靈必須先處在一種安適、自在的狀態。但我們在現實生活中，無時不刻都在接受外在事物的干擾，要使自己的心靈處在一種安適、自在的狀態，是很困難的。莊子提出「安命」、甚至是「齊物」、「齊是非」的主張，我認為就是想指引人去達到這種心靈上安適、自在的狀態。這是我的理解。

老師：其他同學呢？有沒有別的理解？

同學（瞿）：我覺得「命」是指一種生命中實然存在的限制，而莊子講的「安命」就是指安於這種限制。但這要配合一種修養，也就是「坐忘」……。

老師：所以「命」就是有限制，這樣「命」就沒有普遍的意義，因為每個人在自己的生命中，都有屬於自己的限制。譬如：思辨的能

力有限制、身體的健康有限制……。這樣跟「大通」就沒有關聯啊！

同學（瞿）：所以中間要通過「坐忘」這種修養，才能超脫這種限制，在精神上契接「大通」這種超越的存在。「坐忘」的工夫，在莊子思想的脈絡裏面，就是老師說的「精進」。

老師：如果是這樣，那就不光是「安命」了！這樣已經超過「命」這個概念的意涵了！特別是你說的限制。

同學（顏）：從《莊子》這本書裏面，我認為莊子承認人生是有限制的，這沒錯，但莊子並不把這種限制思考得很負面。依我的理解，莊子是希望我們把這種「限制」理解成一種我們先天上跟後天上都必然要去承受的物與事，但不管我們承受了什麼、遭遇了什麼，我們每個人的生命都是一種獨立的自足與圓滿。

老師：那我就想到，孔夫子說我們為人處世要「知其不可為而為之」，這跟佛教所謂精進、不懈怠就能相通。但跟莊子所說的「安命」就連不上關係。所以你會不會覺得孔子所代表的儒家，他們的人生態度很積極，就是說，他有一種使命感，一定要完成某個理想，即便自己的力量不夠，還是要盡力打拚。但莊子就不一樣，他比較會量力而為，可以做就做，不可以做就不做。這兩種人生態度你會怎麼取捨？

同學（顏）：這兩種人生態度不同，我是這樣理解。孔子所處的時代畢竟早於莊子，他是春秋時期的人。春秋時期當然就是一個亂

世，到了莊子所處的戰國時期，世間的局勢又更加混亂了，困苦的、橫死的人又更多了，而莊子之前已經出現過不少思想家，嘗試提出比較積極的思想去應接當時的亂局，像孔子、墨子都是，但都沒辦法真正解決世間的亂象，也沒辦法幫助亂世中的人們安身立命。所以我覺得，莊子的想法就比較悲觀了，對人們應該如何應接亂世的考量就有所轉向，不再指點人們從事比較積極的、將整個亂世撥亂反正的實踐，而是比較消極地指引人們如何在亂世中自處。也就是人們未必要改變這個亂世，但可以有一種人生態度，讓自己置身在那亂世之中能過得相對安適、自在。

老師：這倒有些道理。我們做事情，有時候就是這樣。該做就去做，但能不能成功是一回事，即便知道成功的機會很小，還是去做，這就是「知其不可為而為之」，因為要做的事情本身是一種使命，或者說，是一種道德的命令（moral imperative），我們非做不可，成不成功無所謂，這種實踐還是有價值。不以成敗論英雄，只看實踐的過程，這就是儒家的講法。但莊子就不是這樣看，他比較是以成敗論英雄，這是他的人生取向。

同學（瞿）：老師，我要請教一下，儒家這種「知其不可為而為之」的態度，是比較像西方的「義務論」還是「德行論」呢？

老師：孔子的立場比較接近康德的「義務論」，就是說，「義」之所命，我們就要去做，「義」就是責任，我們有責任該做的就要去做。成敗是一回事，去做才是最重要的，這種態度是很積極的。而莊子就不這樣想，為什麼？因為這樣會傷害自己的元氣。譬如你花

了一生的時間要打天下，要千千萬萬人幫著你實現這個目標，但如果你已經估量到這場戰鬥成功的機率很小，那就不要做，不要消耗太多精力，要保持自己的元氣，做其他需要做、而且是有機會做到的事。好，接著講。

同學（顏）：好。剛剛說到，在《莊子》這本書的語境裏面，「逍遙」比較是指精神上的自在、自得，跟形體上的徬徨、徘徊比較沒有關係。例如〈逍遙遊〉裏面提到：

> 今子有大樹，患其無用，何不樹之於無何有之鄉、廣莫之野，彷徨乎無為其側，逍遙乎寢臥其下；不夭斤斧，物無害者，無所可用，安所困苦哉！

這裏面所講的，把一棵沒有用處的大樹種在「無何有之鄉」、「廣莫之野」，然後一個人就在它週遭漫無目的地徘徊、自在地寢臥。這當然只是一種莊子描繪的虛擬畫幅，但就是這一種境界，差不多可以比擬莊子所主張的、「逍遙」的境界。所以由此可見，莊子所謂的「逍遙」，純粹是境界式的，必須透過心靈上的追慕和精神上的想像才有達致的可能。另外，在《莊子》這本書裏面，還有一個跟「逍遙」相關，但出現更頻繁的詞——「遊」，在理解莊子「逍遙」的主張時，注意到《莊子》這本書裏面關於「遊」的論述，能幫助我們更正確地理解「逍遙」的意涵。譬如〈逍遙遊〉裏面所謂：「乘天地之正，御六氣之變，以遊無窮」；〈齊物論〉所謂：「乘雲氣，騎日月，遊乎四海之外」、「無謂有謂，而遊乎塵垢之

外」〈應帝王〉所謂：「乘夫莽眇之鳥，以出六極之外，而遊無何有之鄉」、「立乎不測，而遊於無有者」……等等，這些句子裏面的「遊」字，都是指一種精神主體不受經驗世界的限制，然後能徜徉在經驗世界之外自得、自樂的境界。在《莊子》這本書裏面，能更概括地體現「遊」字意涵的詞彙，就是〈人間世〉所講的：「且夫乘物以遊心」的「遊心」。所以莊子之「遊」，非以形體「遊」之，而是以「心靈」、「精神」遊之❷。

　　總之，我覺得莊子主張的人生安頓之方，就是指引人們在現實生活中應機接物，都應該自覺地保持一種「逍遙」的應世態度。就是不論我們有怎樣的人生境遇，都不要以現實世界中既有的、且通行的價值判斷來範限自己，應該保持自我心靈的絕對自由，讓我們的心靈嘗試去契接經驗世界之外的超越境界——特別是「道」，以及由「道」所發運的大化流行，使心靈常保安適、自得與愉悅。

老師：你提到這個「遊」，在莊子思想裏面是很重要的。我們一般提到「遊」，想到的就是遊山玩水，但莊子所提的「遊」不是這樣。以前我讀徐復觀先生的書，他就特別重視「遊」這個觀念。莊子所謂的「遊」，就是讓自己的心靈全面敞開，讓整個心靈的包容力更加寬廣，在時空上不分古今、在空間上不分中外，都通通包容進來，這樣我們心靈的內涵會更充實，能更進一步邁向真正的自由自在的境界，也就是「逍遙」。徐復觀先生有兩本書很重要，就是

---

❷　以上關乎「逍遙」、「遊」的論述，參劉笑敢《莊子哲學及其演變》，頁 153-155。

《中國人性論史》和《中國藝術精神》，在裏面就把莊子「遊」的思想闡釋的很好。

同學（顏）：嗯，總之莊子所謂的「逍遙」，就是要人們保持心靈上的絕對自由，然後嘗試去契接經驗世界之外的超越境界——「道」，以及由「道」所發運的大化流行，就像〈大宗師〉所講的：「與造物者為人，而遊乎天地之一氣」，或〈齊物論〉所講的：「天地與我並生，萬物與我為一」。我覺得，莊子的「逍遙」思想，最終所要達致的人生境界就是這樣。但「逍遙」的思想要落實並不容易，我覺得，就莊子哲學的總體內容來看，要達到精神上真正的超脫與自由，至少還需要三方面的實踐，就是「安命」、「齊物」、「齊是非」。

老師：這裏有一個觀念也很重要，就是「氣」。在《莊子》這本書裏面，有幾個地方都提到氣，用「氣」來解釋人的生死問題，認為生是氣聚、死是氣散。依照這種理解，那麼「氣」的內涵就比較偏向物理性格，跟精神性格距離比較遠。生是氣聚、死是氣散，這種性格的「氣」，就比較像佛教所講的「生滅法」，是屬於經驗性格的元素。但莊子又說「遊乎天地之一氣」，這就需要分辨一下。這「遊乎天地之一氣」裏面的「氣」，是與那個跟人的生死相關的、屬於經驗性格的「氣」相通嗎？還是有其他的意思？

同學（顏）：我個人的理解是，道家所說的「氣」，是兼具形而上跟形而下兩種性格的，因為在道家那裏，「氣」就是形而上與形而下的交界。所以後來也有學者認為，先秦道家所謂的「道」，其實

根本上就是「氣」，譬如張載就說「太虛即氣」。而如果直接從《莊子》的文本來看，其實形而上的或形而下的「氣」，在《莊子》這本書裏面都有談到。談生死問題時所說的「氣」，比較是形而下的「氣」；講「遊乎天地之一氣」時，這個「氣」又比較接近形而上的性格。

老師：所以莊子論「氣」，應該是有兩個層次，一個是經驗性格的，一個是形而上學的。而且我們不能光看「氣」這個字，我們要看整個文句的脈絡。莊子說「遊乎天地之一氣」，他是講「一氣」，「氣」的前面加上「一」這個字眼；更前面又加上「天地」這個詞。那這個「一」，是一鼓作氣的意思嗎？好像不是。因為一鼓作氣是放手一搏的意思，但他為什麼講「一氣」？為什麼不是「二氣」？如果是「二氣」，我們就會想到陰、陽。但他這裏用「一氣」，「一」是表示一種數字？還是蘊含了「絕對」的意味在裏面？而如果有「絕對」的意味在，那麼這裏的「氣」就絕對不是經驗性的了，它一定是超越的。再加上「天地」這個詞，莊子不是常常用「天地」指涉「道」嗎？與「天地精神」相往來，就是與「道」相往來的意思。所以如果我們考慮到「天地」跟「一」在這個句子裏面的意義，那麼這裏的「氣」就很明顯不是一種經驗性的、材質性的「氣」。所以我們讀書的時候，一個字都不能放過；放過一個字，我們做出的詮釋就會有讓人質疑的空間。

同學（顏）：老師，回到剛剛說的，有些學者認為，先秦道家所講的「道」，其實就是「氣」。依老師您的看法，這樣的理解跟先秦道家的主張是相適應的嗎？

老師：應該不是。就光講莊子好了，他所講的「氣」就有兩層，一層連著生死講，另一層所謂「天地之一氣」是連著天地講，你要說「氣」直接就是「道」，說不過去。但問題就是，先秦道家包括莊子，講氣講得很少，所以後人讀他們的書，就有很大的詮釋空間。所以我們怎麼解決，就是不能光看「氣」這個字，要從它前後文的整體脈絡去推敲它的義理，才能確定這個概念的意思。

同學（顏）：嗯，那我接著講「安命」。我覺得「安命」的實踐，就是莊子式的「自然」、「無為」。〈德充符〉中所謂「知不可奈何而安之若命，唯有德者能之」，就是莊子「安命」主張的典型表述。所以就莊子來看，要做到「安命」是不容易的，必須是有「德」的人才做的到。

老師：這又可以看到一個重點，就是一樣講「德」這個概念。道家跟儒家是不同的，我們不能把道家的德，也理解成儒家所講的、道德實踐的「德」。儒家所講的「德」跟康德所講的道德很接近，這種「德」是應然的。但老莊所講的「德」，是直接在「道德」這個名相下講，「道德」的「道」，你可以說它是老子所講的「道」、「無」，也可以說是莊子所講的「天地精神」、「大通」或「逍遙」，所以道家所講的「道德」，最直接的理解就是「得道」，也就是我們直接從「道」裏面所領受的。這就是道家所講的「道德」。所以莊子說「唯有德者能之」，並不是說只有從事道德實踐的人才能做到，我們必須注意這一點。莊子所講的「有德者」，就是能分享「道」的內涵、能體證「道」的那些人。好，接著講。

同學（顏）：莊子講「安命」，因為莊子肯定世間有定命的存在，例如：

> 死生存亡、窮達貧富、賢與不肖、毀譽、飢渴、寒暑，是事之變、命之行也。日夜相代乎前，而知不能規乎其始也。（〈德充符〉）

> 褚小者不可以懷大，綆短者不可以汲深。夫若是者，以為命有所成而形有所適也，夫不可損益。（〈至樂〉）

這些就是莊子對「命」的典型看法。第一段引文裏面所謂的「命」，指涉的是人們在後天際遇方面的實然性；而第二段引文裏面所謂的「命」，則是指涉人們在先天稟賦方面的必然性。所以莊子所謂的「命」，至少包含了先天與後天兩個方面意涵。而且「命」是無時無刻不流行的，不只是人力無法違逆、改變，人們甚至無法確切掌握其來源。總之，「命」是很抽象的觀念，對世間物物事事的發展，具有決定性的主宰力。但我們必須注意到，「命」跟「道」是有關聯的，譬如〈德充符〉裏面這段話：

> 受命於地，唯松柏獨也正，在冬夏青青。受命於天，唯舜獨也正，幸能正生，以正眾生。

顯然「命」的觀念雖然抽象，但在莊子的認識裏面，還是有所謂「命」的發動者，「受命於地」、「受命於天」的說法，透露了莊

子的這種思維。而天為何？地為何？簡而言之，就是大化流行——也就是大自然的總名。但大化流行又是因何存在？如何發動？源頭還是在道家哲學的起點——「道」那裏。

老師：這裏還要注意到一點，以上這兩段引文，一段出自〈德充符〉，一段出自〈至樂〉，它們是不是可以代表莊子個人的思想？還是莊子後學添加的？我們一般認為，《莊子》內、外、雜三篇裏面，只有內篇比較能肯定是莊子的思想，外、雜兩篇都是莊子後學的整理跟添加。〈德充符〉屬於內七篇，但〈至樂〉不是，而就你的看法，這兩段文字分別說明了「命」的兩層內涵，一層是後天際遇，一層是先天稟賦。這樣來看，〈至樂〉這一篇所談的屬於先天稟賦的部分，要說是莊子的思想，有證據力嗎？

同學（顏）：沒錯，〈至樂〉不是內七篇，但底下引的那一段〈德充符〉的文字，也就是：「受命於地，唯松柏獨也正，在冬夏青青。受命於天，唯舜獨也正，幸能正生，以正眾生」所談的也比較偏向是人先天稟受的部分。所以我還是認為，雖然我們一般對「命」的理解，比較偏向於後天際遇所給予人們的限制，但莊子所謂的「命」，也有人們先天稟賦的部分，是先天從萬物造化之源——「道」那裏所承受的。因為是「道」創化了宇宙萬物，推動了大化流行，所以「命」在莊子那裏，其中一層意涵就是現象界中物物事事所得之於大化流行的本質規定之一。換言之，莊子所講的「命」，有一部分是指形而上的「道」施授於所有形而下物事的內涵，不管它是以何種形式來展現。因為「道」體創化萬物雖是「無目的」、「無動機」的自然發動，而一切經驗物事在「道」的自然

運化過程中所隨機接受的，雖屬「偶然」，但這個「偶然」的授、受過程一經確定，作為接受者就無力改變而於自身成一「必然」的規定。而就莊子來看，我們唯有順其自然、無條件接受，才是唯一的、也是最明智的應接之道。這是我的理解。

老師：我注意到，你這裏還是用了「道體」這個名相。我們之前講過，「道體」這個名相是到宋明理學那裏才有，《莊子》這本書裏面沒有。當然你要拿「道體」這種觀念，說明莊子所講的「道」也可以，但這就給莊子所講的「道」加上很濃厚的「實體」的意味、「體性」的意味。像牟宗三先生所講的，「道」是一個主觀實踐的境界；而唐君毅先生把道家的「道」解釋成一種形而上的實體。如果你是順著唐先生的理解，那你用「道體」這個名相講道家的「道」就比較沒問題，但這也限於老子所講的「道」；但如果你順著牟先生的觀點，把「道」理解成一種主觀的實踐境界，那就不能使用「道體」來解釋道家的「道」。「道體」指的是一種終極原理，這種終極原理是有創生作用的。而關於終極原理，儒家有儒家的說法，跟道家的說法不一樣。同樣是道家，老子跟莊子的主張又有差異，一個側重形而上實體那一面，一個側重主觀實踐境界那一面。所以還是提醒你，使用「道體」這個名相講「道」，要小心。

同學（顏）：嗯，那就老師的理解，像牟宗三先生那樣，把道家的「道」理解成主觀的實踐境界，這跟道家的主張相適應嗎？因為牟先生認為道家的「道」雖然也有所謂「生」，但這個「生」是「不生之生」，並非真正的創生。

老師：牟先生說，道家的「道」並非真正的創生，他是從老子講，還是從莊子講呢？如果是從老子講，這就不恰當，因為老子說「道生一，一生二，二生三，三生萬物」，怎麼能說「道」沒有創生呢？

同學（顏）：莊子也講創生吧？

老師：你說莊子所講的「道」有創生的作用？有文獻根據嗎？

同學（顏）：在之前的報告裏面，我有引了〈大宗師〉裏面的一段話：

> 夫道，有情有信，無為無形。可傳而不可受，可得而不可見。自本自根，未有天地，自古以固存。神鬼神帝，生天生地。在太極之先而不為高，在六極之下而不為深，先天地生而不為久，長於上古而不為老。

從這段話，我認為莊子所講的「道」也是有創生作用的，跟老子的理解是同一個脈絡，只是莊子在整體思想上更側重精神境界的指點。這是我的理解。

老師：我們也許可以這樣去理解，老子講「道」，講得比較「死煞」。什麼叫「死煞」？就是比較呆板、不變通，範圍比較狹隘一點，比較執著在「道」這個概念的詮釋上。但莊子就比較瀟灑，他整個哲學的義理是比較多元，對「道」的詮釋沒有侷限在老子的觀點中，不只把「道」限定為一個形而上的實體，更加重視主觀方面

的、情意性方面的義理引申。從這個角度就可以談實踐,當然莊子也沒完全放棄「道」在客觀方面的形上性格,〈大宗師〉說「道」是「有情有信」的,這就說明,莊子理解的「道」並不是一個虛無飄渺的東西,「情」、「信」就是指「道」確實有內涵的,差不多就是體性的意思。所以老子講的「道」,外延(extension)比較狹窄一點;莊子講的「道」,外延就比較寬廣。這也符合思想史的發展,就是一種思想越是發展到後面,就越有多元性的發展趨向,西方是這樣,中國是這樣,印度也是這樣。一種思想體系發展的最初,內容都是比較狹隘的,但繼續發展、開拓下去,內容就會不斷敞開,能包容的觀點就越多元。所以莊子跟老子講「道」,基本上是沒矛盾的,只是莊子的詮釋比較多元,而老子比較聚焦在形而上的實體這方面。

同學(顏):嗯,那我接著講下去。莊子講「安命」,經常是跟「順自然」的主張相聯繫,例如以下這兩段話:

> 牛馬四足,是謂天;落馬首,穿牛鼻,是謂人。故曰:無以人滅天,無以故滅命,無以德徇名。(〈秋水〉)

> 適來,夫子時也;適去,夫子順也。安時而處順,哀樂不能入也,古者謂是帝之懸解。(〈養生主〉)

所以順物性之自然,不以人的意志妄圖改變、干涉,就是莊子「安命」的主張;而「安時處順」的態度,就是「安命」主張的實踐之

道。也就是說，一個人能在現實人生中做到時時安時處順，就意味著人能不受各種際遇變換的限制，那麼，心境跟情緒就能常保安適、自在，正如莊子所說的：「哀樂不能入也！」所以不能「安命」就不能「逍遙」；「安命」的人生態度，就是是莊子「逍遙」思想的具體內容之一。

老師：他這邊講「無以人滅天，無以故滅命」，這個「天命」要怎麼理解？

同學（顏）：老師覺得在這段話裏面，「天」跟「命」要合為「天命」來理解？

老師：因為這種文字的表現，應該是一種對偶的現象，所以我們也不妨這樣去理解。「以人滅天」不好，「以故滅命」也不好。那所謂「人」是什麼？就是「穿牛鼻」、「絡馬首」，給牛、馬很多限制、束縛，把牛、馬約束起來，不讓牠們回歸到最自然的狀態。如果所謂「人」、「故」是不好的，那反過來「天」、「命」的意義就是正面的。

同學（顏）：對，我也認為莊子講「命」，並不完全是從負面的角度去講，把「命」理解成一種無可奈何的限制。他認為「命」是「道」所自然施授給宇宙萬物的，使宇宙萬物各自具有最自然的、也最圓滿的狀態。所以莊子講的「命」，並不是一種很負面意義的概念。

老師：所以莊子講「命」，不用把它理解成一種「宿命論」，而是

把它理解成「自然」。「安命」就是不要逆天而行，因為「天」就是自然，「命」也是自然，是吧？

同學（顏）：嗯，「安命」的實踐就是順自然，莊子的主張是這樣沒錯。

老師：還有，莊子講「安時而處順，哀樂不能入也」，這裏所謂「哀樂不能入」，是一種「工夫論」的講法，是一種非常高的境界。我們通常都說，做人不要有得失之心，佛教就很強調這點。如果一味執著在得、失的分別上面，就是說，得到一種東西的意識很強，失去一種東西的意識也很強，那就會產生很多煩惱，心靈就不可能自由自在，是吧？得到的時候就歡喜，失去的時候就憂傷，這樣全副的心靈就反覆在歡喜與憂傷兩種情緒間打轉。所以我們一般都說，要做到得而不喜、失而不憂，沒有得失心，就能脫離憂、喜的背反。「背反」（Antinomie），就是康德所提的那個「背反」。在京都哲學裏面也有類似的講法，叫做「逆對應」，這是西田幾多郎的講法。就是兩種性質相反的東西，通常都是擁抱在一起的，不能分開。有無、生死、得失、善惡、理性非理性、存在非存在，這些全都是「逆對應」，全都是「背反」。人的心靈就是經常會下墮到這種「背反」裏面，得失心就是很好的例子，它讓我們反覆在憂喜的情緒中煎熬。所以「背反」一定要突破，心靈才會有出路。但「背反」有可能突破嗎？可以。佛教說生死即涅槃、煩惱即菩提，這是佛教裏面很重要的工夫論。要突破「背反」的這一點，在那些大哲學家的思想裏面，都是很相像的，佛教、道家、康德、黑格爾都有這種思想，只是他們表達的方式不同。康德說「背反」、「二

律背反」。儒家、道家乾脆直接舉出例子，生死、善惡、得失、喜樂……等等，點明的更具體。佛教也是，他們講煩惱菩提、生死涅槃的不相容關係，但不相容要透過工夫的修證去克服、去超越，一個人能夠突破這個「背反」，就達到覺悟的境界，人就解脫了！儒家、道家都一樣，京都學派也有這種說法。

歷史上很多重要的思想，在不同哲學體系裏面的表現都是很相似的，我們可以說，那就是一種思想的範型，是一種思維模式的典範；歷史上最偉大的哲學學派，在某些普遍性問題上的、最重要的思考點，都是相通的。所以人有東方西方、古代現代的分別，但思想就沒有這種分界，古人這樣想，我們也是這樣想。像《六祖壇經》就記載了一段五祖跟六祖的對話，那段話很精采，就有這種意思在：五祖弘忍問六祖惠能從哪裏來，惠能說自己是嶺南人。因為嶺南在古代是野蠻民族居住的地方，所以五祖就回答：「嶺南人怎麼學佛啊？」這是五祖要試探惠能的智慧，意思是野蠻人也能成佛嗎？惠能就回答：「人有南北的不同，但佛性哪有不同啊？」這個回答就破解了弘忍的挑戰。因為佛性是普遍的，內在於所有眾生之中，不管你是嶺南人、中原人，或者歐洲人、美洲人，每個人都是有佛性的，每個人都是有可能成佛的。……那關於老子、莊子的思想方面，我們就談到這裏，下面就請你進入「純粹力動」方面的探討。

第五節 純粹力動
作為一宇宙終極原理的概念特徵

同學（顏）：接下來，我要談的是「純粹力動」。老師您所要建構的「純粹力動現象學」，是把「純粹力動」作為一種宇宙的終極原理。就我的了解，「純粹力動」這個觀念的基本特徵之一，首先表現在對形上學傳統中「體」（本體）、「用」（作用）關係的超越上，也就是說，「純粹力動」是超越「體」、「用」分別，並且是攝體歸用的、以「功用」為唯一型態、唯一本質的終極原理。我們知道，形而上學在傳統上總存在著一種基本認識，也就是：現象界（包含「現象界」中之物物事事）的全體，是由某種形而上的「本體」創化而來的，而這種創化活動的實現，則是經由「本體」所發動的某種「功用」運轉、推動的結果，因此，「用」由「體」發、無「體」則無「用」的觀點，幾乎成為形而上學思維中的邏輯預設。在老師您的著作——《純粹力動現象學》裏面，開宗明義就舉出熊十力先生對佛教「性空」思想的根本詰難：佛教不能肯定實體，沒有實體則不能起用，如此，佛教如何能達致普渡眾生的宗教目的？然後根據熊氏所構架的「體用論」思維，對形而上學傳統中的「體」、「用」關係論，進行了介紹跟討論。

　　整體而言，老師您認為，依照熊氏「體用論」的觀點去理解創化宇宙的終極原理，至少會有兩種困難：第一，熊氏預設「體」、「用」二分、並且是由「本體」依其「功用」從內部以「翕」、「闢」兩種勢用間的對反、衝突，方能創化出宇宙萬物，若此種主張成立，則此「本體」自身還是具有「複雜性」（熊氏自己便強調本

體有複雜性），熊氏所定義的「本體」，在基本體性上就未臻不可分割的「純一」境地，而未臻「純一」、無雜，就難稱終極，所謂宇宙本體必具的「本源義」，將有失落之嫌。第二，縱使熊氏強調「體」、「用」相即、不離，但「體」、「用」的名相一經標舉，則「體」、「用」二者終究未能臻至終極圓融的境地。就像老師您所說的：

> 本體在無限界，功用在有限界。由功用而詐現、變現出來的心物現象亦自然是有限性格。這樣，本體終是本體，功用或現象終是現象，兩者分屬無限與有限、絕對與相對的二界。體雖是用之體，用雖是體之用，兩者終是二物，一為渾全，一為分化。這樣，體與用仍不能免於一種機械化（mechanical）的關係。這好像機器發揮它的作用那樣。這樣，體與用可構成一二元對峙關係，不能是終極的圓融境界。這樣的本體宇宙論終是有憾、不完全。❸

總之，在老師您的認知裏面，作為一個宇宙的終極原理，它跟自身的「功用」、包含這個「功用」所創化的宇宙萬物之間，應該是無有分際的，如果將宇宙終極原理的內涵又劃分為「本體」、「作用」兩層來加以把握，那麼就算像熊氏所倡導的「體用不二」論一般，強調「用」不離「體」、「體」不離「用」，最終還是要落入

---

❸ 吳汝鈞著：《純粹力動現象學》（臺北：臺灣商務印書館，2005 年 5 月初版），頁 15-16。

「體」仍是「體」、「用」仍是「用」的二元主義。所以就我的理解，老師您所揭舉的宇宙終極原理——「純粹力動」，首先就是比較趨近「非實體」性格的，這是為了掙脫傳統上「用」由「體」發、無「體」則無「用」的觀念牢籠，然後進一步把宇宙的終極原理定義為一種「純活動」、「純力用」，也就是——「純粹力動」本身，就是一種「活動」、一種「作用」、一種「力」。自身恆是一種「力」的運轉、一種「功用」的發動，並非如傳統上所認定的：「功用」必需由「本體」發動，而是「功用」本身就是「本體」、就是唯一的本源性存在，它不管是向內或向外，都別無所謂發動的根源。就此看來，我認為老師您所揭舉的這個宇宙終極原理——純粹力動，在內容上應該以「絕對義」的「動感」為最重要的特徵。在老師您目前所有關於「純粹力動現象學」的著作裏面，隨處都可以看到您對這種「絕對義」的「動感」的強調。像老師您在討論自己的哲學跟京都哲學的分途時，也提到京都哲學中所強調的「絕對無」，在體性上還是比較偏於靜態，在動感方面還是有所不足。所以我認為，如果說老師您所揭舉的「純粹力動」觀念，若要跟傳統的或既有的其他形而上原理，進行一種較為明顯的、較為嚴格的內涵區分，那麼，我認為絕對義的動感就是最重要的一點。這是我的理解。而且老師您提到：

> 純粹力動是一種活動（Akt, Aktivität），故又稱純粹活動（reine Aktivität）。「活動」表示它的動感性（Dynamik），它的生生不息的本性。這動感是絕對義，不是與靜態相對的動態。它是動態與靜態的對比的基礎、對立的基礎。它恆常地在動態

中，這是由於它自身便是活動的緣故。即是說，它恆時地在
現起流行，恆時地在作用之中。❹

換句話說，我們一般所以為的，現象界中慣常存在的「動態」、
「靜態」的現象對比，並不適用於宇宙的終極原理——純粹力動，
因為任何現象界中的動、靜現象，都只是「純粹力動」在其恆時運
轉的過程中，所起現的、僅具有相對義的物事狀態之一。也就是
說，是作為終極原理的唯一態勢——絕對動態，去變現、並且統攝
著現象界中的一切的相對動態與靜態。

而以「絕對義」的動感去定義「純粹力動」，除了是想從根本
上超越「體」、「用」二元論的困難以外，也是想針對傳統上「實
體主義」（substantialism）跟「非實體主義」（non-substantialism）的理論
缺陷有所超越。「實體主義」（substantialism）肯定一「絕對有」
（absolutes Sein）為宇宙的終極原理；「非實體主義」（non-
substantialism）則肯定一「絕對無」（absolutes Nichts）為宇宙的終極原
理。像老師您在自己的著作裏提到：

> 絕對有和絕對無作為宇宙的終極原理雖有其精采處，如絕對
> 有能展示宇宙的終極原理的飽滿充實的健動性（只有柏拉圖
> Plato 的理型是例外，它是靜止不動的，只能作為現實事物的模型而存在
> 於抽象的理型世界中），絕對無則能展示宇宙的終極原理的虛
> 靈明覺和無滯礙性。但都不能免於偏頗，終極原理應該是圓

---

❹　吳汝鈞著：《純粹力動現象學》，頁35。

融的、周延的。以單純的肯定或單純的否定的方式來解讀終極原理，不是傾向於實便是傾向於虛，不能虛實兼備。倘若不善理解，或解讀有偏差，則絕對有會被發展到常住論（eternalism），這樣，一切常住，事物的變化便不可能，人的宗教意義的轉化與救贖也無從說起。另一面，絕對無也會被發展到虛無主義（Nihilismus），一切都被否定，正價值與負價值變得沒有分別，道德上的善惡、知識上的真假、藝術上的美醜，也變得無意義了，人生會淪於一團渾沌、一團漆黑。❺

也就是說，「實體主義」比起「非實體主義」，優點是比較能展示作為宇宙終極原理的充實飽滿的健動性，但卻容易發展為「常住論」（eternalism），也就是作為由一「實體」性格之宇宙終極原理所創化的宇宙萬物，在質性轉換的可能上，將欠缺較大的彈性跟保障，而就人類而言，在主體生命品質的向上昇華與正向轉化上，也將欠缺一個合理的預設。而「非實體主義」比起「實體主義」，則比較能夠展示作為宇宙終極原理的虛靈明覺和無滯礙性，但卻容易陷入「虛無主義」（Nihilismus）。作為一個宇宙終極原理，之所以必需展現一種虛靈明覺和無滯礙性，是就形而上根源如何創化宇宙萬物，以及宇宙萬物的多元質性如何成全、宇宙萬物的質性轉變如何保證的思考來加以定義的。換句話說，老師您認為「非實體主義」由於自身不是一種具涵「質實性」（rigidity）、「質體性」

---

❺　吳汝鈞著：《純粹力動現象學》，頁 37。

（entitativeness）的終極原理，所以自身便有無限的容受性、包容性，得以去涵容、並支撐宇宙間多元物事的質性變現，包含質性變現後的、可能必須從事的進一步的質性轉換。但這種無限的容受性、包容性，是因為「絕對無」（absolutes Nichts）的無「質實性」、無「質體性」而得以成全的。也就是說：一切分裂的、多元的有限定性質，由一整全的無限定性直接予以成全。這種無「質實性」、無「質體性」的本質認知，若在世界觀指導人生觀的落實過程中遭到曲解，就容易落入全盤否定價值追求的極端，成為一種「虛無主義」（Nihilismus），那麼，人類主體生命品質的向上昇華跟正向轉化，將無從說起。

因此，老師您的思考，作為一個宇宙的終極原理，它在內涵的界定上就必須同時能夠具足傳統上「實體主義」和「非實體主義」的殊勝性格，但又能避開兩者分別可能引致的某些理論誤區。也就是：作為一宇宙終極原理，本質上便應該具涵充實飽滿的健動性、虛靈明覺性和無滯礙性，但又不致墮入一種存在感上的、生命觀上的虛無主義，因而不從事或不務力於任何積極的、有價值意義的人生實踐。因為人類作為宇宙萬物的一員，在自我直面宇宙的現實人生中，是不能沒有價值追求的，一切正、負價值之間也必須有所區判，並且正向價值的追求、實踐必須肯定。總此以上，具備絕對義的動感，而自身即是一種純粹活動、純粹力用的「純粹力動」觀念，就是老師您所認為的，對宇宙終極原理的一種最佳的理解方式。因為「純粹力動」恆常地是一種純粹的、絕對的「活動」、「力動」，那麼，所謂健動性、無滯礙性、無限定性，本來就在其自身中通體具涵、無有缺漏。

老師：順著你剛才的報告，我想，我就先從我構思「純粹力動」觀念時，最初的思考方向跟思考的歷程來談起。對這個問題的思考，是從閱讀熊十力先生的《新唯識論》開始的。熊先生在《新唯識論》這本重要的著作裏面，對佛教有一種很嚴厲的批判，他批判的焦點集中在「本體」跟「作用」這一方面。他的看法是，因為佛教的根本世界觀，就是講「緣起性空」，不管你屬於佛教裏面的哪一宗、哪一派；不管你是哪一個國家、哪一個地域。你是大乘也好、小乘也好；印度也好、中國也好、日本也好、西藏也好、以至於歐美地區。他們所發展出來的佛教教理之間不管有多大的差異，他們的理論都必須在一個基本的義理根據下開展，這個理論根據就是「緣起性空」，也就是宇宙萬物的本質。宇宙萬物是由各種錯綜複雜的「緣」——也就是條件——聚合而形成的，我們一般所說的現象，一切可感、可知、可想的事物都是這樣。譬如一臺汽車，它到底是什麼樣的一種東西呢？它本身具有很多零件，例如：車底有輪胎；車頭外面有車蓋、車燈；裏面有引擎、發電機；車身外有車門、車窗，車身內有座椅、音響、喇叭、冷氣；車尾有車廂；甚至是車身的整體外型流線和烤漆⋯⋯等等。總之，由於有各種各樣的零件和因素去組合，才有一臺可以供人駕駛的汽車被製造出來。這臺汽車的組成，就是「緣起」。如果我們把它身上的零件一樣一樣卸下、拆除，這部車就消失了、不見了。所謂這臺汽車的「自己」，或者說「自性」，是沒有的。

　　現象界中一切的物物事事都是這樣，車也好、房子也好、馬路也好、橋也好，通通都是這樣，都是由各式各樣的因素、條件組合而來的；拿掉它們身上的那些組成因素、條件，它們就什麼都不

是，就都是「空」。這種觀點，就是佛教最基本的教理：緣起。離開「緣起」的觀點，你就不是佛教。作為一個佛教徒，一定要秉持「緣起」的世界觀。印度的所謂「外道」的六派哲學，也就是「吠檀多」、「數論」、「勝論」、「正理論」、「彌曼差」和「瑜伽」等六個學派，佛教稱它們是「外道」，因為它們基本上就是主張有所謂「實體」這樣一種永恆不變的東西存在，也就是所謂的「原質」（prakṛti）。但佛教認為所謂「實體」、所謂「原質」，都只是一種人類思想中的主觀構想，根本沒有那種東西。但人們抓住它不放，以為宇宙萬物就是以它為「基體」，也就是亞里斯多德說的「substratum」，佛教認為沒這種東西。但六派哲學就強調有這種「基體」。我們現在說的這六派哲學是怎麼來的呢？這六派就是在釋迦創立佛教之前，在印度就存在的、最原始的哲學派別。我們知道在佛教創立之前，就有印度教了，而印度教就有一些很重要的哲學經典，例如《吠陀》（Veda）、《奧義書》（Upaniṣad）這些文獻，它們是印度教的基本文獻。我們現在所說的「印度教」，又稱為「婆羅門教」。「婆羅門教」裏面，就有我們現在說的這六派哲學。佛陀反對這六派哲學，認為它們肯定有一個「實體」，作為宇宙萬物的基礎，這是思想上的虛妄的認知、執著，所以佛陀提出十二因緣、四諦、三法印的正確觀點，都是從「緣起」來講。而「緣起」的另一面就是「性空」，因為宇宙萬物都是「緣起」而來，所以它們沒有獨立存在的本性，這就是「空」。「性空」，就是沒有常住不滅的本性。「緣起」跟「性空」是要連著看的，它們在義理上是互相包含的。因為萬事萬物皆為「緣起」，所以你可以立刻推知萬事萬物皆為「性空」；反過來，因為萬事萬物皆為「性空」，

你也可以立刻推知萬事萬物皆為「緣起」。用康德的哲學語言來說，「緣起」、「性空」或「性空」、「緣起」，是一種「分析命題」，不是「綜合命題」。

　　總之，佛教的根本世界觀就是「緣起性空」，熊先生看到這一點。但不只如此，佛教還有一種終極關懷，就是希望人們能從種種苦痛煩惱中解脫出來。佛教看待這個世界，是採取一種比較悲觀的看法，也就是說，世間一切眾生都處在一種苦痛煩惱中，所以眾生在世的最重要的實踐，就是要從這種苦痛煩惱中解脫出來，要確認「緣起性空」的真理，認清世間萬物的真實性格就是「緣起」、就是「空」，不要執著。能做到這樣，就是能以一種「正見」、一種正確的眼光了解世間萬物，而不會生起種種「顛倒見」。所謂「顛倒見」，就是依執著而來的見解，以為世間萬物都有自性。只要能不生起種種「顛倒見」，進一步就不會有各種顛倒、偏差的行為，最後就不會有苦痛煩惱了。總之，佛教作為一種宗教，是有它的宗教目標的，我們可以說是一種「終極關懷」（ultimate concern）。

　　「終極關懷」這個觀念很多人提到過，主要是一位西方神學家田立克（Paul Tillich）提出較確定的說法。他認為在我們的生命中有一種關懷，這種關懷是具有終極性的、是最迫切的。所謂終極是什麼意思呢？就是說，它是不能再被還原為任何其它要素的。以化學知識來說，「原子」（atom）是構成具體事物的基本要素，「原子」跟「原子」之間進行各種方式的聚合後，成為「分子」（molecule），許多分子聚合起來又成為各種具體事物。最初人們以為「原子」就是一種最終極的物質成分。但後來化學又繼續發展，發現「原子」內部其實又分兩部分，一部分是「原子核」，在「原

子核」外部有微小的粒子圍繞著它運轉，這些粒子就是「電子」；而「原子核」內部也有粒子，像「中子」、「質子」。所以，把「原子」作為最終極、最基本的物質構成元素，就不能成立了。現在化學的研究又進展到什麼程度，我不知道，我只是拿它做例子，告訴大家什麼是所謂的「終極」。總之，我們所謂「終極的」，就是指它是最根本的、不能再被還原與割裂的。

在佛教來講，如果有所謂終極關懷，那就是怎麼幫助人們從苦痛煩惱中解脫出來。在這個目的的實踐上，首先要讓自己覺悟，讓自己從苦痛煩惱中解脫。但也不只追求自己的覺悟，還要進一步幫助許許多多的眾生也覺悟，這就是佛教「普渡眾生」的理想。佛教不是有大乘、小乘的分別嗎？小乘也講渡化，但小乘的渡化是只求自渡，不求他渡；但大乘不只講求自渡，也要實踐他渡。他渡就是渡化他人，就是普渡眾生了。當然他渡必須以自渡為基礎，一個人如果自己都不能超脫生死、解脫煩惱，他還怎麼渡化他人呢？所以從自渡到他渡，是有一個階段、有一個次序的。而熊先生就認為，普渡眾生是一種很偉大的、很艱鉅的事業，因為眾生無量、無盡，普渡眾生的工作也就是無量、無盡的，這就是所謂「無窮渡化」，也就是眾生是渡不盡的。你就算渡盡眼前眾生了，但眾生之數哪裏只是你眼前所看到的而已呢？眾生是無時不刻不斷增加的。所以普渡眾生的事業是很艱苦的，要實踐這種艱困的事業是需要力量的。實話實說，豈止普渡眾生需要力量，就是從事一般的工作，都是需要力量的。像農夫種田，要先犁土、翻田，然後才能播種、插秧、施肥，到莊稼成熟的時候又要收割，這些工作都需要力量的，需要有一個堅強的體魄去發揮出這種力量。所以日常生活中的一般工

作，就需要力量了，像普渡眾生這種宗教的事業當然也需要力量。當然從事日常工作所需要的力量，跟從事宗教事業所需要的力量，兩者是有區別的。我們可以說，從事日常工作所需要的力量是物理性的力量，不是精神性的力量；我們要進行一種宗教的事業，要普渡眾生，那就不只需要物理性的力量（體力），還需要一種精神性的力量去教化眾生。

　　所以熊先生很強調普渡眾生時所需要的這種力量。我們常說「體力」，也就是說「力」是由「體」發動出來的，沒有「體」就不可能發動出「力」。「體」跟「力」的這種關係，從經驗的層次來看是這樣，從超越的層次來看也是這樣。就是說，從經驗的層次來講，要有物理性的身體，才能發揮物理性的力量。而從超越的層次來講，也要有精神性的實體，才能有精神性的力量。所以「實體」的觀念就出來了，而在佛教那裏，「實體」就是「自性」。熊先生認為，佛教若單講世界觀，那麼主張「緣起性空」就沒有問題。但佛教還講普渡眾生啊！普渡眾生需要很大的力量，如果講「緣起性空」，就是所有的生命、所有的存在都是沒有真實自性、沒有「實體」的，這樣力量要從哪裏來？有精神實體才有精神力量啊！才能進行精神方面的、道德的教化或宗教的轉化，我們一般都是這樣理解。但佛教否定實體。基於這種思考，熊先生認為佛教陷入一種很大的理論困境中。西方的黑格爾那裏，就沒有這種困難，黑格爾講精神實體啊！他有一本巨著：《精神現象學》，就講精神實體。但佛教不能講精神實體，一講精神實體，就違背「緣起性空」的基本教理，就不是佛教了！熊先生認為，這個理論困境就是佛教最大的毛病，為了克服這個毛病，他就轉向「大易」那邊去

了。因為「大易」是講「本體」的，也就是「易體」。熊先生認為
儒家的《易經》是「實體主義」的立場，佛教是「非實體主義」的
立場，所以熊先生就從佛教轉入儒家的「易體」那裏去了。「易
體」講「生生不息，大用流行」，這個「生」就是一種力。熊先生
認為，「易體」是儒家一個很重要的概念，跟孔子所講的「仁」
（或者說：「仁體」），孟子所講的「性善」，宋明儒所講的「天
道」、「天理」，以至於陽明所講的「良知」，都是屬於「易體」
的系統，都是實體主義。只有走實體主義之路，才能講精神力量，
才能從事一般的以至普渡眾生這樣的宗教的大事業。

但熊先生沒有解決佛教的這個問題。他認為「緣起性空」的主
張，使普渡眾生的終極事業欠缺實踐的力量，但他沒有試著從佛教
的其他教理裏面，去發掘看看有沒有任何其他的觀念或說法，可以
用來補足這種力量來源的欠缺。熊先生沒這樣做，只是以儒家的大
易去代替佛教。而我當時的想法是，佛教「緣起性空」的觀點是不
錯的，但佛教還有其他概念啊！它們能不能產精神力量，作為實踐
宗教轉化的大力的基礎呢？我就在這方面下了比較大的工夫。我研
究「佛性」，也就是「如來藏自性清淨心」；也研究「般若智」；
也研究唯識學裏面講的「無漏種子」。這些東西是不是能產生精神
力量呢？但研究的結果，還是不行。不管「佛性」也好、「般若
智」也好、「無漏種子」也好，在佛教裏面，說到底它們都是
「空」的。譬如說「佛性」思想在印度很流行，而且在《勝鬘夫人
經》裏面提出「如來藏」有兩種面向：一種是「空如來藏」，一種
是「不空如來藏」。所謂「空如來藏」，就是指，「佛性」本身是
「空」的，沒有實體；但「不空如來藏」，也是「空」的，也是沒

有實體。所謂「不空」是從「功德」上來講,「功德」(merit)就是普渡眾生的方便法門,就是說如來要普渡眾生、教化眾生,需要有種種方便施行的方法。但是,這些方法是從哪裏來的呢?它就沒交代。當然我們可以說,這法門是由實體來的,但佛教就是不能這樣說啊!佛教否定實體、否定自性。所以即便佛教說「如來藏」有「空」與「不空」兩個面向,但還是沒辦法解決佛教的根本困境。所以我就轉到宋明儒學去,看看宋明理學中一些重要的觀念,是不是能放到佛教的觀點裏面加以會通。譬如陽明講的「良知」,孟子已經講了啊!人有良知、良能,「能」就有力量的意味啊!那把良知、良能的觀念加到佛教裏面去可以嗎?還是不行,因為「良知」還是實體啊!而「良能」就是「良知」發動的精神力量。所以還是不行。其他還有很多觀念我都嘗試過。想到最後還是一樣,儒家只能歸儒家,佛教只能歸佛教,你很難從儒家取一個觀念出來,放到佛教教理裏面,去解決普渡眾生的力量來源的問題。因為儒家是「實體主義」,佛教是「非實體主義」。總之,這些嘗試都不成功。

後來我想,能不能提出另外一種觀念,它是一種能總合「實體主義」跟「非實體主義」立場的終極原理。因為「實體主義」是以「絕對有」作為終極原理,就像孔子所講的「仁」、孟子所講的「性善」、宋明儒所講的「天道」和「天理」、陽明所講的「良知」,這些都是實體,都是「絕對有」;而「非實體主義」是以「絕對無」作為終極原理,像佛教所講的「空」、禪宗所講的「無」、莊子所講的「靈臺心」。莊子所講的「靈臺心」,就是所謂的「靈臺明覺」,唐君毅先生在《中國哲學原論·原性篇》裏面,就以「靈臺明覺心」去解釋莊子的思想。那麼,有沒有一種觀

念，能同時包含「絕對有」、「絕對無」兩方面的內容，但同時又能免去「絕對有」、「絕對無」所可能導致的理論難題呢？譬如「絕對有」發展到極端，可能會成為一種「常住論」，就是以為所有東西都有常住性。這樣所有事物就不可能談變化，有病你也不必看醫生，因為如果這個「病」是有常住性的話，醫生也拿它沒辦法啊！而小孩一經出生、成長，然後成家、立業、繁衍下一代，這整個生命的過程就不用講了！因為小孩這樣的生命就有常住性，他不是永遠都只能是一個小孩嗎？這是「絕對有」的觀念發展到極端時，可能引起的問題。另外，「絕對無」如果發展到極端，會成為所謂「虛無主義」，就是像尼采說的那一套，或是印度教裏面的「斷滅派」，認為世界上的所有東西都是空無、虛無的，這就是斷滅，什麼東西都必須把它否定掉，這樣這個世界就不能維持、不能運轉了，什麼事情都不用做了。如果我們是站在「虛無主義」的角度看世界，這樣我們有任何實踐是虛無，沒有任何實踐也是虛無，什麼都是虛無，這就是「虛無主義」的缺點。尼采當然是很聰明的，他能提出「虛無主義」這種觀點，「虛無主義」也不是全然不好，它有它破壞性的理論力量，能夠把人的執著摧破，連根拔起。但他走向一種徹底的否定，破壞之後沒有建設，這就有問題。尼采基於他的「虛無主義」，提倡一種「超人」哲學，結果他自己也成不了「超人」，反而成為瘋子，53 歲就死掉了！他整天思考那些極端的東西，自己也變極端了！最後根本活不下去了！……總之，我最後就構思了「純粹力動」這個概念出來。而剛剛我所談的，就是我構思這個觀念的過程。在我的書裏面這些都有提到，在這裏我只是把重點點出來，讓大家去閱讀那些書的時候，能夠了解得比較

清楚一些。……好，那我們今天就上課到這裏，下次繼續。

第六節　「力動宇宙論」與「無執的存有論」轉向

老師：同學，你這次能把你的報告結束嗎？

同學（顏）：老師，我今天要報告的，主要是您的「純粹力動現象學」中關於「無執的存有論」部分，談完這個部分，我想我的報告就可以結束了！

老師：好，那麼請開始。

同學（顏）：上一次我主要針對「純粹力動」作為宇宙終極原理的某些特徵做了說明；而這次主要是進入宇宙論的部分。以「純粹力動」作為宇宙的終極原理，老師您所建構出來的宇宙論，大概可以從您著作中的這段話看出端倪：

> 本體是終極性格，是純一無雜的。但由於它不在任何關係網絡中，因此具有絕對的自由（absolute Freiheit）。這絕對自由配合它的動感（Dynamik），便可進行自我否定，下墮而分化，變似物、心世界。這並不表示本體本來存有論地便涵具複雜性，而是它的活動行程中有有種種姿態詐現，我們總持地以物、心來概括，這物、心可視為與熊先生的翕、闢概念相應，但不能視為本體自身具有的複雜性格。……現象世界

由物、心開始，而展現種種不同的姿形，都是本體在變化行程中的跡象。這行程或歷程（process）非常重要，它依仗本體而表現為下墮和升揚兩種導向：下墮成物，升揚成心。就這歷程表現在人心而言，它不是單向的，而是雙向的：一方面可順其原來走向而成為明覺的智心，亦可自我屈折、自我扭曲而成識心。⋯⋯人心的這種雙向表現有順轉與逆轉：順轉的結果是智心，逆轉的結果是識心。前者無執取，後者有執取。智心狀態可下墮而為識心狀態，識心狀態亦可上提而為智心狀態。都是一心的活動。**❻**

依照這樣的思考，那麼現象界跟經驗界的成立，就是「純粹力動」在它自身不斷運轉、活動的過程中，所變現出來的種種具體可見的跡象；並且，這些跡象又可以概括地被區分為「物」、「心」兩類。前者泛指一切客體世界中的物理現象；後者泛指作為人之「主體」的心靈、意識或精神現象。但無論是做為相對「客體」的物理現象，或是作為相對「主體」的人的心靈、意識或精神現象，都不具備真實的性格，因為這些現象都是「純粹力動」在其活動、運轉的過程中，一時呈顯的變化姿態，都是短暫的，不是恆久不變的。而且，即便單就「純粹力動」貫徹於「人」之「主體」自身而成的心靈、意識或精神狀態而言，也是可以變動的。依照老師您的主張，「純粹力動」作為宇宙終極原理，它在主體——也就是人心（或說：意識、精神）——之中的原初狀態，是一種「明覺的智

---

❻ 吳汝鈞著：《純粹力動現象學》，頁 16-17。

心」，換句話說——「純粹力動」貫徹於人身之中，就成為一種「明覺的智心」，但這種「明覺的智心」又可進一步下墮、屈折，成為一種層次較低的「識心」。只是，「識心」既然是「智心」變化而來的，自然又有回復為「智心」的可能。在老師您的主張中，「識心」、「智心」之間的上下互轉，依於「純粹力動」自身恆具的、絕對義的動感，便可能了。

　　以上所引的這段話，以及我依據那段話引申而來的理解，是對於老師您的「純粹力動現象學」中，宇宙萬物如何生成、創化的陳述而已。老師您特別把這樣一種過程，稱為「力動宇宙論」，我想，不照傳統上的把它稱為「本體宇宙論」，是為了彰顯「純粹力動」不具有「實體」之質實性、滯礙性，而是具備絕對義的、靈活的動感。另外，就老師的主張來說，宇宙萬物的存有狀態，也不是「純粹力動」所「創生」的，而是「純粹力動」在活動、運轉的過程中，「自身」變化姿態的種種呈現。總之，「力動」運轉過程中的一切跡象，就是宇宙；「宇宙」即是「力動」的歷程全體，這就是所謂的「力動宇宙論」。而在這樣的創化原理下，老師您所構思出來的、宇宙萬物變現的具體歷程，我把它簡述如下❼：

　　1.「純粹力動」作為一種宇宙的終極原理，它本是處在一種潛存狀態中，而這種潛存的狀態，依海德格所說的「真實的本質是呈顯」，必定具有一種自我實現的目的性。而想要自我呈顯，就必須先有「主」、「客」二元世界的分別與成立。在客體世界的成立方

---

❼　吳氏「力動宇宙論」的具體歷程，可參氏著：《純粹力動現象學續篇》（臺北：臺灣商務印書館，2008 年 8 月初版），頁 322-335。

面，「力動宇宙論」的初階發展，是「純粹力動」自身凝聚、下墮，然後詐現為「氣」，這是「純粹力動」的第一重詐現。

2.第一重詐現之後，詐現出來的「氣」又會繼續凝聚、下墮，逐漸固結成為一種具有材質傾向的「氣團」，老師您把它稱為「蘊聚」。並且，因為是「純粹力動」下貫於「蘊聚」之中，所以「蘊聚」也恆能規律地、律動地從事一種或聚斂或消散的活動。換句話說，因為「蘊聚」自身就恆有「聚斂」或「消散」兩種運動矢向，所以「蘊聚」又會不斷自我分化，進一步成為各種性格相異的「蘊聚」；性格相異的「蘊聚」之間，又會繼續相互摩盪。「蘊聚」與「蘊聚」相互摩盪的結果，就會產生「物化」的傾向，繼續變現出各種性格殊異的物體。其後，性格殊異的物體之間，又有性格或傾向相同的物體相排斥、性格或傾向相異的物體相吸引兩種互動矢向，因此繼續分化出各種性格單純的物體或性格複雜的物體。這是「純粹力動」的第二重詐現。

3.就人的主體自身來說，「純粹力動」先是以它原有的姿態，直接下貫在人身之中，成為一種超越主體——「明覺的智心」，這相當於康德的「睿智的直覺」（intellektuelle Anschauung）；而「明覺的智心」又會繼續往下屈折為一經驗主體——包含「感性」（Sinnlichkeit）在內的「識心」，這相當於康德所謂的「知性」（Verstand）。「識心」認知對象的現象性，將對象認知為現象；「明覺的智心」則認知對象的自身或「物自身」（Ding an sich）。

以上是「純粹力動」詐現出宇宙中各種「心」、「物」現象的具體過程。這裏面最值得注意的就是，作為超越主體的「智心」跟作為經驗主體的「識心」之間，是能上、下互轉的，這在根本上影

響了人們作為一認知主體，對於整體宇宙萬物的認知程度和洞見程度；而人們對於宇宙萬物的整體認識，又進一步影響了自身內在的應世心境和外在的歷世行止。總之，依照老師您的看法，人的一切正面意義的道德轉化和宗教救贖，「智心」跟「識心」之間的上下互轉，實在是一大關鍵。就此，老師您主張應轉「有執的存有論」為「無執的存有論」；而我認為，這就是老師您建構的「純粹力動現象學」，在現實人生的整體安頓上所做的原則性思考。

　　那麼，「有執的存有論」和「無執的存有論」之間有什麼不同呢？這牽涉到老師您對「智心」、「識心」的基本界定：

> 作為終極主體的純粹力動有主體與客體兩面。……在主體方面，力動有兩個矢向：它一方面可直接下貫下來而為超越主體，這相當於康德所說的睿智的直覺（intellektuelle Anschauung）；另一方面也可從睿智的直覺往下屈折而成為知性（Verstand，這知性也包含感性（Sinnlichkeit）在內）。這兩種機能都有認識的作用，但所認識的對象不同：知性認識對象的現象性，把對象當做現象來認識（Phänomen）；睿智的直覺則認識對象的自身，或物自身（Ding an sich）。❽

總之，就老師您的主張來說，「智心」就是人們主體心靈的原初狀態，是「純粹力動」直接下貫的結果──換言之，「純粹力動」於人身之中，就是以一種「智心」的姿態而存在。而這個「智心」所

---

❽　吳汝鈞著：《純粹力動現象學續篇》，頁 330-331。

認識的對象，就是「純粹力動」所詐現的一切現象的「物自身」；但下貫於人身之中的「智心」，又會屈折為「識心」，目的是認識「純粹力動」詐現的一切現象。也就是說，「智心」認識的是「物自身」；「識心」認識的是一切「現象」，兩者的區別是很明顯的。而「有執的存有論」和「無執的存有論」，便是分別依於「識心」和「智心」的認識而成立的：「有執的存有論」依於「識心」而成立，「無執的存有論」依於「智心」而成立。

那麼，「有執的存有論」是如何成立的呢？老師您的看法是：

> 純粹力動依凝聚、下墮、分化的程序而開展出物等外在世界，自己則作為心等內在世界與之相對待，兩端繼續分化，最後分別以個體物與心靈現象或狀態而詐現於自己撒下的時間之網與空間之網中，這些心、物成素在時間與空間的監控下，宛然好像是獨立的物事存在著。在這種情況下，心靈現象、狀態以認識主體的身分，以範疇（Kategorie）如因果、實體屬性等普遍概念來思量外在的個體物，對後者加以執取，作對象性的定位。這樣認識主體與認識對象的關係基本完成，雙方作為心靈的存在與物質的存在而成就一套有執的存有論。即是說，認識主體執取認識對象的形相、性格，視之為儼然獨立的、內在的具有實體的存在。這樣，有執的存有論（Ontologie）、認識論（Erkenntnistheorie）與心理學（Psychologie）便同時成立。❾

---

❾　吳汝鈞著：《純粹力動現象學》，頁 112。

依此思路，則「有執的存有論」之所以成立，關鍵在於，對那些「純粹力動」所詐現的、在「純粹力動」所撒下的時間之網與空間之網中存在的一切心、物現象，在認識主體運用範疇（Kategorie）——如因果、實體屬性等普遍概念——對它們進行區別、認識，並加以執取以作對象性定位的過程中，因為認識對象——也就是「純粹力動」所詐現的、時間之網與空間之網中存在的一切心、物現象——具備形相、性格……等等的對象特徵，而使認識主體誤會其為種種可獨存的、外在的，而且確實具有真實自性的存在，這種對宇宙萬物的基本認識，就是一種「有執的存有論」。依此，老師您還指出：

> 知性（包括感性）以時間、空間形式和範疇概念來認識千差萬殊的事物，而對它們生起客觀的、可靠的知識。在這關鍵點，我們的主體一方面有這些知識，在另一方面，會不會依於這些知識，而執取事物，淪於有執的存有論呢？……所謂「執」，並不必是負面的意味，如虛妄執取那種；它也可以從正面來解讀，例如擇善固執。我們這裏說有執的存有論，其執是負面義；這種存有論是錯誤地理解事物，以為它們都各有其常住不變的自性（svabhāva）、實體（substance），不知它們都是純粹力動詐現的結果，因而生起種種虛妄的觀點與行為。❿

---

❿　吳汝鈞著：《純粹力動現象學》，頁 122-123。

　　換句話說，老師您認為，人們若秉持這種「有執的存有論」來立身行事，就難免會在現實人生中生起種種虛妄的內在見地和外在行止。那麼，人們應該如何對治這種缺失呢？這得從「識心」詐現的來源與「識心」詐現的目的來看。老師您指出：

> 睿智的直覺所了解的對象是普遍性格的，如物自身（Ding an sich）。這種對象們沒有時、空性，或超越時間與空間，亦不受範疇概念的範鑄作用。要了解千差萬殊的事物，或事物的特殊性，便得依賴知性，配合時間、空間的形式條件和範疇概念，才能成就。知性是了解事物的現象性（Phänomene）方面的。**⓫**

也就是說，因為「智心」所認識的對象，是具有普遍性格的「物自身」，也就是「純粹力動」對現象界的詐現性格，而「智心」為了進一步認識「純粹力動」詐現之宇宙萬有的特殊性，才屈折為一「識心」，並在「純粹力動」撒下的時間之網與空間之網中，通過範疇、概念去定義，和認識「純粹力動」所詐現的一切對象。然而，人們也因為「識心」的認識作用，對本來只是詐現性格的、不具真實體性的宇宙萬物生起虛妄執著。所以，要對治這種因「識心」而起的迷執，根本的途徑就在於昇華「識心」，使「識心」再轉化為智心，成就「智心」的復位。關於這一點，老師您是這樣主張的：

⓫ 吳汝鈞著：《純粹力動現象學》，頁 123。

知性是睿智的直覺屈折自身而形成的，要讓知性走向正確的無執的途徑，而不走向錯誤的有執的途徑，還得藉助睿智的直覺的力量。……睿智的直覺既然具有屈折為知性的自由與本領，則它應是具有主宰性的：對知性的主宰；也應該是具有引導性的：對知性的引導。它自我屈折而成知性，讓知性以時、空形式與範疇概念來認識它所詐現的事物，對它們構成客觀的知識。這樣，一方面成就存有論，同時也成就知識論。這種自我屈折與詐現萬象，可視為睿智的直覺與純粹力動顯現自身的一種權宜的方式，這在佛教來說，稱為方便（upāya）。既然是權宜、方便，便應有逆轉或復位的可能性。即是說，睿智的直覺不是自我屈折成為知性，便消失於無形，成為無有；它只是暫時退隱到後面，讓知性獨領風騷，認識萬物，並執取其實性。另外，睿智的直覺退隱，並不是不活動而變成純然的、完全的寂靜狀態；它是恆常地活動的，沒有靜止不動的時刻，它對知性的主宰性還是存在的。但這裏說主宰，說睿智的直覺主宰知性，並不意味前者和後者是兩個主體、兩個心。兩者始終都是一心，知性只是睿智的直覺自我屈折、下墮所表現的形式而已。這個道理說清楚了，我們便可確切地說，睿智的直覺一方面可自我屈折而成知性，仍有主宰知性的力量，仍可隨時逆轉、復位，表現原來具有的虛靈明覺，以認識萬法的在其自己的狀態或物自身。……對於詐現與屈折，力動或直覺仍能保持它的主宰性，主宰詐現而成的萬象的性格與屈折而成的知性的活動。即是說，力動或直覺可以凍結時間、空間之網對萬象的封

> 鎖，穿越時、空網。同時，不讓知性作主導力量，堵截範疇
> 概念的作用之流。兩邊活動的結果，是拆穿萬象的的現象光
> 景、畫皮，而直接滲透到萬象的本質方面去，對萬象如如觀
> 照，就其為自身（純粹力動或睿智的直覺自身）詐現而貫注內容
> 於其中，因而無常住不變的自性，而知之。⓬

也就是說，依老師您的思考，「識心」既然是由「智心」屈折而成
的，那麼「識心」本是「智心」的變貌，人之主體本是一「智心」
恆在的主體。即便人們對現象界中物物事事的認識，是依於「智
心」屈折而成的「識心」而來的，但「智心」仍然是無時不在的，
只是處在一種潛存的狀態。因此，轉「識心」歸「智心」是無時不
可的；而「智心」一旦發顯——或者說，人之主體越過「識心」、
而逆覺恆在的「智心」，那麼「純粹力動」所詐現的紛然萬象，其
無自性與不真實，人們便將秉持「智心」的明覺而能加以洞徹，從
而不再生起虛妄執著，在自我的人生中，便不再生起種種虛妄的內
在見地和外在行止。

　　最後還有一點，我覺得是很值得注意的。也就是說，老師您雖
然主張轉「識心」歸「智心」，但並不是對「識心」、以及通過
「識心」所構架而來的關乎經驗世界的知識體系全盤否定。相反
的，老師您對通過「識心」構架而來的經驗知識，是加以肯定的：

> 我覺得我們應該留意的是，有執的存有論就境界來說，的確

⓬　吳汝鈞著：《純粹力動現象學》，頁 124-125。

是不高的，但它有較強的經驗性、社會性，因而有密切的現實關聯。對於這種學問，我們不能有過高的期望，但也不必從負面的面向為它定位，只要能恰當的處理，它的經世致用的功能，還是不應忽視。它畢竟是不可廢棄的世間法。**⑬**

我們需要一種有關存在或物類的特性的知識，有了這些知識，我們便能辨別事物的相互不同而只限於各該物類的知識，這些知識在我們日常生活中很有用，甚至在語言溝通上是不可或缺的。這些知識是作為現象看的對象的知識。要建立這種知識系統，需要在睿智的直覺之外的感性直覺，特別需要能作思考用的知性。這些都要依賴睿智的直覺作另外的活動才可能。**⑭**

也就是老師您認為，所謂轉「識心」歸「智心」，並不妨礙經驗知識的獲取，因為「識心」、「智心」本是一心，「識心」只是「智心」自我屈折後的變貌；而且究其實，「識心」之所以由「智心」屈折而成，目的是對「純粹力動」詐現的一切經驗物事，進行區判性的認識。這在「力動」的全體過程裏面，是必然的，也是必要的。因此，轉「識心」歸「智心」的主張，具體而言，是希望人們在現實生活中，能夠時時刻刻逆覺「智心」的恆在，並且以「智心」主宰「識心」的認識活動，使主體能夠一方面認識到「純粹力

---

⑬　吳汝鈞著：《純粹力動現象學》，頁 129-130。
⑭　吳汝鈞著：《純粹力動現象學續篇》，頁 333-334。

動」詐現之經驗物事的特殊性、差別性，但又能同步洞悉到種種經驗物事在其特殊性、差別性背後的真實共相，也就是——無自性、非實體，因此，就能不對種種經驗物事妄起迷執，最終在千殊萬別的經驗世界中得以自在、安立。這就是老師您所主張的「無執的存有論」。

老師：嗯，你所說的基本上是正確的，抓到我的意思了，不過，在這邊我有一點要補充說明。「純粹力動」在主體方面，它是表現為一種「智心」，一種有真實智慧的心靈。這個「智心」轉化為「識心」的過程，我是用「下墮」和「屈折」這樣的說法來解釋。那為什麼要用「屈折」這個字眼呢？這裏有我的一些思考在裏面。以前牟宗三先生對於類似的問題，有過這樣說法，就是說，「良知」的認知功能是通過一個過程來發揮的，這個過程叫作「自我坎陷」。也就是說，「良知」是通過自我坎陷來成就「知性」的。但牟先生對「良知」自我坎陷成「知性」的過程講得很簡單，雖然在他的很多著作中包括《現象與物自身》，都提到過「良知」的自我坎陷這種說法，但是「良知」到底是如何進行「坎陷」，然後開出「知性」這種心靈？牟先生沒有把它說明得很清楚。而且我覺得，用「坎陷」這個字眼不是很恰當，為什麼？因為所謂「坎陷」這個字眼，尤其是「陷」這個字，從字面上來看，就好像一個人不愛惜自己、自暴自棄，最終墮落到一種惡劣的環境裏面去，並且陷溺在那裏。譬如今天有一位青年，他本來擁有大好前途，但後來交友不慎，跟著壞朋友到處殺人放火、倒行逆施，我們會說，他這樣就是墮落，會陷入一種沒有希望、沒有前途的境地，不是這樣嗎？

「陷」這個字我們通常就是這樣運用的。所以「坎陷」是一個否定意味很強的名相，如果把它用在對「良知」的說明上，就好像「良知」是在從事一種負面意義活動，然後把自己原來具有的明覺放棄掉，掉落到一種只有黑暗、沒有光明的環境裏面去。總之，我認為「坎陷」這個字眼，就是容易讓人們把「良知」的這種認識活動往負面的方向去思考，這就跟「良知」具有的「明覺」，在意義上整個相對反了！「明覺」當然是正面意義的，但擁有這種「明覺」的「良知」，它的某種活動卻又是負面意義的，這裏面就有矛盾。所以我覺得，「坎陷」這個字眼不適合用來說明「良知」的活動。因為這樣，我在思考「智心」如何向「知性」轉化的問題時，就不用「坎陷」這種字眼。

「智心」（或者說：「睿智的直覺」）為了認識客觀世界，認識種種客觀事物的種種性格，就必須自己轉成為一種「認知心」、轉化成為一種「知性」，才能進行這種認識活動，把所有客觀事物當做一種現象來認識，然後自己提供「範疇」（category）去「範鑄」（categorise）這些現象，讓它們成為對象。當對象成立，認識活動也就可以成立了！但對象怎麼成立呢？就是「知性」通過它的「範疇」，也就是種種思考的形式、種種概念，譬如：因與果的關係、實體與屬性的關係……等等，這些都是「範疇」，以這種思考的形式加諸所有現象上面，讓它們形塑為種種對象，這樣就能進行認識的活動。基本上，這就是我們理解經驗世界的方式。這樣看來，認識活動本來就是有正面意義的，因為整個客觀世界是必須認識的。所以我們不能說認識是一種負面意義的活動，這樣用「坎陷」去說它就不適合。

為什麼說認識活動是有正面意義的呢？這就要回到一般的世俗
生活上來講。因為我們是出生在經驗世界裏面、生活在經驗世界裏
面，要在經驗世界裏面健康地成長、有效地生活，就必須對整個經
驗世界有正確的把握，然後才能利用經驗世界裏面一切對我們有幫
助的事物，讓我們得到該有的養料，然後進一步成長，甚至進一步
自我轉化。而一談到轉化的問題，道德的跟宗教的意義就出來了！
所以，認識活動是有正面意義的，我們怎麼能說它是一種「坎陷」
呢？我當然了解牟宗三先生所要表達的意思，但覺得他使用「坎
陷」這個字眼，會造成很大的誤解，以為是「良知」、「明覺」自
我放棄了，然後墮落到一種無底的深坑。我要強調，認識活動不是
一種墮落的行為啊！我們為了自己有所成長，才要有認識活動。沒
有人一出生就是聖人啊！也沒有人一出生就能待在一種清淨、優美
的境界裏面。我們都是從一個相對污穢的世界裏面出生跟成長的，
所以我們對這樣的世界就非要有所認識不可，否則就不可能在裏面
較好地生活。在這樣的省思底下，我使用了「屈折」這個字眼。當
然我也考慮過其他的字眼，但要找到適當的、合用的也不容易。因
為它所要表示的，是從一種超越的境界，下降到我們所處的經驗世
界——用佛教的說法，就是從聖義諦、第一義諦，下降到世俗諦那
樣的層次——這就不免帶有某種自我貶低的意味，但這種貶低從某
種角度來看也是必要的，所以不能說它完全是負價值的。我們可以
這樣理解，一個人要成長，要進行某種自我轉化，那就必須在現實
世界中打拚。那麼，要怎麼打拚呢？第一步就是要掌握我們生存的
世界中的種種情況，然後我們才能應付我們所遭遇的情境，特別是
惡劣的情境。所以認識活動是很正面的，完全不是「坎陷」啊！

　　另外，我所謂的「屈折」也沒有負面的意味在，就像有一個人，他勉為其難走了一條比較曲折的路，雖然走的不是一條筆直的路，但這也未必是壞事啊！這種選擇並沒有負面的意味在裏面。我常常舉一個例子，當年梁漱溟先生在他的那本著作——《東西文化及其哲學》裏面，把整個世界的文化分成三個方向，也就是西方、印度跟中國，然後說西方文化的方向是奮勇向前；印度文化的方向是反身向後；中國文化的方向是調和持中。這三種文化方向怎麼理解呢？假設我們眼前轟立了一座大山，我們無論要到超市、醫院、學校、郵局或市場等等地方做任何事，就會被這座大山擋住去路，那我們怎麼通過這座大山呢？第一種方式，就是一鼓作氣、勇往直前，直接爬上山之後又下山。第二種方式，就是在這座山裏面找找看有沒有別的通路，就算這條通路屈折一點也無妨，反正我們的目的是通過這座山。第三種方式，是乾脆不通過這座山，走另外一條路，從另一個方向試著抵達目的地，這當然花更多時間，走更遠的路。這裏面的第一種方法，就好比是西方文化的方向；第二種則是中國文化的方向；而第三種當然就是印度文化的方向。然而，居中的第二種方法，也就是走得屈折一點的那種方式，其實反而是比較可行的。我們如果一味地勇往直前，但前路會碰上很大的阻礙，難以通過，比如有很大一塊石頭擋在路中間好了，那我們要怎麼辦呢？硬是爬上去再下來嘛？這很危險啊！不小心跌下來是會受傷的；那麼，我們也許就可以採取另一種方式，也就是屈折一點不要緊，試著走一些彎路，我們就不必承擔任何風險，結果還是可以通過這塊大石頭，到達我們的目的地。如果是這樣看的話，那麼「屈折」其實反而有正面的意味在，所以我就不沿用牟先生提出來的

「坎陷」那樣的字眼，而是用「屈折」這個字眼，來表達「純粹力動」在認知活動上的表現。針對這點，你們有沒有什麼問題呢？或者能不能想出比「屈折」更好的字眼呢？

　　「屈折」這個字眼，有不得已的意思在，我們想把一件事情做成功，就必須付出代價，不能不勞而獲，而且沒有任何捷徑能夠通向成功，常常要彎彎曲曲地去走、旁敲側擊地去做，才能解決過程中的所有問題。我們可以說，「屈折」的過程就是成功的代價，一定要有各種心力的付出，才可能成功。我這樣說，或許有人就要問：那愚公移山的方式是好的嗎？愚公移山，用的就是一種比較極端的方法，他帶著自己的子子孫孫一起，希望把整座山峰移平，這工程是很浩大的，可能要一百年、一千年才能成功。這種作法離成功太遙遠了！所以人家叫他「愚公」……好，如果這個觀念大家沒有問題，那就繼續講下去。

第七節　道家哲學與純粹力動哲學的可能互涉與異同

同學（顏）：好，以上講的是「無執的存有論」的部分。下面我會就自己的理解，針對「純粹力動現象學」跟道家思想在宇宙終極原理的建構上，以及現實人生安頓之方的拷廊上，進行一種參照、比較的工作。

　　我認為，老師您提出的「純粹力動」，是一種非質實性的、較屬於非實體的終極原理，但它具有絕對義的「動感」，永遠處在一種「活動」的狀態中，永遠是一種「功用」的發動與渾全。所以

「純粹力動」雖然是一種非實體原理，卻能夠擁有質實性原理才具有的、較為飽滿的健動性格；而且非實體原理本身所具有的無滯礙性，更因為絕對義的「動感」，而能有一種在內涵上的、較為直截的呈顯；而道家的「道」是一種質實性的終極原理，但它本身也是運動不歇的，永遠有一種不間斷的、無休止的「功用」在發動、在運作，這個功用就是——「有」。透過「有」這種功用的不斷發動，「道」就能創造出宇宙萬物。所以「道」作為一種質實性原理，本來就具有較為飽滿的健動性格，「有」這種創化功用的恆時發動，可以說就是這種健動性格的直接表現。但必須注意的是，「道」雖然是一種質實性原理，但它還是保有非實體原理才具有的無滯礙性，因為「道」自身的本然狀態，就是「無」，「無」就是抽象性格的，而且在性質上是無有限定的，因為在性質上無有限定，所以才能承載並容受一切有限定性質的宇宙萬物，讓宇宙萬物在「道」的基礎上並生、共存。

　　所以我覺得，在「純粹力動」觀念跟道家「道」論的開展上，似乎可以看到一種值得注意的理論參照，也就是：屬於非實體原理的「純粹力動」，它本身具有無滯礙性之外，更以一種絕對「動感」的內具，來呈顯它能夠創化萬物的健動性格——也就是說，老師您是以絕對義的「動感」，去補足質實性原理所具有、但非實體原理較為欠缺的內容。而屬於實體原理的「道」，它本身具有創化萬物的健動性格之外，更以自身質實性的無限定——「無」，來呈顯它自身得以涵容多元、兼包一切有限的無滯礙性——也就是說，先秦老子是以「無」的無限定性，去補足非實體原理所具有、而質實性原理較為欠缺的內容。所以，老師您檢討形上學中「實體主

義」與「非實體主義」的理論缺陷，然後想要用「純絕力動」這樣的觀念，去綜合兩者的優勢、並超越兩者可能的欠缺。但這樣看來，老師您所希望達到的、對「實體主義」跟「非實體主義」的綜合與超越，是不是在先秦時期的道家哲學裏面，這種理論工程就已幾近完成了？只是道家的綜合與超越，在整體思路的關鍵點上，恰好跟老師您的思考方式相印成趣？

老師：所以就你的看法，「純粹力動」是比較接近儒家、道家還是佛教呢？

同學（顏）：嗯……我認為老師您的「純粹力動」，單純從概念的基本界定上來看，是比較接近佛教，因為依照老師您的定義，「純粹力動」比較是一種非實體原理。但老師又把這種非實體原理加上絕對義的「動感」，這又跟佛教不同。而且老師您建構「純粹力動」這樣的觀念，最初就是源自於熊十力先生對佛教的檢討，認為佛教「緣起性空」的根本教理，欠缺普渡眾生的力量……。

老師：熊先生後來是以儒家的「大易」去取代佛教，所以儒家的終極原理動感也是很強的。這樣看來，你認為「純粹力動」跟儒家的「天道」、「天命」又有什麼不同呢？

同學（顏）：最直接的差別，應該還是終極原理的性格上。老師您的「純粹力動」根本上就是比較接近非實體，雖然老師您把它加上絕對義的動感；但儒家的「天道」、「天命」就都是實體，這點毋庸置疑。我覺得兩者間最大的差別就在這裏。另外，老師您並沒有給「純粹力動」加上一種絕對的道德價值，換句話說，「純粹力

動」本身並沒有純粹至善的性質規定；但儒家所講的「天道」、「天命」，在性質上就是純粹至善的，本身具有絕對的道德價值。當然這是儒家哲學的特點，也是儒家的殊勝之處。總之「純粹力動」跟道家的「道」一樣，在性質上是無限定的，這點跟儒家的「天道」、「天命」也很不一樣。

老師：所以「純粹力動」比較接近道家，是吧？它跟儒家的距離就比較遠。傅偉勳先生曾經提出過一種看法，他認為儒家以一種道德性格去規定自家的形而上原理，會陷入一種泛道德主義，把一切事物都以合不合乎道德這樣的標準加以衡量。我覺得他的看法很有道理，因為我覺得，在一種終極的境界裏面，善惡都是不能談的，像《六祖壇經》就要人「不思善」、「不思惡」，也就是說，連善惡的背反都要超越，才是一種不偏不倚又四通八達的道路。另外，儒家這種有道德創生作用的終極原理，是實體性格的，它具有很強的質實性，所以它所創生的宇宙萬物自然也就具有質實性，具有實在的內涵在裏面。這就會引起一種問題，也就是說，如果宇宙萬物跟那些屬於實在性格的「天理」、「天道」、「良知」之間具有一種很緊密的關係，這樣宇宙萬物所具有的質實性格，就很難談變化跟轉化。因為一個東西的實在性越強，它的體性就很難改變，道德的教化跟宗教的轉化問題都很難去談。當然，儒家的實體是不是就是一種「絕對有」？是不是就具有「滯礙性」？這有人提出不同的看法。有一次我主持一個研討會，主題是「京都學派」跟「當代新儒學」的對話，在會議裏面，劉述先老師就提到，「京都學派」所講的「絕對有」，甚至是我在《純粹力動現象學》這本書裏面提到的

「絕對有」，儒家是不會接受的。劉述先先生似乎有這樣的意思，也就是「絕對有」這種觀念，跟儒家所講的「天道」、「天理」、「天命」並不是完全相應的，儒家的終極原理還是具有很充足的動感，並不具有「滯礙性」……。

然後啊！我送了一本《純粹力動現象學》給楊祖漢先生，他讀了之後，說我的這套思想比較接近道家。後來我就想，如果真的把「純粹力動」跟儒釋道三家做比較，說它比接近道家也未嘗不可。但我最初構思「純粹力動」這個觀念，並沒有特別參考道家的東西，只是後來我的思考方式正好跟道家比較接近而已。我在構思「純粹力動」的時候，比較多是注意「京都學派」所提的「絕對無」，當然後來我也不滿意「絕對無」的消極跟虛弱，因為「絕對無」的動感還是不夠強。……總之，就是看你從哪些角度去看，如果你單從形上原理的健動性這方面去看，「純粹力動」跟儒家也許很接近。如果你是從形上原理的靈通無礙性這方面去看，「純粹力動」又比較接近佛教。可是講到形上原理究竟是屬於客體性或主體性？或者，是在客體性跟主體性之間可以互轉的關係中成立？這樣「純粹力動」又很接近道家。好，關於這部分我補充到這裏，請繼續。

同學（顏）：好，接著我要講「無執的存有論」跟道家「無為」、「逍遙」主張的比較，這部分比較是關於現實人生安頓方面的主張。我覺得，關於現實人生如何安頓的問題，老師跟道家的主張有一個比較明顯的共通點，也就是最終都要通向「無執」，但「無執」的對象是什麼？這個在老師和道家那裏就有差別。我認為，老

師您的「純粹力動現象學」，主要是指點人們發明內在恆存的「智心」，然後通過對「物自身」的正確把捉，最終落實為對宇宙萬有的不執著；而道家則是在整體傾向上，通過對「道」這個終極原理的認識——包含對「道」、「物」關係的認識——與效法，進一步指點人們，以「無為」的人生態度向外應接萬有，以「逍遙」的人生境界對內昇華主體，而在具體實踐上，就都依於對世間價值的不執著。

　　這裏要注意的是，我覺得老師您所主張的「無執」，對象是「純粹力動」詐現的宇宙萬有，但雖然是「無執」，卻是要主體以「智心」洞悉經驗物事全體的無自性、非真實之後，秉持「無執」的觀照，既不對一切經驗物事與起虛妄迷執，又能回頭重新肯定包含自身在內的經驗世界全體，以及關於經驗世界的知識體系，然後要進一步從事正面意義的價值實踐，譬如：藝術、道德、宗教……等等方面。而道家所主張的「無執」，對象則主要是外在於人自身的一切價值，因為主體已經能夠洞悉到，「道」即於「人」、「人」與「道」通，明瞭人的自身本來就具足無上的價值，所以就能收拾起一切向外欣羨的目光，回頭重新肯定自我的本真，然後，致力於這種本真的保持。所以我們可以看到，同樣是無執的取向，老師您的無執，最終是落實為一種自渡渡人的、宗教式的救贖實踐，在傾向上是無執而直面世間、兼善天下；而道家的無執，則落實為一種遁世性格的自得、自在和無求，在傾向上是無執而超離世間（或者說：背向世間）、獨善其身。進一步說，老師您的「無執」，主要是洞悉世間萬有的無自性，但卻不捨棄價值實踐，所以開出了一種直面世間的、積極淑世的人生導向；而道家的「無

執」，則主要是洞悉世間價值的相對性、流動性甚至是——同一性，所以不致力於價值追求，謹守著一種超離世間的、較為消極淑身的人生導向。所以我認為，在老師您與道家之間，雖然同樣主張無執，但在實踐層面上，或者積極、或者相對消極，或者擴及淑世、或者止於淑身，最終都基於對價值的認知差異而有所區別，這是值得注意的一點。

老師：關於你最後這個看法，也就是道家思想開出的是一種比較超離世間的、消極淑身的人生導向，我想有一點可以補充。我們可以這樣看，因為道家畢竟是一種哲學，它不是一種宗教，所以它的最高境界，是比較具有美學欣趣的，也就是說，能成就一種具有藝術性的觀想，能夠開拓出一種具有無限性的、而且是屬於美感的境界。但這種境界可能就是超越性太強了，所以跟世俗世界的距離就比較遠，畢竟「高處不勝寒」嘛！但對一種哲學來說，這樣其實也就夠了！因為哲學畢竟不是宗教，它未必要走到普渡眾生的實踐方面去。普渡眾生的事業，就留給宗教去做，道家未必要承擔這個任務。我們如果以淨土宗裏面，那種「上迴向」、「下迴向」的說法來看，道家的最終境界，就比較是「上迴向」的導向，他們要不斷超越，但抵達那個終極的境界以後，就停留在那邊不下來了；但「下迴向」的導向就不同了！抵達最後的境界之後，還是要下來，要包容現實世界中的一切，不管好的還是不好的。

當然我們覺得，只停留在超越的境界裏面是有些不夠的，它是「真」而不「實」的，它真是很真，但不實。那什麼是「實」啊？所謂「實」，就是要跟九界眾生共苦難，心量能夠包容九界眾生，

這就是「實」。所以如果道家要再進一步發展，就要轉向宗教。但道家從先秦之後，經過兩漢、魏晉到唐代，在思維取向上還是走老路，就是「重玄」那種「玄之又玄」思維模式，它一樣只追求一種超越的境界，這就好像是對現實世間的苦難都掉頭不顧了，是吧？但是，我們仔細看看老子、莊子的主張，就會發現，道家其實也沒真的那麼背離世間，並不是完全不食人間煙火，因為在《老子》跟《莊子》這兩本書裏面，都花了很多篇幅質疑當時的統治者，批判那些帝王將相只追求自己的快樂，尤其是批評那些暴君，說他們把自己的快樂建築在老百姓的痛苦上，甚至批評他們是大盜賊，把整個國家都偷竊掉了！這在我們之前的課堂上我就提到過。那為什麼老子跟莊子要花那麼多篇幅去講這些？這就表示他們不是真的那麼超離世間，他們對現實社會裏面的不公平、對老百姓所承受的苦難，還是有所關懷的，只是他們的關懷不是一種比較積極的、正面的關懷，他們是用批判的方式去關懷。批判也可以說是一種入世的方式啊！是吧？當然只是批判還是不夠，只是批判不能解決眾生的苦難，道家的問題就在這裏，他們有現實關懷，但做得還是不夠。

小　結

以上內容，是針對此回課堂專題——純粹力動現象學與道家思想的對話——所進行的最初探討。而主要的討論課題，是道家「道」、「無」、「無為」、「逍遙」等觀念，與吳汝鈞先生近年來所致力建構的「純粹力動」觀念。在討論過程中，除了針對上述哲學概念的基本內涵進行了一番介紹與釐清外，對於一般研究者在

上述概念的內涵掌握上，可能出現的義理析辨方面的誤區，吳汝鈞先生往往隨處糾謬、立時點撥，廓清某些義解或論述上的疑慮，深信能在義理思辨或問學方法上，給予與課同學與讀者多所收效在即的助益。

從討論的過程中我們可以看出，吳汝鈞先生所以建構「純粹力動」觀念的最初思考，本為補佛教基本秉持之「緣起」世界觀，與其普渡眾生之大愛事業間可能存在的理論困境；並進一步為形而上學領域構架出一全新且足以綜攝「實體」與「非實體」主義之優點、但又超越「實體」與「非實體」主義欠缺的終極原理。為此，吳汝鈞先生所構思的宇宙終極原理——純綷力動，其在基本體性上便理所當然地偏近於「非實體主義」（此蓋緣於：佛教所言的「空」，本為一「非實體主義」），但吳汝鈞先生獨出心裁地為此偏近於「非實體」的終極原理，加諸一種「絕對義」的動感，於是非特「非實體」性原理本具的虛明靈覺性格於「純粹力動」中得以保存，屬於「實體」性原理的飽滿健動性格，也同時具涵於「純粹力動」之中。依於此，則「純粹力動」在「非實體」性原理上加諸飽滿健動性格的終極原理，便與先秦道家所接櫫的宇宙終極原理——「道」——一般，皆同為一種兼有飽滿健動與虛靈明覺性格的終極原理——只是，道家的「道」是一種被加入了虛靈明覺性格的「實體」性原理，此虛靈明覺性格的貫注，即是由「無」性的基本規定來完成。

另外，吳汝鈞先生以宇宙萬有皆歸「純粹力動」之變現而無自性，指點了轉「有執的存有論」為「無執的存有論」的超越的世界觀，作為現象界全體、乃至於任一依於人之主體而開展的獨立之現

實人生的安立之方。另一方面，道家則是以宇宙萬有皆歸「道」化、宇宙萬有皆同其本的世界觀，指點人們一種因外無所執而得內在自由的「無為」、「逍遙」的處世之道。是故綜合言之，吳汝鈞先生與先秦道家之間，雖彼此遙隔千百載時距，但在哲學思考的總體理致上，竟多有殊途同歸之處。牟宗三先生曾言：

> 道家的形上學是「境界型態」的形上學，吾亦名之曰「無執的存有論」。此種玄理玄智為道家所專注，而且以此為勝場。實則此種工夫上的無是任何大教、聖者的生命所不可免者，依此而言，此亦可說是共法。❺

吾人以為，無論道家的形而上學是否確如牟先生所言為一「境界形態」的形而上學，道家之為「無執的存有論」確是的論，而吳汝鈞先生的「純粹力動」哲學與道家哲學之間，在理致開展與內涵建構上的異時、殊途卻合轍多端的現象，或可以牟先生所言：「（無執的存有論）此種工夫上的無是任何大教、聖者的生命所不可免者，依此而言，此亦可說是共法」這樣的思考來予以理解吧。

中央大學 哲學所博一 顏銘俊

---

❺ 牟宗三著：《才性與玄理》（臺北：臺灣學生書局，2002 年 8 月修定九版），頁 1。

第二章　純粹力動與道家的動感

同學（呂）：我要報告的題目是純粹力動跟道家的動感，在行文的結構上，我的論述是從終極真理的概念切入，因為老師強調過每一家都有它的終極真理，這是它最究竟的、無可後返的、不能再還原的一個概念，一切問題都是從這個終極的真理上面來推演。這篇文章預計分成四個部分，首先前言是關於兩家各自關注的終極真理，然後第二部分討論純粹力動跟動感，第三部分是老子的道跟動感，最後一節是純粹力動跟老子道的比較。在今天先說第三部分，我一開始先就老子的道做為老子的終極真理的切入點，然後對道的一些跟動感有關的部分做一些論述。

老師：我在這裏先交代一下這個動感的觀念為什麼這麼重要，我們還是要從平常的生活講起。我們在日常的生活裏面有種種不同的活動，不同的時段有不同的活動，而這些活動就表示只要你是在生存的狀態中，你都要進行種種活動，除非你是病重的、是已經死掉的人，那當然就沒有活動。從這些活動我們就想到終極真理那方面的動感，因為我們日常的那種活動，或是一切現象界裏存在的東西，都是在一種活動的狀態而存在，而終極真理是這些活動、存在的一個總的基礎。如果用熊十力的體用不二來講，我們就可以空泛一點

的說，我們日常的種種生活、活動，都有本體貫串在裏面，帶領我們每一個人怎麼去生活、怎麼去活動。因為一般的日常生活、活動，是在動感的狀態裏面呈現，那作為這些生活這些現象的基礎就是終極原理，它就非要有動感不可，不然它怎麼推動一個人在日常生活裏面進行種種不同的活動呢？所以日常生活裏面一切的活動都有終極真理、或者是本體做為基礎推動它們，所以這個終極真理、或者是本體，它自己非要有一種動感不可，或者是說它自己非要是動感不可。所以我講純粹力動是一動感，然後再通過它的不同的活動，才開拓出宇宙種種現象，所以動感在哲學──尤其在形而上學裏面──是一個非常重要的觀念。也不限於形而上學，我們一般在倫理學、宗教、藝術這些範圍裏面發生的活動，都是非常強調那種動感，所以我們這裏先弄清楚為什麼動感在哲學上是那麼重要。

宗教也一樣，你說上帝造人，上帝怎麼做世界、做人類？祂就是憑祂那種動感，不過祂的動感是發自實體，這就是實體主義講的動感；而另外一方面非實體主義──像西方的神秘主義講無、佛教講空、道家講道──這些觀念，它們都要具有動感，不然的話它們在作為種種事物、現象的依據這點上，便有所欠缺。這是我們對動感先有的初步了解。

第一節　老子的道

同學（呂）：那我們現在先從道做為老子的終極真理，與它的動感如何表現來進行討論。在老子的哲學系統裏面，他對於終極真理的描述是不同於我們平常把一個東西作為知識的對象來分析的進路，

用老子自己的話來說，就是我們熟知的「正言若反」的一個表詮
「道」的方式，他通過這個方式去說明道的真實涵義，跟他對於此
一根源價值的反省。下面我們列舉第十八章用以說明「正言若反」
在老子的哲學中是如何展示的：

> 大道廢，有仁義；智慧出，有大偽；六親不和，有孝慈；國
> 家昏亂，有忠臣。❶

如果直接由平面的演繹、推理來理解這個句子，我們很容易會將大
道與仁義看作對立的兩個概念。順此來說就很容易將老子的學說詮
解為一種否定德性主體的哲學，而「智慧出，有大偽」一語便會讓
人將老子看待為某種反智主義者。同時，如果我們簡單的接受這樣
的解釋方法，那麼對於老子何以將孝慈的表現視為六親不合的結
果，其實也很難有一合理的解答。因此，在老子書中大量出現的此
類語句，顯然不是通過分析式的平鋪直述，以為國家昏亂為出現忠
君愛國之士的原因。

　　因此牟宗三先生在《中國哲學十九講》中便認為《道德經》的
這種表達方式乃是一種「辯證的詭辭」（dialectical paradox），也就是
通過非分析式的反面論述，在看似矛盾的統一中以透顯正面的真實

---

❶　見魏・王弼：《老子道德經注》，《王弼集校釋》（北京：中華書
　　局，1980 年 8 月），頁 43。

意義。❷因此，「正言若反」是通過將正面的道理由反面來說，來打破一般常識性的思維，期能解消我們執以為常的主客認知的架構，來理解「道」與「無」，或者說是對於「道」、「無」有非知識性的體悟。

老師：你這裏提出辯證（dialectical）這個字眼，要小心一點。因為從哲學史這方面來講，這種辯證的思維不管西方也好、東方也好，在不同的時代都有不同的人提出過。所以，我們可以說「辯證」這個語詞是多元的，就是說它不是由一個人去定出來，而是在不同年代、不同地方、不同哲學家拿這個「辯證」字眼來讓我們對種種的世間的事物有深一層的了解，所以你如果用「辯證」這個字眼，最好是進一步把它規定一下，說你所謂「辯證」是哪一家的「辯證」。我們通常一講起「辯證」就會想起一個哲學家，是誰呢？

同學（呂）：黑格爾。

老師：是啊！其實在黑格爾以前已經有很多人提出辯證的思考，在柏拉圖那個年代，或者更早的那些辯士，他們的那些想法、那些講法，常常預認了這種辯證的思維。東方一樣啊！譬如老子、莊子，一般來講道家都很重視這種思維。在西方黑格爾以前、黑格爾以後，很多人都出來講辯證，康德也講啊！所以你這裏說「辯證的詭辭」（dialectical paradox），主要是指黑格爾來講呢？還是指其他哲學

---

❷ 見牟宗三著：《中國哲學十九講》（臺北：臺灣學生書局，1983年），頁 140-143。

家？這要先交代一下。因為他在他的書裏面有很多地方講辯證法，而且他自己就是採取一種辯證的思維來講哲學史。在唐君毅先生的思想裏面我們也可以發現很濃厚的那種辯證的氣氛。他講的那種辯證的思維跟兩種辯證法很有關係，一種是黑格爾，一種是中國佛學裏面的華嚴宗。他的辯證思想可以說有兩個根源，當然他自己也有些創發在裏面。在這裏先做一些交代比較好。

同學（呂）：謝謝老師的提醒，我這裏用這個「辯證的詭辭」（dialectical paradox）指的是牟先生對於《道德經》的一種分析，他認為《道德經》裏面有這樣一種詞語的應用，裏面常出現一個兩方面看似對立的概念，而他正要通過這個對立的概念的統一，來理解老子所要表達的意思。牟先生提這個是要去解釋「正言若反」的使用方式；而「正言若反」的使用方式就是要把我們平常理解的正面的言說從反面來提它，用來打破我們一般性的、比較常識性的邏輯思考，以求能夠解消我們一般在常識上總有的主客認知的意識，那「道」跟「無」這兩個東西就老子而言他都不會同意可以如此理解的。很明顯的例子，就是《道德經》的第一章裏面的「道可道，非常道。名可名，非常名。」❸老子顯然認為凡可道、可名的，由於是可以稱謂，或指涉，所以已經不是常道、常名，這顯然是把「可道」與「常道」分屬兩組概念來進一步思考，「可道」表示能通過語言，為感觸知性所分類界定，它是屬於經驗層的。「常道」則不是，「道」不能是我們知識的對象。

---

❸ 見魏・王弼：《老子道德經注》，《王弼集校釋》，頁 1。

老師：這裏可以做一些補充，你提老子書裏面的「正言若反」，表示老子在辯證思維方面的運用。不過另外一種講法可能比講「正言若反」還有代表性、更深入，想不想出來呢？老子裏面有一句話就是專門拿來講終極真理的活動狀態，是一種辯證的一種形式……

同學（顏）：「反者到之動。」

老師：對！他講這個辯證是「反」，「反」就是辯證，直接指向「道」來講。就是說「道」作為終極真理，它的運作是一種反的方式，是一種辯證的方式。在這種運作的方式裏面，萬物的變化、轉變，都受到道的辯證的思維所影響。在這方面老子書裏面就有很多不同的講法，而最有原則性的，就是「反者道之動」。當然「正言若反」意思也不是差的很遠，所謂「正言」就是講真理的話語，要反！真理是要從「反」、或者「辯證」來表示。然後才引出老子說的「道可道，非常道」，就是說終極真理是超越言說，這就有辯證的意味。

同學（呂）：下面要舉的例子剛好就是老師說的這個意思，我們舉的是第十四章裏面老子對道的形容：

> 視之不見名曰夷，聽之不聞名曰希，搏之不得名曰微。此三者不可致詰，故混而為一。其上不皦，其下不昧，繩繩不可名，復歸於無物。是謂無狀之狀，無物之象，是謂惚恍。迎之不見其首，隨之不見其後。執古之道，以御今之有。能知

古始，是謂道紀。❹

道既然是無形無名，老子就說它是渾化為一，是渾化不可被割裂的，你不可以通過視聽言動去肢解它、分解它；而這個道，不但不是感官經驗的對象，也不是可以憑空去玄想的思辯對象。因此引文底下接著用依文見意的方式說到，此道雖然不見光明燦爛的樣貌，但卻也非陰暗無物。這其實就突顯了道的真實性。

老師：我這裏發現你引了《老子》第二十一章：

道之為物，惟恍惟惚。惚兮恍兮，其中有象。恍兮惚兮，其中有物。窈兮冥兮，其中有精。其精甚真，其中有信。❺

它裏面列舉了一些道的內容，或者是說它的活動的姿態，這裏有幾個概念——「有象」、「有物」、「有精」、其精甚真的「真」、其中有信的「信」，這都是道的內容，這幾個概念你要做進一步的探求。我可以給你提一下，這幾方面的內容，是不是一般所講的形而上的實體才有呢？如果是的話，老子就表現了一種形而上的實體的思考。如果不是，那這些東西是什麼東西呢？所以你要在這裏面用一點心思，那你怎麼講？

同學（呂）：老師，我在看的時候也有被這點困擾到。因為老子講

---

❹　見魏·王弼：《老子道德經注》，《王弼集校釋》，頁 31。
❺　見魏·王弼：《老子道德經注》，《王弼集校釋》，頁 52。

「其中有象」、「其中有物」，好像說這裏面它是有「大象」存在的，說「其中有物」，就「物」來說它似乎又是存有的。可是前面老子又會用遮撥的語言去說「恍兮惚兮」、「惚兮恍兮」，那就好像講出一個實體，可是老子又立刻把它掃掉。甚至裏面有一個比較有爭議的概念，就是就「其中有精」來講，有些學者會把它當成是「精氣」，做比較「氣化」的理解，可是我覺得老子在這邊既然用「恍兮惚兮」、「惚兮恍兮」來講，那他應該是一個遮撥的提法。

老師：《老子》書好像講過「大象無形」，如果這裏「其中有象」的「象」跟他講「大象無形」這個「象」是相應的話，你就要從「大象無形」來解讀這裏的「其中有象」。「大象無形」這種「大象」是什麼東西呢？這是個很有趣的問題，象已經夠大了，象比獅子、老虎、牛、羊都要大，然後他又再用一個「大」的字眼來講「大象無形」，這要怎麼了解呢？他說「大象」到底是指什麼東西？你說他的「大象無形」是指什麼東西無形呢？

同學（呂）：如果就存在於自然現象的這個世界裏面去說「象」，那「象」一定是有形的，看到一個形象，那就伴隨著一個「形」的概念，為我們所接受。老子說「大象無形」、「大音希聲」的時候，不同於我們平常看到的東西就一定有象，聽到的東西就一定有聲，老子用「大象」、「大音」形容「道」，對「道」進行一些好像輪廓式的描述，他把它拉上去說「大象」、「大音」，就把我們在經驗上可以掌握的「象」、「音」都取消掉了。這像我們剛剛討論的，「道」不是一個經驗性的對象。

老師：那就是「道」了？

同學（呂）：是的。

老師：那「大象無形」就是「道」是無形的意味。我在這裏也想到佛教裏面的禪宗，它後來發展出一種臨濟禪——就是慧能禪以後，一種比較有動感的禪法。在《臨濟錄》裏面，便有幾句話跟這裏有相似，剛剛不是講「大象無形」嗎？你是把這個「象」做為動物這種東西，推廣到種種的存在那方面，這不錯，臨濟宗有幾句話可以跟這比較，它說：

> 真佛無形，真法無相，真人無位。

「真佛」就是宇宙間眾多的佛，無形！「真法無相」、「真人無位」，就是沒有形相，沒有階位，他不是皇帝、不是宰相。你是不是看到禪宗跟道家有相同的地方呢？我的看法是，兩者初步來看沒有本質上的不同，大家都是在想同樣的東西，不過是用不同的方法來表達。你說「大象無形」那個「大象」就是直接指「道」、終極真理，《臨濟錄》裏面所講的真佛、真法、真人，這些都沒有形、沒有相、沒有位，那這個真佛、真法、真人不是也跟道、終極真理相聯麼？這裏就可以講宗教對話，不用把老子跟臨濟的思想截然分開，說是兩個不同系統，一個是道家，一個是佛教。雖然他們背景不同，但是要講的內容，像禪宗講的「祖師西來意」，說達摩從西面而來，來到我們中土，那它是什麼意願呢？傳道而已！他要把禪法從西域、印度傳到東土，他的禪法的主要內容，其實跟老子

講的道是同一個層次，都指向終極真理，不過因為他們分別屬於不同門派，一般人便不大會把他們聯結起來，其實我覺得在這裏就很有對話的空間。你怎麼看？

同學（呂）：我不太清楚老師剛剛提的「真佛無形，真法無相，真人無位」是不是就「緣起性空」的空義來說。如果是，那這跟道家認為「道」不可以用言語去表詮是相似的，所以說「大象無形」、「大音希聲」，「道」本身若是可表白的，便「非常道」、「非常名」……

老師：有些關係。不過我們很難從緣起性空一下就講到《臨濟錄》裏面這幾句話，它中間仍然有一些曲折，不過它的基本導向（orientation）是一樣的，所以禪不管你講到哪裏，它還是佛教，不管你講什麼「教外別傳」，它都出不了「緣起性空」這個最基本的義理。所以有些人說佛教傳到中國，受中國文化相當大的影響，然後成為中國佛教，他的意思好像是中國佛教跟印度佛教是兩個教派不同，像道家跟儒家兩個教派的分別一樣，我看情況不是這樣。佛教裏面不同的教派的講法，跟道家、儒家不同的講法，二者的「不同」是不一樣的。你禪宗講到底，或者是淨土宗、或者是密宗、般若思想、中觀學、唯識學講到底，還是「緣起性空」那句話所規劃出來的基本立場。道家不會講性空，儒家更不會講，所以我們要有這個了解。

同學（呂）：老師那我接著說。剛剛講到我們不能因為道是無相、無形的，就認為「道」只是思辯的遊戲。「道」在老子的體認裏面

是有真實意義的存在，所以二十一章說「其精甚真，其中有信」，注解家在注解「信」的時候，常把它當作「徵信」，白話的講，就是「真的有這個東西」的意思。

老師：這個「真」跟「信」有什麼分別？這種字眼都讓人感到在了解上容易有困難。為什麼要用「真」跟「信」來形容道呢？因為「真」跟「信」，特別是這個「信」是一個倫理學的觀念，例如朋友之間要有「信」，這點孔夫子已經講過，譬如父子、兄弟、夫婦、朋友都有他們要履行的德性，而朋友之間就要講「信」。那老子在這裏講「信」，跟儒家有什麼不一樣呢？老子在這裏是講形而上學，不是講倫理學，所以這些語詞出現在不同文本，意思就不一樣，我們在了解這些文本的時候，頭腦要靈活，要有動感才行，不要以為某一個字眼一定是某一個意思。

同學（呂）：老師提示的是說不同的文字在不同的哲學系統裏面會蘊含不同的意義，這是要揀別的。剛剛講到「道」的真實性，就一切視聽言動、感觸經驗都不能及於這個「恍兮惚兮」、無狀無物的「道」的話，我們也可以思考到這裏正好凸顯了「道」的超越性。那做為萬物宗主的「道」又是如何跟萬物發生關連呢？我們接著討論二十五章：

> 有物混成，先天地生。寂兮寥兮，獨立而不改，周行而不殆，可以為天下母。吾不知其名，字之曰道，強為之名，曰大。大曰逝，逝曰遠，遠曰反。故道大，天大，地大，王亦大。域中有四大，而王居其一焉。人法地，地法天，天法

道，道法自然。❻

在本章中我們可以通過形上學中本體論意義來觀察老子對道的提示，由此可以看到道的三種特性，也就是先在性、獨立性與遍在性。以下就這三個觀點來論述它，這裏先討論先在性。

從「有物混成」的觀點來看，這跟我們剛剛唸到「混而為一」的意思是很接近的，它都是指絕對真實的道。老子說這個混成的道是「先天地生」，如果這一章是要做形上學的意義來了解的話，那這個「先」，也要是形上學意義的先。什麼是形上學意義的先呢？就是道之先在於天地萬物，是就道是最為基礎、最為根本的究竟真實而為先。進一步說，萬物與道的關係就是萬物的存在，是因為有這個道做為存在的基礎，而得以成其為萬物。如果我們把握住這樣的一種詮釋的進路，那麼對於「道生一，一生二，二生三，三生萬物。萬物負陰而抱陽，沖氣以為和」❼這一章，我們就可以不採取河上公氣化宇宙論的注釋，視之為「一生陰與陽也」、「陰陽生，和氣濁，三氣分為天地人」❽，而採取本體論的說法，視道作為存在世界之總則，而清楚感受到道做為萬物之始上的意義的先。換言之，在這種觀點下的「先」便可說是「生物」之先、「萬物得一以生」❾的成物之先。這就像第六章所說的「谷神不死，是謂玄牝。

---

❻　見魏・王弼：《老子道德經注》，《王弼集校釋》，頁 63。
❼　見魏・王弼：《老子道德經注》，《王弼集校釋》，頁 117。
❽　見魏・王弼：《老子道德經注》，《王弼集校釋》，頁 117。
❾　見魏・王弼：《老子道德經注》，《王弼集校釋》，頁 106。

玄牝之門，是謂天地根。綿綿若存，用之不勤。」❿天地萬物俱以道為歸根之所，道在此處便是我們從天地萬物反思其成立依據的結果，而這種因果關係當然不必涵有時間性格在內，因此道之先在性自然不是時間線上的先後，而是生成基礎上的先在性，那麼老子何以在強調道之為先，但又同時可與萬物同存共處的理由也就很明白了，因為如果是時間意義上的先，便難說道與萬物「共存」了。

老師：這裏我們仔細看一下，老子講「生」這個問題，在這裏起碼有三種講法，第一種是「先天地生」這個「生」；第二種講法是「道生一，一生二，二生三，三生萬物」的「生」；然後「萬物得一以生」，這是第三種講法。如果我們先拿儒家的實體創生萬物這個意思來跟這三個講法比較的話，儒家講實體的創生，都不是這三種生的意味。儒家講天命、天道、良知創生萬物，是以一種實體的身分來創生萬物，這是本體宇宙論的創生。可是這裏老子提的三種生，不是這個意味，這很清楚。可是他是什麼意味呢？是不是在不同的地方這個「生」都一樣，還是有分別呢？

　　你說這裏的「先天地生」不是宇宙論的意味、不是時間的意味，而可以說是邏輯的、理論的意味，那這個生就表示超越的、不是經驗的，道做為一個超越的原理，它當然比經驗的東西更為基礎，它是超越萬物而存在的，這個意思應該沒有問題。然後「道生一，一生二，二生三，三生萬物」就不是那麼簡單了，它是用「生」這個概念一氣貫下，這個「生」不好了解，跟儒家講精神實

---

❿　見魏·王弼：《老子道德經注》，《王弼集校釋》，頁 16。

體創生萬物好像有點接近，可也不是完全一樣。然後「萬物得一以生」，這個生有沒有宇宙論的意味，像母雞生蛋的意味？這也要弄清楚，一個字都不要放過，那在你看來怎麼樣？這三種生是不是各自有它們的意味，還是可以相通呢？這可能是了解道家老子思想的一個關鍵之處。

同學（呂）：老師我覺得這三個生各自有偏向，可是這三個意思又可以是彼此關聯，不會互相排斥。第一個生，「先天地生」那個「生」，我的理解跟老師你說的是同樣的，就是說「先天地生」的「生」是從超越性來講。第二個生我覺得比較複雜，關於「道生一」的「生」我自己認為它可以是接近宇宙論的意義的，畢竟在這一章後面老子自己也提到「萬物負陰而抱陽，沖氣以為和」，所以像河上公把「道生一，一生二」的「二」解釋成陰陽二氣，也有他的道理；可是他同時也可以像王弼從本體論的概念去解釋「一生二，一生二，二生三」，他好像是用莊子的觀點把二視為道的分化，而以為有一個本體與定名的概念而說二，他就不走氣化這條路線，我覺得這也有道理。那第三個「生」，「萬物得一以生」的這個「生」，我覺得有「成全」的意思，就是萬物因為道而獲得成全，所以那個「生」又比起前面那兩個意思有它自己的偏向，可是這個意思與前兩個並不衝突……

老師：你說是成立、成全？

同學（呂）：因為「萬物得一以生」那一章另外有幾句是說「天得一以清，地得一以寧」，那就是說天地都是因為道而可以顯示它自

己真實的面貌、真實的樣子，所以我覺得有「成全」的味道。

老師：你這種了解不錯。那你們幾位怎麼樣呢？同不同意他的講法呢？慎思？

同學（瞿）：我剛剛想到「先天地生」的「生」是老師講的這個邏輯義，就義理上解釋，就是它必須先天地而成立……

老師：那就是它對於經驗性的宇宙有那種超越的性格？

同學（瞿）：對！那「道生一，一生二」它比較接近創生……

老師：如果是創生，那道就要以一種實體的身分來創生，這樣便指向實體主義了。

同學（瞿）：因為通常我們是用宇宙論的進路來了解它跟萬物的關係，所以在這脈絡上去講創生是比較貼切。

老師：可如果這樣你那個道就變成一種實體的型態。這也無所謂，唐先生也覺得老子的道有實體的意味，牟先生他不同意嘛！每一個人的解讀可以不一樣。

同學（瞿）：第三個「萬物得一以生」，這個「生」應該就是「去生存」那個 survive，那個「生」，它必須有維繫下去的意義。那剛剛同學說是「成全」，我覺得也是有 survive 這個意思。

老師：「萬物得一以生」，他是講「成立」、「成全」……

同學（顏）：我的理解第一個「先天地生」，或者是「象帝之

先」，覺得有老師講的邏輯先在義，但是我覺得也有時空意義上的先在，我覺得這兩個是並存的，既強調邏輯的意義，又強調時間上的先在。那剛剛銘崴同學說如果是時空上的先在，那好像沒辦法跟萬物融合在一起。可是我認為道不僅是先在，還是永存啊！所以即使我們都死了，道還是在，它跟萬物的融合應該不會有矛盾的意思的。

老師：你說道跟天地是分開嗎？

同學（顏）：不是，不是分開。我的意思是，它既是先在，然後又永存。我是針對剛剛銘崴同學在報告，他比較認為是邏輯意義上的先在，不是時空意義上的先在，因為如果是時空意義上的先在，便好像跟我們隔的很遠，因為它在我們之前（時間上的前），它就沒辦法跟我們融為一體。但是我不是這樣想，因為道不只是先在，它還永存！所以它先我們存在當然沒錯，但是我們存在的時候它還在，我們死了它都還在。就是說道跟我們融合在一起應該是……如果就時空意義上來講應該也不會有這種矛盾才對，我的理解是這樣。道跟我們不是分開的，道跟萬物是可以相即的，我是這樣理解，道既是先在又永存這樣子，不會有斷裂。

老師：那你的意思是不是說道跟天地從分解方面來講就是分開啊？因為道是先天地生。

同學（顏）：對！

老師：我們從分解的眼光來看，這是說的通的。然後你又從另外一

面說，道跟天地混然在一起，這樣是不是有一種不一致的了解？你一方面說道跟天地分開，因為道是永存，萬物是生滅法；另外你又說兩者混在一起不分開……

同學（顏）：因為萬物是生滅法沒錯，但是它滅完之後是復歸到道體，是復歸到道裏面，老子是這樣說，它會復歸啊！所以一切是道生化出來也沒錯，它消亡之後又是復歸到道裏面去，我覺的道家的理解是這樣，對老子跟莊子都這樣理解。

老師：回歸到道，然後消亡？

同學（顏）：因為萬物是生滅法沒錯，但是它滅完之後是復歸到道體，是復歸到道裏面，老子是這樣說，它會復歸。

老師：回歸道，然後道繼續運作，那些回歸到道裏面的東西會不會繼續出來呢？從道裏面出來呢？

同學（顏）：會，應該說是不斷的創生，不斷的反覆、反覆，老子講反覆啊！我是覺得這樣不至於把道跟宇宙萬物變成一種斷裂的關係，我一直是這樣理解。那第二個「道生一，一生二，二生三」這個「生」，我就傾向它是宇宙論的理解，因為他一直強調創化、創生萬物的關係，就比較像動感。那第三個「天得一以清，地得一以寧」，「萬物得一以生」，我覺得這是強調「根據性」，就是有「一」，天地跟萬物才能夠存在，才能夠發展，沒有這個「一」就不行，所以我強調「根據性」。可是我覺的老子在講這一段話是要凸顯、要強調本體，有這個本體才能夠發展、存在，所以我對老子

的理解比較傾向實體主義，這是我的立場。

老師：這樣當然也不錯。這種情況跟科學不一樣，我們不能要求有一個像科學方面那種肯定是對還是錯，這種答案。對錯可以用在科學上，在哲學方面不能說對錯，只能說深或不深：說你的看法所考量的範圍比較廣、比較深，另外一種看法比較浮面、比較表面。就是從深淺來講，不是從對錯來講。

　　剛才我也想過一下，有些地方跟你們一樣，有些地方跟你們不一樣。說「先天地生」，道對於經驗事物就有超越性，這個好像很容易了解，可是裏面還是有一個問題，如果像你說的──道是永存，經驗界的事物待在這個時空裏面，但是最後還是回歸到道裏面──這個「回歸」字眼好像有點偏離了先天地生這幾個字的意味。「回歸」就是說以道做為依據或根源，然後生出來，最後還是要回歸到道這方面，這是一個綜合命題。就是「先天地生」這幾個字的意味，並不包含「回歸到道那方面去」這個意思，很明顯你的想法就是從綜合命題來講，不是從分析命題來講。如果謂詞已經包含在主詞裏面，就是分析命題，如果謂詞所講的東西不包含在主詞裏面，這就是綜合命題，通常分析命題就是邏輯、數學那些，綜合命題就是一般科學講的經驗界的東西，例如形容他們的作用、性質那方面，這些都不一定要包含在主詞裏面。通常先驗命題就是分析命題，經驗命題就是綜合命題。康德指出另外還有一種命題是先天而又綜合的，這就是範疇這些概念。

　　我是想到，如果我們說道有超越性，然後往前去想，說即便沒有天地，道依然存在。那這樣就很嚴重了，這就陷於熊十力所講的

體用是二的意味。根據熊先生的講法,體跟用雖然意思不一樣,但是從存有論這個角度來講,它們是不分離的。沒有離開用的體,也沒有離開體的用,這就是不二。所以如果你光講道的超越性,就是「先天地生」,道就可以是一種超越而不內在的原理,如果是這樣講,就會出現很多問題,而且像這種了解方式也看不出道的比較深的內涵。一個超越的原理如果只是超越而不內在,那就表示它跟天地、現象界的東西可以分離。在這種情況下,現象界的東西跟超越的道的關係就被割掉了,結果道就可以是沒有天地的道。從存有論裏面講就是這樣,你把它割開就表示道可以不要天地而存在。老子或道家還是有某種程度的圓融性,雖然道家不是圓教,但是它還是有圓的意味,這圓的意味就表示在道跟萬物那種相即不二的關係裏面。「先天地生」,我想不應該把它看成為可以離開天地而存在。它可以離開天地而存在,那就像基督教一樣,上帝本來是自足、自存,然後才產生天地、萬物,這跟整個道家思想的本來面目與發展不是很協調。所以我想也不需要替它解的太多,我們把它說成為具有對於萬物的超越性這個意思就夠了,不用給它太多補充。就這「先天地生」四個字,說是理論上、邏輯上也好,都可以講的通。

然後第二種情況,我看就像你們說的,它有宇宙論的意味。可是它也不是純粹的生物學的(biological)導向的生的方式,我看一、二、三、四……都無所謂,這個數目字不是很關鍵的問題,它主要是說萬物的存在性的發展是從簡單趨向複雜,一就是簡單,三、四、五、六就是越來越複雜。如果說詐現——就佛教或者是純粹力動現象學的這觀點來講,這個「道」本身是一個超越的東西,它慢慢會凝聚,然後詐現為一種氣,那道就是一,氣就繼續有分化,詐

現為陰陽，陰陽又繼續分化，詐現出萬事萬物。我們是以佛教的唯識學的詐現這種觀念來對它做一種解讀，不過這會引起一些問題，就是你把唯識宗的觀念拿到老子來做一些助解，是不是真的那麼相應，這不是沒有問題的。不過我想宇宙論的意味是可以說的，徐復觀就是這樣看，你找他的《中國人性論史》裏面一篇講老子的論文，他就提過這點，如果我沒有記錯的話。

第三種是「萬物得一以生」，我想你們講的都有道理。萬物所以能成為這樣的萬物，就是背後有道做為它的依據。我們就解到這裏，不要再發揮，該停就停，不要講的沒完沒了。而且如果我們參考佛教的講法，龍樹在《中論》裏面有這麼一句偈語：「以有空義故，一切法得成。」就是說因為有「緣起性空」這種義理，萬物才可以在這種義理下成立，如果沒有所謂「緣起性空」，那做為緣起的萬物就不能講了，結果就跑到自性那方面去，一切變化也都不可能。像這種意味，也不限於佛教才有，在其他宗教或哲學的傳統裏面，相似的問題還是會出現。反正萬物不能是物自體的那種東西，物自體就是自足，不需要依靠別的東西，它有獨立性。可是做為生滅法的東西是緣起的，它不能憑自己的存在性，就能夠永恆的存在下去，它的存在性是通過緣起，通過不同的因緣集合起來，才能做為生滅法而存在。

同學（呂）：剛剛是討論道的三種特性中的先在性，下面就獨立性與遍在性來講，先講獨立性。獨立性如果簡單的理解，那也可以順著道的先在於萬物來講，就是說萬物是有限的，道是無限的；萬物是定名的，道不是定名的。這也就是王弼說的：「言道無所不先，

物無有貴於此也。雖有珍寶璧馬，無以匹之。」⓫除此之外，我們還可以看到老子書中「寂兮寥兮，獨立而不改」這一句話，它就道之無聲無形、不可指稱的意義來說，道自然不會受限於天地萬物的殊異性，自身可超越於天地萬物之上，不受事事物物的拖累。但這裏的獨立並不是指孤立地懸絕於萬物之外。如果道是懸絕於萬物之外，那剛才說的體用關係就破裂了，或者說道的生萬物便產生問題，我們對於懸絕在萬物之外的道的生也就無法理解，沒有蹤跡可尋。因此道之獨立性與超越性都不能離開道的生成萬物來說，因此道與萬物是一種既超越又內在的關係。

老師：這裏「寂兮寥兮，獨立而不改」，是說道是獨立的，它也不會改變。這一句可以看成分析命題，如果它是獨立的話，它就不會改。就是說「不改變」這個意味包括在「獨立」裏面，只有道有這種性格，現象界裏面的東西都不行。這跟上面的萬物得一以生是相應的。萬物是生滅法，沒有獨立性；它不是自性，沒有自體、實體，而道不是這種，作為終極原理，道有它的獨立性，既然有獨立性，那它自己本身就已經不跟萬物一樣。所以我們說「獨立而不改」應該是一個分析命題，「不改」的意味已經包括在「獨立」裏面。這也不表示道不活動，沒有能動性，因為我們通常說「改」，指涉一種活動，像「改革」。這裏說「不改」，不是說道不會進行任何活動，不表示它沒有動感，而是說這個道有它的獨立性，它的

⓫　此注出於《道德經》第六十二章。見魏・王弼《老子道德經注》，《王弼集校釋》，頁162。

存在不需要依靠別的東西。所以「不改」不是意味一個不能活動的實體，這不是老子道的意味。後面還有一句「周行而不殆」，你看它的動感就立刻講出來了，所以不改不表示沒有動感的意味。

同學（呂）：至於這個遍在性則是指道周遍地存在於一切事物中，而就「可以為天下母」這句話來說，老子在此處所強調的「遍在」的意義當是就道之作用的廣泛流佈而言，所以我們認為道的周遍性同樣需要及於事事物物而說，換言之，只有在事事物物的生成上，我們才可以掌握道之周遍地內在且常存於萬物。只是道究竟是如何周遍地生成萬物呢？道又如何能夠在周遍地生成萬物的同時，又得以保住自身的獨立性與超越性呢？要回答這兩個問題，接下來便要進入老子哲學中對動感問題的討論。

老師：那你對「可以為天下母」這個「母」這概念怎麼了解呢？

同學（呂）：對於那個「母」，我是把它當成像母親、生化萬物的根源、力量。

老師：對，那個泉源。

第二節　老子道的動感表現

同學（呂）：上次是說對於道的先在性、獨立性、遍在性、還有超越性應該要如何理解的討論。在上次討論的最後我們也提到道遍在於事事物物中，而它的作用也遍在於事事物物中，也只有在事事物物的生成上我們才可以掌握道，明白它周遍於跟超越於事事物物的

意思。不過這也引申一個問題，就是道如何周遍地存在於萬物中，跟道如何保住它的超越性呢？

在先前的時候我們曾經提到「道生一，一生二，二生三，三生萬物」這句話，可以有宇宙論和本體論的意味，並有一些關於河上公或王弼注的討論。如果我們再次反省當時對於本體論觀點的討論，那很可能會有一種視老子所言的「道」為《道德經》中的一個超越而實有的本體的想法。這樣的想法會不會有問題呢？而且如果我們問這個超越而實有的本體究竟是什麼？那依據「道可道，非常道；名可名，非常名」❷的限制下，我們對於常道的理解不能是一種知識性的，一種經由主客對立的關係的了解，那我們對於「常道」的體悟，必然有待於主體生命智慧的觀照，才能對道的內容有一些契悟。所以王邦雄先生在解釋「故常無欲，以觀其妙；常有欲，以觀其徼」❸時，就有這樣的敘述：

> 「欲」是生命主體的意向，「觀」是生命主體的觀照；「觀其妙」與「觀其徼」的「其」，皆是指涉「道體」。「道體」是超越的「常無」，吾心虛靜觀照，可以照現「道體」常無的「始物」之妙；「道體」又是內在的「常有」，吾心虛靜觀照，也可以同時照現「道體」常有的「終物」之徼。❹

---

❷ 見魏·王弼：《老子道德經注》，《王弼集校釋》，頁 1。
❸ 見魏·王弼：《老子道德經注》，《王弼集校釋》，頁 1。
❹ 見王邦雄著：《老子道德經的現代解讀》（臺北：遠流出版公司，2010 年 2 月），頁 18。

這樣來說「欲」這個字，就要關聯於生命的意願來了解，而「觀」是主體生命的觀照，就是說這兩個字都是關聯於主體的生命，然後才可以說「道」的「妙」跟「徼」是怎麼樣，因此不論是無名之始或有名之母，道的雙重性都有賴於主體的親證方能獲得其實現。那在這個脈絡下，我們就應該要有一種工夫來通過生命的修養去談對道的理解，老子在第十六章就提到了這個意思：

> 致虛極，守靜篤。萬物並作，吾以觀復。夫物芸芸，各復歸
> 其根。歸根曰靜，是謂復命；復命曰常，知常曰明。不知
> 常，妄作凶。知常容，容乃公，公乃王，王乃天，天乃道，
> 道乃久，沒身不殆。⓯

「虛」可以對「有」來說，因此「致虛」便是虛掉本有的定見；「守靜」則有寡欲的涵義，因此道家致虛、守靜的工夫，便可以說是無掉心知執著的一種工夫。通過這種無的工夫，我們便可以觀見萬物復歸其本的樣貌，這也就是引文中所說的「萬物並作，吾以觀復。夫物芸芸，各復歸其根」。接下來的「歸根曰靜，是謂復命」這兩句話中的「歸根」是對萬物來說，「復命」則是對修養主體來說。這兩句話正好表明了我們先前強調的意思，也就是道的價值要通過主體的工夫才可以獲得彰顯。那麼說來主體心靈的「復命」正是萬物「歸根」的可能基礎，能在主體上獲得超脫，便可以觀得萬物各復歸其根，進而了解道的始終，這也就是「常無欲，以觀其

⓯ 見魏‧王弼：《老子道德經注》，《王弼集校釋》，頁 35。

妙；常有欲，以觀其徼」的意思。至於最後的「知常容，容乃公，公乃王，王乃天，天乃道，道乃久，沒身不殆」更是藉由容、公、王、天漸進過程，把主觀修養所證顯的境界如何開出道的自然境界的一層一層的展示。老子也認為只有在主體親證道的時候才有「沒身不殆」可以說。順此說來，我們先前指出的道的先在性、獨立性與遍在性皆需關聯於萬物方可說，這也是因為道的「生」的內容與道的實義，都必須經由主體的證顯才能落實。道的生、道的動感需在這樣的形態中才可以顯示。這很顯然有別於西方哲學中恆存不變的實體或者如上帝般無中生有的性格。

老師：我們回頭看一下「致虛極，守靜篤」這一小段。這一小段講的是體道的工夫，是老子的工夫論。這裏面有很多語詞都是表示一種動作，我想他提的字眼不是隨便提的，它們各有其重要性。我們先把它們圈出來：「萬物並作」這個「作」、「吾以觀復」這個「觀」、「歸根曰靜」這裏說的「歸根」、「是謂復命」這個「復」、「不知常，妄作凶」這個「知」，到最後的「沒身不殆」的「沒」、「殆」，我們就注意這幾個字眼。「萬物並作」這個「作」該怎麼解呢？

同學（呂）：我把這個「作」理解成「生長」、「成長」、「萬物的發展」。

老師：對！進一步我們看這個「長」、「作」可以有不同的層面，比方說母雞生蛋，是一種物理的生；然後天地創生萬物這種儒家的講法是存有論的生；然後像禪宗、佛教的意思——萬物就是因為緣

起才有性空的性格，把它倒過來講——萬物就是性空才有緣起的性格。這裏我們提出三種意味，你覺得在道家、老子的思想脈絡下，這個「作」應該怎麼解呢？「萬物並作」是自作？還是他作？還是共作——合起來作呢？你把你的意思講給大家聽。

同學（呂）：老師我覺得這邊的「作」應該是你剛剛講到的那個「自作」。因為它是在致虛、守靜下面，才去提「萬物並作」，所以這個時候萬物的生成因應該不是有外力的、有干擾的、有控制的，所以這個「作」應該是就萬物自生、自成、自作來說。

老師：那跟道有沒有關係？

同學（呂）：有！有關係。

老師：上次我們提過「道生一、一生二、二升三，三生萬物」。這個「生」跟這個「作」意思有點一樣，那幾句話都是以道做為基礎、出發點來講，那這裏說「萬物並作」，有沒有道的意味在裏面呢？

同學（呂）：我覺得有道的意味在裏面。我為什麼這樣理解，還是因為前面講「致虛極，守靜篤」，因為致虛、守靜就是一個對於道的體證工夫，對於道體證以後，我們再去說萬物的時候，萬物給我的或我對萬物的接受就不是一種平面的認識關係，像我認識眼前的杯子這種認識，這個時候我對萬物的掌握是通過道來掌握它。

老師：那就是要先做對於道的體證，然後才能以這個體證作為基礎來說萬物的「作」、運轉，或者是生長。程明道有一句話「萬物靜

觀皆自得」，那這裏說「萬物並作」跟「萬物靜觀皆自得」在義理上有沒有關聯呢？一句是道家講的，另外一句是儒家講的，意思有沒有差別呢？

同學（呂）：老師我覺得是有差別。雖然兩者都是展現一種自然、自得的意思，可是程明道講「萬物靜觀皆自得」的「自得」，它裏面仍然有天地德化的一種道德化育在裏面；可是老子講「萬物並作」，是讓道提供一個空間，給出萬物自生自成的場所，它不像程明道講「萬物靜觀皆自得」有一種天道流露、透顯的意思。簡單一點的說，明道講的「自然」仍然有一個掌控的意思。我昨天剛好在讀老師的書，書裏面講到絕對有跟絕對無的時候，提到絕對有其實是一種實體的創造，因此它會有一種規定，或者說有一種價值，而它會灌注在我們這些存有物身上，所以縱使程明道說「萬物靜觀皆自得」，可是這裏面還是有一個價值的規定在裏面。

老師：因為程明道是儒家的講法，所以應該有道的涵義在裏面，就是說萬物在道的護持、加持的狀態裏面，都是有一種「自得」的活動型態。這裏說「萬物並作」當然也離不開道，老子這裏說「萬物並作，吾以觀復」，他是有一種非實體主義的意味，道對待萬物，像 Heidegger 所說的「任運由之」（Gelassenheit），自然、自由的意味很明顯。程明道是儒家的立場，所以應該是實體主義，強調絕對有，老子那邊是傾向絕對無。

　　然後「觀」這個字眼，它的意思也可以分成幾個層次：從常識的層次，我們觀察萬物，這個「觀」就是看，像我們觀看茶杯，另外這種觀跟我們的眼睛作為一種感覺器官當然有關係，所以這一種

觀應該像康德講的一種感性的直觀。然後康德再提另外一種觀，就是 intellectual intuition（睿智的直覺），這也是觀，是另一種層次的意味。然後像佛教所講的「一心三觀」。那我這裏起碼提出了三種觀的意味，可能還可以再提，但這裏三個就夠了。那你說這個「觀」當該怎麼了解呢？

同學（呂）：可能比較接近老師你所講的最後那一個，就是佛教說的「止觀」、「一心三觀」，或是般若的觀照。

老師：這裏當然不是佛教說的空義，那你要怎麼把它分辨出來呢？其實它講這個「三觀」也不光是講空，像般若的觀照的那種，而是空、假、中。最表面的意思就是說心的功能可以同時具備這三個矢向，可以觀照事物的空——緣起性空這一邊，又可以了解事物的假的現象性這一邊，然後它又可以觀中——就是中道，它有絕對真理的意味。

你這裏要把這個「觀」跟「無」連結起來，就是當事人在萬物並作的背景下來觀照「復」，那這個「復」是什麼的「復」呢？是萬物還是道呢？你要連著「致虛極，守靜篤」這兩句話來理解，這兩句話是工夫論很重的講法。「復」就是回歸，回歸它們本有的、沒有執著在裏面的狀態，回歸像道的那種狀態。你乾脆把「復」看成為道也可以，所以這裏有兩種意味。

同學（瞿）：我剛剛有在想，這個「萬物並作」是不是用一個比較現象義來看，就是我看到萬物這樣互相運作，那「吾以觀復」就是我從這個互相運作的過程裏面觀照到它們都有一個相同的根源，這

個根源可能是回歸到同一個地方，所以才會說「復命」。所以他的觀是一種觀察，也是一種觀照，就是有兩層的意思。不是只有現象義的觀察，只有現象義的觀察就不可能觀察到「復」這一種境界了。

老師：你這樣解真的是很有道理，比較深思熟慮。我們可以把「萬物並作」這個「作」，跟「吾以觀復」這個「觀復」分成兩個層次，「萬物並作」就是看它在現象方面的活動、動感，然後繼續往深的地方去看，看這些現象怎麼樣顯現、表現，怎麼樣回歸到它的根源，這就是道。這樣比較合理。但這已是作了現象學的轉向（phenomenological turn）了。

同學（畢）：不過老師我剛剛在想，如果他這個「吾以觀復」跟朱子講格物致知，就是他要先格物，從物裏面找真的知識，這個工夫是不是有點一樣呢？

老師：朱子這樣講格物是把物當成一種現象、一種對象來了解。朱子那種思考的型態跟老子、跟道家都明顯有一段距離。朱子講格物致知是以認識心作為主體，來了解，或者是觀照對象。格物，物就是對象，一個對象一個對象看，就能發展我們的知識，我看很難跟老子的說法連結。兩者都有現象的意味，一者是格物，一者是作，可是進一步就不一樣，朱子說的致知，還是停留在認識論的層次，沒有道德的、形而上學的、存有論的意味，我想老子這裏有工夫論跟存有論的意味。

然後下面他說「歸根曰靜」，所謂歸根，有兩種，一種是外在

的歸根，一種是內在的歸根。外在的那種歸根是一種經驗性格的活動；或是從生物學的角度來看，植物在秋天葉會脫落，落到地上去，有一種落葉歸根的現象，地就是根，這是外在的。內在的就是從道的虛靜性格來講，也是一種工夫論的語詞。那你覺得應該是哪一種講法呢？然後他又說「復命」，那應該是內在的歸根，對不對？

再下來，「知常曰明」，這個「知」應該怎麼了解？知識是一種知，良知也是一種知，孔子說五十而知天命，這也是一種知。那這裏說是「知常」，如果我們要把它弄清楚，就要看它知的對象，就是「常」，從「知常」的「常」來想，那個「常」是什麼意思呢？「知常」又是什麼意思呢？

同學（瞿）：他前面講「復命曰常」⋯⋯

老師：對啊！因為「復命」前面又有「歸根曰靜，是謂復命」，它一直是連下來的，你要了解「常」就要涉及「復命」，要了解「復命」就要從「歸根」這個意思來看，它是一氣貫下來的，有關係的。銘崴你怎麼了解呢？

同學（呂）：因為「常」是順著「復命」跟「歸根」來說，「復命」跟「歸根」就是老師剛剛說的那個意思，它的重點是擺在內在的意義，就是以萬物合乎道來說「歸根」跟「復命」，這樣說來「常」應該也是就道說，就是「道可道，非常道」裏面「常道」的「常」。那「知常」就變成是對於道能有體悟，所以那個知是就道的體悟來說的。

老師：那「明」有沒有覺悟的意思呢？

同學（呂）：有！

老師：如果把這個「常」關連到道的方面，那這個明，大概就是明覺，就是對於道的一種體證，這就是明覺，一種本質的了解、透徹的了解。

　　然後為什麼說「容乃公」？「容」是「容納」，一切都把它容納進來，沒有公私之分，公是對私來講，私就是個人的關係，「容乃公」就是你的包容沒有公私之分，所以我們有一句話說「有容乃大」。公就是大，大公無私。那最後的「歿身不殆」怎麼解呢？

同學（呂）：「歿身」就是終其一生，「殆」就是死亡、危險。「歿身不殆」就是終其一生都不會遭遇危難。就像這邊有冷氣的冷風吹過來，會頭痛的人就要懂得順勢離開位子，不要拿身體去碰撞那些危險的事物。

老師：「歿身不殆」應該是就實踐這個道的人來講，就是說他能夠體證這個道，表示他跟道已經合為一體，起碼在精神上已經跟道合為一體，天人合一。天人合一不是講我們的壽命，而是講我們的精神、境界，所以，人的壽命有限，精神可以無限，精神不死。一個人如果可以體道的話，它的精神就可以從有限超脫到無限，這就是「歿身不殆」。

　　好，繼續。

同學（呂）：先前我們在談論「正言若反」的概念時，我們曾經指

出，老子這樣的表達方式是經由一種辯證的方法來達到超越的真理。那這裏我們先引牟先生在《中國哲學十九講》裏談到的一個意思，他在《十九講》中評論到道家哲學並不同於儒家哲學的型態，儒家是對於實有層有著清楚的規定與描述，道家則是將實有層與作用層合在一起，並就作用層的透顯以為實有層的根本。❶通過「作用地保存」這個概念，我們重新回到《道德經》的文字中便可以有新的啟示：

> 天地不仁，以萬物為芻狗；聖人不仁，以百姓為芻狗。天地
> 之間，其猶橐籥乎？❶

如果我們有「作用地保存」的概念，那看到「天地不仁，以萬物為芻狗」就可以知道這並非是就實有層來給予否定，所以說「以萬物為芻狗」，便不能被視為是在輕賤萬物。同樣「聖人不仁」，也是就作用層來說，這好比老子說：「上德不德，是以有德；下德不失德，是以無德。」❶因為上德者能自虛己見，不會自以為有德，所以說他「不德」；而下德者正因為固守己見，時時刻刻緊緊抓著德，卻讓生命受困在兢兢業業的張力中。所以說聖人不仁，並非是聖人捨棄了仁愛百姓之心，而是他不自以為自己仁愛百姓，因此反而能讓百姓都能各自順性地去發展。所以接著老子以風箱作為例

---

❶ 見牟宗三著：《中國哲學十九講》，頁 136。
❶ 見魏·王弼：《老子道德經注》，《王弼集校釋》，頁 13。
❶ 見魏·王弼：《老子道德經注》，《王弼集校釋》，頁 93。

子，風箱正因為它的空虛，所以才能夠生成製造。這裏我們就可以進入不生之生的概念。

老子在第四十一章「道隱無名。夫唯道，善貸且成」❶也表達了類似的意思，王弼注解這一章說：「凡此諸善，皆是道之所成也。在象則為大象，而大象無形。在音則為大音，而大音希聲。物以之成而不見其成形，故隱而無名也。貸之非唯供其乏而已，一貸之則足以永終其德，故曰善貸也。成之不如機匠之裁，無物而不濟其形，故曰善成。」❷道雖然無從把捉，但同時又是貸成萬物的資始。道之「貸」，王弼以為是「貸之則足以永終其德」，這是說道之貸不是一時如此，而是始終不離萬物的。就物之資成而言道應當是有功於萬物的，可是我們也可以就「物各自濟」的立場來看，那萬物只是就它原初的一個姿態來發展，這樣說來道就同時好像也無功於萬物，但這個無功當然是有功而無功了。另外道之「成」，則是「不如機匠之裁，無物而不濟其形」，也就是說道成全萬物並不像工匠製造器物，要去對事物加以剪裁變造，破壞事事物物本來的樣貌。那麼道之所以能成就萬物同時又無所遺漏，無物不濟其形，也正因為是物各自濟，所以可以沒有強迫相、緊張感。這麼說來，道之善貸、善成是與物同在，同物所生的一種表現。因此道乃是以不生之生的方式來生成萬物，它的表現並不同於儒家的生生不已的天道，道家的生是讓開一步，由物各自生來做為道的動感的呈顯。

---

❶　見魏·王弼：《老子道德經注》，《王弼集校釋》，頁 113。
❷　見魏·王弼：《老子道德經注》，《王弼集校釋》，頁 113。

老師：這裏我想到兩點，你講順成萬物，由順成萬物的那種型態說自然發展，不會強迫萬物向哪一個方向發展。我想起王弼說道是「不塞其源，不禁其性」，牟宗三先生就罵共產黨是剛好相反，把那個源、那個性都堵住。

然後你這裏提到「大象無形」，這句話也很有意思。上一次我也提過臨濟說：「真佛無形，真法無相，真人無位。」這個形、相、位都是世俗的東西，那些人已經體證到道的絕對真理，所以是無形、無相、無位。他們把世間很多人都想得到的東西捨棄，超越這些世俗的東西。所以這裏說「大象無形」當然是從道來講，也可以說能夠體證道的真人、神人、至人就是無相、無形、無階位。後來佛經（見《大般涅槃經》、《優婆塞戒經》、《法華經玄義》，三獸渡河）講到眾生的覺悟有幾個層次，它舉了馬、象、白兔三種動物過河，白兔過河就在表面漂來漂去；馬過河能穿進河水裏面，可是牠的腳還是不能踏地，因為牠比較輕；象過河就踏地，踏的很穩，能碰到泥土、河床。這就表示三種不同覺悟的情況，像兔這種東西只能從表面了解真理，馬就好一點，牠整隻動物都給河水蓋住，可是卻沒有到底，腳還是踏空，只有大象踏著河床、河的底部，所以大象的覺悟境界是最高的，馬跟兔都不夠。

同學（呂）：老師那我繼續講……。剛講到道家的生，是讓開一步的生，是不生之生，是由物各自生來講，而它的動感是以這樣的方式來呈現。所以下面就引了《老子》第七章的文字來說這個不生之生跟道家的動感的表現：

天長地久。天地所以能長且久者，以其不自生，故能長生。
是以聖人後其身而身先，外其身而身存。非以其無私邪，故
能成其私。㉑

天地所以能長久，是以其不自生，所以能長久；這可讓我們聯想到
剛剛說的「歿身不殆」的意思，而聖人說後其身而身先，也是以其
無私，而能成其功業。道家這樣一種讓開一步的表現型態跟儒家講
天道的健動不息差別很大，但雖然不同，道家的動力仍然可以講一
種恆常久遠、「獨立而不改，周行而不殆」的表現。這正是由於道
之生是以物之生為道生的目的，㉒所以道能無私地與物同遊息，不
畫地自限，不與物爭，那就存有物本身的無盡量而言，道之動感亦
能夠以其遍在萬物的性格而表現為恆常不歇的動力。這就是「生而
不有，為而不恃，長而不宰，是謂玄德」㉓的一種無為表現。
　　最後，我們也留意到老子亦有以「反」為道之動的說法：

反者道之動，弱者道之用。天下萬物生於有，有生於無。㉔

㉑　見魏・王弼：《老子道德經注》，《王弼集校釋》，頁19。
㉒　牟宗三先生曾就亞理士多德的四因說類比於道家，他表示：「所以說
　　『無名天地之始，有名萬物之母。』你讀王弼的注，就根據這句話講
　　『目的因』。既然『無』是『動力因』，使一切東西有存在，使一切
　　東西完成其為自己，完成其為自己就是他的目的。」見牟宗三著：
　　《四因說演講錄》，《牟宗三先生全集》，頁85。
㉓　見魏・王弼：《老子道德經注》，《王弼集校釋》，頁6。
㉔　見魏・王弼：《老子道德經注》，《王弼集校釋》，頁109。

這很短一章，裏面卻涉及一個比較大的問題，就是歷來的注解家對引文中的這個「反」有許多解釋，這樣的歧異是因為老子本身在引文中並沒有給予我們關於「反」的什麼線索。所以我這裏是用其他章來為它解釋，因為老子在其他章曾經有用過大、逝、遠、反，來指涉道的作法，那「大、逝、遠、反」中的「反」可能帶有由極而復返的意思，換言之，如果以「反」為道運動的規律，那當該說道的運動不是一種定向的、直線性的。它會隨著形形色色的萬物，而任其自然地發展，不會侷限在某一端、某個方向上，所以才說道法自然。另外弱與強是相對的概念，以弱為道用，也凸顯了道之用是不宰制、不強迫，是和光同塵的。最後兩句則再次申明一切萬物皆為道所生，而引文的句中不說「生於道」，而說「生於無」，也正彰顯了道的動感是就不生之生來說的意思。

老師：「後其身而身先；外其身而身存。非以其無私邪，故能成其私。」我覺得這幾句正可以顯出道家很高的一種生活的智慧，這跟一般人的想法都不一樣。他在這裏講這個「天地」也不一樣，他是從道來講，「天地所以能長且久者，以其不自生，故能長生。」這句話我們當該怎麼去解讀呢？不自生，故能長生，我們能不能舉一些具體的例子？有些人對自己的身體很在乎，到外面吹一下風就覺得很驚恐的樣子，要趕快回家拿一件大衣，打個噴嚏就要看醫生，這也顧忌那也顧忌，完全不能適應氣候的變化，這讓我們想到所謂的健康之道，如何讓自己保持在健康的狀態。一般父母對兒女的愛真是無微不至，特別是大陸一對父母只能生一個孩子，所以對這個孩子非常溺愛，溺愛到根本是過了頭，結果讓孩子變的非常自私，

因為那孩子一出生就是家庭的重心，什麼人都要讓他一步，好吃的東西都要給他吃，一朝沒有魚、沒有肉就要鬧脾氣，這種人長大就很麻煩，自己完全沒有獨立生活的能力。父母愛子女是天經地義，可是你要愛他，也要愛的有方法，要合理才行，不能縱容、溺愛，除了睡覺，一天到晚都讓他對著電腦玩遊戲、Facebook 什麼的，十八個鐘頭就這樣花掉了，結果讀書也都讀不好，事情也做不好，是吧？

　　他這裏說「後其身而身先，外其身而身存。非以其無私邪，故能成其私。」像這種文字，在道家的文獻裏面常常出現，他這裏是顯示一種生活的智慧。我們可以隨便舉一些例子，就是以退為進的一種生活方式，譬如你是運動員，參加馬拉松，那最先搶著跑在前面的往往都拿不到獎牌，而後來那些人，他們比較有策略，因為他們知道怎樣保持身體上的能量，最後衝刺的時候就能發揮出來。所以這邊的先其身就是一開始跑就跑第一的那個，結果跑了五千米他的能量就已經用盡了，後來那些後其身的人就比較穩重，不會剛開始就出全力去跑，然後到了最後衝刺的時候，他才發力，結果就跑第一。這就是不要一下子就把自己的潛能用盡，這是「後其身而身先」，這些講法在我們的生活裏面是非常有用的。

　　「天長地久。天地所以能長且久者，以其不自生，故能長生。」道理也是一樣。

同學（畢）：老師請問一下，那他這一段是要告訴我們一個善巧的、講謀略的生活方式嗎？

老師：我想不一定要把它牽扯到謀略那邊去，謀略是法家所強調，

所謂謀略一定會涉及對他人的損害，對自己的好處。運用謀略的基礎是一種私心，老莊我想還沒有這種意思、這種心思。

第三節　純粹力動現象學的提出及其對動感的理解

同學（呂）：因為第一部分上次已經有一些討論，那老師我接著講「純粹力動及其動感表現」這個部分。

老師：好。

同學（呂）：在這個部分主要以討論純粹力動，還有純粹力動的動感，以及它的動感如何呈現為主。我們先從問題的提出來切入。老師是以純粹力動作為純粹力動現象學裏面的終極真理，而提這個問題，從《純粹力動現象學》及《純粹力動現象學續篇》這兩本書來看，可以有兩個切入點來思考，第一個是關於實體主義跟非實體主義的哲學問題，第二個是對熊十力先生體用不二義理型態的反省。下面先就對實體主義與非實體主義這兩個型態的批判來展開。

　　實體主義其重點在確認一個超越的實存者，舉例來說，像西方基督教哲學中的上帝，或中國儒家哲學中的天道、誠體。他們大多主張有一個終極、先驗、第一因的本體，而這個本體可以作為宇宙一切事物的存在基礎。非實體主義則正好相反，東方的佛教思想可以做為這種型態的代表，在存有論上否定實體、自性，認為一切都是空的，它所講的法性，基本上是就著「空」義來講。例如《金剛經》說：「一切有為法，如夢幻泡影，如露亦如電，應作如是

觀。」❷這顯然是強調諸事物只是隨著因緣的聚散而生滅，猶如夢幻泡影，同時又如露如電，並沒有常住不變的自性。對於這兩種形而上學的發展型態，老師則進一步就終極真理的觀念為二者進行界說：

絕對有是具有體性義的終極原理；即是說，絕對有是一終極的實體，它自身便是最根本的、層次最高的存在，或更恰當地說是終極的存在。它不能被還原、化約為比它更根本的、更高層次的東西。便是由於絕對有是有體性義的，具有實質性的東西，這實質性（substantiality）讓它能夠創生存在，而且引導存在在時間與空間中活動、運轉。❷

絕對無則是京都學派提出來的，用以概括東方的哲學與宗教的精神性格（spirituality），尤其佛教的空與禪宗的無。所謂無，是指沒有實體性、材質性的東西。它有狀態（Zustand）的意味，傾向於靜態，但不是完全靜止，而是有動感可言。❷

實體主義與非實體主義各自標舉了絕對有（absolutes Sein）、絕對無（absolutes Nichts）來作為他們系統中的終極原理，它們走的分別是形

---

❷　見鳩摩羅什譯：《金剛般若波羅蜜經》，《大正藏》8・752 中。
❷　見吳汝鈞著：《純粹力動現象學續篇》（臺北：臺灣商務印書館，2008 年 8 月），頁 294。
❷　見吳汝鈞：《純粹力動現象學續篇》，頁 294。

上學中肯定實體與否定實體的兩種途徑。老師認為：「絕對有能展示宇宙的終極原理的飽滿充實的健動性（只有柏拉圖 Plato 的理型是例外，它是靜止不動的，只作為現實事物的模型而存在於抽象的理型世界中），絕對無則能展示宇宙的終極原理的虛靈明覺和無滯礙性。」㉓很顯然的，這兩種哲學型態依照各自對於宇宙全體的理解方式，各自掌握了對於真理理解的一個面向。絕對有走的是積極肯定的路線，偏向由客觀面來掌握真理，他們比較重視宇宙本體的陽剛性、健動性，例如儒家所說的天道生生、天命靡常；而絕對無則側重對於事物的空靈性的領會，強調給與個體生命的空間，否定其常住不變的自性，有明顯反實體的意味。

接著，老師也反省到，既然絕對有與絕對無這兩種哲學型態分別有其偏重，那麼就兩者對終極真理各取一面的描述來看，他們便不能不有各自的流弊產生：

> 作為實體主義的核心觀念的絕對有，具有充實飽滿的內容，發出剛健堅毅的動感、力量，以創生宇宙萬物，同時以自身的內含、本質貫注到宇宙萬物中⋯⋯。不過，倘若絕對有的發展有阻滯，滯於自身的存在性（being）、質體性（entitativeness），便可能流於遲緩不動，而凝滯僵化，不能變化、變通，便淪為常住論了。絕對無作為一個超越的場域，能包容宇宙萬物，讓萬物遊息於其中，表現盎然的生氣⋯⋯。但實體是實

㉓　見吳汝鈞著：《純粹力動現象學》（臺北：臺灣商務印書館，2005年5月），頁37。

的，場域則是虛的，這種虛的狀態倘若無限地膨脹開去，而成虛空化，置身於其間的事物，亦會淪於軟弱無力。這種虛空化若持續下去，整個場域便會變得虛空一片，落於虛無主義，一切成為無有。❷❾

老師：這裏我們先做一些說明。其實在哲學裏面，不管是東方也好，西方也好，古代也好，近代也好，幾乎所有的那些學說，主要都是涉及真理的問題。譬如人性論這種哲學的觀點，不管你是孟子的講法，或是荀子的講法，它都是一種真理的問題，也就是問人性的真實性究竟是怎麼樣，它的本質、它的內容是怎麼樣，這就是真理的問題。西方有一種講法，說哲學是起源於驚異 Philosophy begins in wonder，哲學的起源就是我們內心對於世界所感到的驚異，就是一下子不能了解，我們就要循著一些合理的途徑去回應我們提的問題，說明世界種種事物的真相是怎麼樣，這是關於真理的、人的生命存在、世界種種的事物，以至人的信仰、信仰的對象這些東西到底是什麼樣一回事。從對真理的探求，然後有種種不同的學說，有經驗主義、理性主義、批判主義、唯物主義、觀念論……，其實都是表達他們對真理的了解、詮釋。不過，哲學是不是起於驚異，這點仍然可以讓大家討論。「哲學起源於驚異」是西方人提出來的，東方人有沒有提一些其他的了解呢？有的，像京都學派的創始人──西田幾多郎，他就認為哲學起源於「悲哀」，這個悲哀也不是完全消極，也不是一種主觀上的情感。他所謂悲哀那

---

❷❾　見吳汝鈞：《純粹力動現象學》，頁 660。

種情緒，仍然有一種客觀性在裏面，是對人自己的生命存在，跟萬萬的那種情況，他們是有所謂同情共感的感覺，像佛教講慈悲，悲哀就跟慈悲相近。反而你說哲學起源於驚異，這個驚異好像沒有那麼積極，驚異而已啊！可是悲哀、慈悲就不一樣，它會讓你發起一種行動，來讓你對自己生命的存在、世界上種種事物產生一種推動的力量，就是如何能讓它存在的更好，所以這個悲哀跟一般父母死掉而生的那種悲哀不一樣。

當我們說真理的時候，我們是說有終極性的真理，而不是科學那種。就是說，真理所涉及的東西，它本身就是最終極的，不能被還原為比它更終極的一些東西，所以這就涉及終極關懷的問題，哲學所處理的問題，基本上都是有關終極關懷的事情。這個終極關懷最先提出來認真處理的就是德國神學家 Paul Tillich（田立克），他是有自己一套講法，不過我這裏不打算把它詳細講出來，我這裏是要講，談到所謂關懷有兩種：一種是沒有終極性的關懷，一種是有終極性的關懷。沒有終極性的關懷，我們在日常生活裏面常常會碰到，譬如說晚上父母親有事情不能煮飯，那你自己就要想辦法解決你肚子的問題，你就會想：「今天晚上我要到哪裏去吃呢？」這是你對你自己晚上到什麼地方去吃的關心，你想到中研院中餐廳去吃一餐不錯，或者到中研院的對面的街上去買一個便當回來吃。這些你所關心的問題都是非終極性的。終極性方面的關懷就沒有那麼好懂，不過也可以講，譬如說一個人喝酒喝醉了，沒有理性，走路橫衝直撞，路上碰到一個衰弱的老太婆，一碰她，她就跌倒，結果腦部著地死掉了，這就不單涉及法律的問題，也涉及道德、良心的問題。然後他清醒了，他知道有這麼一件事情，就想這個問題，想應

該怎麼做，就出現道德、法律的問題。這件事情當然跟我們談到哪裏吃晚餐的層次不一樣，它涉及道德原則的根本。譬如說他可以乾脆不理這件事情，反正那個人已經死掉了，旁邊也沒有人看到。可是你在道德上、良心上過不去，道德良心會對你有一種責罰，讓你吃不下、睡不著，覺得不安，也沒辦法生存下去，只能去警察局自首，或者跑到別的環境，讓自己不安的心情消失，但這根本沒辦法，因為這是違背良心的事情。所以你在考量應該怎麼做，那種考量就有終極性的意涵。這是有關道德的真理、良心的真理的問題，當然都有終極的意味；而藝術上的美、宗教上的神聖，這些心靈的狀態也都有終極意味。

　　所以當我們思考這些問題，我們就進入對於真理尋求的途徑裏面。剛剛我們講的那個人，他內心的壓力，就是在行為上有欠缺，所以釀出一樁人命大禍，那我們如果把這種事情放在存在的世界，它的性格是怎麼樣，它的來源是怎麼樣，它往後會怎麼發展，這就是哲學上的形而上學、存有論、認識論的一些問題。就是說我們對於宇宙人生的真實狀態應該怎麼了解，怎麼說明，怎樣解決，才能有合理的、可以接受的結果。這裏我們就把那個問題開展為這個世界的真相到底是怎麼樣，它的基礎到底是物質性，還是心靈性，或者說它的存在是由一個至高無上的大能——上帝、阿彌陀佛——所創生出來，或者是由一種形而上學的原理創生出來，對於這原理，不同的學派有不同的講法，儒家、道家、佛教、基督教、柏拉圖、希臘哲學各有不同的講法，這是有關真理的說明的問題。

　　這樣有不同的講法並不表示我們的世界有不同的真理，真理如果從終極或者絕對的角度來講，則只能說一種真理，而這個一也不

是數目，而是最根本、最終極、有絕對性的講法。那我們就有一個問題，就是我們要採取什麼方式，才能把這個人生跟宇宙的真相表達得最善巧、最周延，每一方面都能照顧到。就是說真理的講法可以有很多。所以佛教也講一實諦、二諦、三諦、四諦、五種三諦、六妙門、七重二諦、八正道、九句因、十玄門、十如是……接下去也都有，就是以不同的數目來講真理，譬如說四諦有苦、集、滅、道──苦的真理、集的真理、滅的真理、道的真理，這是四諦的真理。不是說真理有四種，而是從實踐的工夫方面來說，就是苦、集、滅、道這四個途徑合起來才能夠證成所謂終極真理。我們現在要處理的問題就是人生跟宇宙的真相，我們怎麼樣來建構一種學說，這種學說可以對人生跟宇宙種種的現象有一種有深度的、周遍的、真確的、真實的，對這個真理能夠提出一種講法，這種講法能夠包含我們上面所說的種種性格。真理是一，表達方面是多，我們要在這裏面尋找一種涵蓋性廣、周延、有深度、跟我們日常生活有密切關係，能夠普遍解釋這個世界所發生的種種現象的終極原理。

那我們就可以直接講實體主義跟非實體主義的問題了。就剛才你講的，實體主義是怎麼樣，它會引申一些不好的講法，常住論啊！另外非實體主義也一樣，它也會引起一些比較極端的講法──就是虛無主義。所以這兩種對真理的講法都有所偏、不周延。實體主義就是對虛空那些事情比較難處理，它也很容易引到常住論這種說法；非實體主義對我們的宇宙人生，不能夠以正面的方式來面對、說明，它也會導致某些極端的講法。這兩種真理的講法都有所偏。我們希望能夠找到一種講法，把這兩種講法的好處概括起來，又不會引致那些不好的發展──像常住論、虛無論。但是它們一個

是強調有實體，一個是強調沒有實體，那你怎麼把它們連貫起來呢？你不能把兩種剛好相反的真理講法連起來，這是做不到的，邏輯上是做不到。那有沒有別的方法呢？能不能建立一種真理的講法是超越這兩種方式的，可以包含兩種講法的優點，又避免兩種講法可能發展到的不好的方面去呢？那我們這裏就提出純粹力動，作為一方面概括實體主義跟非實體主義的正面的意義，同時又能避免兩者所發生的不好的邊見的講法。

　　如果以這純粹力動作為真理的標準來看現有的種種哲學的學說——基督教、柏拉圖哲學、康德哲學、經驗主義、理性主義、印度教、佛教、道家、儒家，我們覺得他們都有某種程度的限制，我們不能無條件接受，我們承認他們有好處，有他們的優點，也有缺點，所以不能完全無條件接受，但也不能完全排斥。這是我提出純粹力動現象學的背景、考量。我們要先抓到這一點，才能看那本書，有了一些概念，看時就沒有那麼多困難。我們講真理，它的面目應該是多元的，可是多元也不表示亂成一團，很多因素胡亂的混在一起。基本上，我們可以把它分成兩方面的問題，一方面是外在的，一方面是內在的。而在我們的生活中會發生很多事情，有些是外在的，有些是內在的，有些是經驗的、有些是超經驗的，可以從這個角度來看。

旁聽生：老師！我們學校有一位老師問我說終極關懷是不是臨終關懷，我跟他說不是。

老師：（笑）怎麼會想到臨終那方面去啊？終極關懷是超越生死的。

旁聽生：因為他是一位出家的法師。

老師：終極關懷是超越生死的，沒有生死那些問題。臨終是無從說起的。

旁聽生：那就像老子他用五千言建立一套他的系統，老師是用純粹力動現象學建立您個人一套宇宙創生論的系統。

老師：對啊。現在很多人對老子有不同的看法，很難說誰錯誰對，很多人在研究老子，而現在老子的翻譯本在哲學上是最多本中的一種。對老子的人生態度，對他思想的看法，他的理論立場，就有很多種不同的講法，人們研究他的興趣也越來越高。很喜歡這種思想。不過要以五千個字把天地萬物包括人的生命存在的內容說清楚，把它的真理都顯出來，你用五千個字怎麼能概括那麼多的東西呢？所以很多人都以他自己的了解作為根據來解讀老子，結果老子這只是一本書——五千言的小書，對他的解讀卻多的很，而且越來越多，有些非常厚，像劉笑敢那本書《老子古今》就厚的很，還拿五個本子來參考哩。

同學（顏）：老師那如果之後有人研究你的哲學，他把純粹力動視為是本體論的一種，那老師會接受嗎？還是老師希望叫做力動論就好？

老師：比較是泛說的一種存有論，所謂泛說就是說我們不會把問題所涉及的東西說的太緊，因為講到絕對真理，我們也可以從實體主義、非實體主義來講，也可以從觀念論跟唯物論來講，或是有先人

強調的力這個角度來講。這些不同的講法都有它不同的價值，也有缺點。人是不停在思考，人對整個宇宙的真相，包括文化在內都不停的在思考。而且這些思考是沒有答案、沒有對錯的問題，只有科學才有對錯的問題，像二加三等於五，就是對；三加五等於九就不對，這是數學上的真理。我們講的不是這一方面，而是我們面向的總持或總體，包含整個宇宙、人生在裏面，它的真相是怎麼樣。對於這些問題你不但要向外觀察，還要向內反省，可這也不是龐雜的問題，就是外面是一個世界，我們的心靈也是一個世界，這兩個世界不是完全一樣，也不是水火不相容，它內外還是有它一貫的線索在裏面，不然你就很難講出一個整體來。我們是以一種活動的眼光來看整個宇宙，像懷海德講的機體主義（organism），整個宇宙是一個大機體，然後我們每一個人的生命存在也是一個機體、小的機體。外面的世界跟我們內在的世界也是從機體這個觀點來講，若你不從機體這個觀點來講，兩邊就分得很開，沒有連貫，這跟事實不相符。內心世界這一機體與外在世界這一機體合起來，成為一個總的機體，有生命在裏頭，而且內外是一致的，有一種諧和的關係，共鳴的關係。這諧和不是靜態的，而是動態的、動感性的。看畫（應該是讀畫）也是一樣，看傅抱石那些畫我就覺得心裏有感應，像傅抱石畫山水，畫那些風風雨雨的畫，我就覺得動感性很強，就是他讓你心理面好像脈搏跟他一起跳動，好像藝術的形象流到心理面，然後我心裏的感情也流到藝術品上，這就是共鳴、移情。

同學（呂）：上個禮拜我們提到對於純粹力動的了解可以從對絕對有跟絕對無的批判，以及對熊十力先生的體用論的反省來切入。那

上個禮拜是對第一點的討論，老師在通過對實體主義與非實體主義
的反省時，也提到以絕對有或絕對無來說明終極真理，在走極端的
時候都難免會有一些問題，例如絕對有會變成常住論，絕對無會變
成虛無主義。而且還有另外一個問題是，當我們在講絕對有與絕對
無的時候，如果不能把握住二者的絕對義，那麼對於理解作為終極
真理的絕對有跟絕對無就容易淪落成一種二元對立的相對主義的情
況，如此一來，真理的絕對性格便無法保持住。因此老師指出：

> 終極原理應該是圓融的、周延的。以單純的肯定或單純的否
> 定的方式來解讀終極原理，不是傾向於實便是傾向於虛，不
> 能虛實兼備。……我們必須在這兩者之外，另外建立終極原
> 理，它一方面可以綜合絕對有與絕對無的殊勝涵義，另方面
> 亦可以超越、克服絕對有與絕對無所可能下墮而喪失其絕對
> 意義，而淪於相對主義、二元對立（duality）的危機。這個終
> 極原理便是純粹力動。㉚

在對終極原理不得偏廢，並且重視周遍圓融的要求下，純粹力動便
能綜合絕對有與絕對無的殊勝點，並克服兩者的缺點下展現出的其
他缺失。從對絕對有的超越與克服上來說：

> 它是一種超越的活動（transzendentale Aktivität），健動不居，統
> 體只是動感；而亦惟其是動感，因而能虛靈無礙地運作，不

㉚　見吳汝鈞：《純粹力動現象學》，頁 37。

會凝滯、遲滯。❸

而相對於絕對無而言：

> 它自身便是超越的活動，它能克服非實體主義的空性或絕對
> 無的弱點，而具有足夠的力用與動感，詐現經驗的存在世
> 界，生天生地，生萬法。❸

老師：你提出圓融、周延兩個語詞，我想這裏提一下到底我們說圓融一般的意思是怎麼樣，在我的純粹力動現象學裏面到底是什麼意思。所謂圓融，在我們一般的瞭解裏面，有一種密切、不相互分離的關係的意涵，比如說柏拉圖，在講終極真理的時候，他是講那個理型，然後他講現象世界的種種事物都是理型的一個仿製品。可是那個理型是存在於理型世界，而我們生活在裏面的經驗世界、現象世界跟理型是分割開的。如果經驗世界、現象世界有某些東西消失了、不見了，譬如說百萬年前的恐龍，根據考古學的研究，牠在地球上是有存在，這樣的話在理型世界裏面也應該有恐龍的理型。幾百萬、幾千萬年以前，那些恐龍就是理型世界裏面的恐龍的仿製品，現在不見了，可是在這個理型世界裏面恐龍的理型卻還是存在著。從這一點來看，如果我們把生活世界、一個在時空影響下的實在的世界，跟柏拉圖的理型世界比較，是有一種分離，不是不離。

---

❸　見吳汝鈞：《純粹力動現象學》，頁661。

❸　見吳汝鈞：《純粹力動現象學》，頁57。

也就是說，即便現實世界裏面的恐龍都不見了，在理型世界裏面恐龍的理型也還是在那裏，所以兩者沒有一種存有論的相應關係。這種情況就不是圓融，它是分解的關係，在存有論方面分開。

我們這裏講的圓融的意思是現象世界跟終極世界兩方面是結合在一起的。現象是跟真理成為一體的那種現象，沒有在終極真理以外，離開了終極真理而存在的那種現象；也沒有存在於真理中的物項而在現實世界沒有相應的東西。柏拉圖的理型世界的恐龍沒有在現象世的恐龍和它相應，這樣的情況是不可能的。我們在這裏講圓融，就有這種意思。在存有論上，真理世界與現實世界有很密切的關聯，不能分開。然後我們再提高一層，把這個圓融的意味用到熊十力先生的體用論裏面。我們也可以這樣說，這個世界，現象跟本體不能分開，體用不二，就是說作為現象的那種用，跟本體的那個體是有一種不離的關係，這是熊先生的了解。然後他又說這兩種東西是不能分離的，也不表示兩者是同樣的東西，兩者雖然不二，但還是有分別，各有其分，這是從內涵、本質來講。所謂不二就是他們存在的關係不二，就是說現象是跟本體關聯在一起的現象。從另一面看，本體也是與現象密切結合起來的本體，宇宙間沒有超離現象世界的本體，這就是他說體用不二的意思。它們雖然不離、不能分開，可是在《新唯識論》裏面就說體用還是有分，我書裏面也提了幾次，就是說體跟用有它們自己的涵義、內容。這種體用不二的觀點有一種圓融的關係，這種體用不二的圓融關係，在存有論的層次上，是超越柏拉圖所講的現象與理型的分離的關係。在這兩方面做一個比較，圓融的意思就突顯出來。

可是像這種圓融的程度是不是最後的，我們還是要探究。體用

不二這種把現象跟本體結合在一起，當然有圓融的關係，可是我們說圓融這種觀念是有層次的，熊十力講的那種體用不二的圓融關係，它還有一個條件：兩者不可分開，可是他們有分，體用各自的內涵、本質都不一樣——這樣來說「分」。你們可能有聽過印度佛學跟中國佛學雖然都是佛學，可是在一些關鍵的問題上，還是各自有偏重，印度佛學方面所講的——所謂「空」，一般來講就是無自性的終極狀態，它基本上是絕對的性格，所謂絕對就是說它是超越於一切相對的現象的那種存在，也超越時間與空間的形式概念，它就是超離現象世界的絕對性格。中國佛學就比它進一步，它保留了真理的超越性，可是另方面也強調真理的內在性。所謂內在性就是說，在存有論上，真理是存在於種種現象裏面。中國佛學的重點是在圓融方面，印度佛學的重點則是在絕對方面。當然我們這樣瞭解並不表示印度佛學只是超越的性格或絕對的性格，或說終極真理跟現象的關係可以切斷，不是這樣。還是連起來。不過，印度佛教所強調的是真理的超越性、絕對性，中國佛學的重點則在強調真理與現象以圓融的方式存在，兩者不是交惡、隔離、相互外在。中國佛學跟印度佛學就有這方面的不同。這種講法從表面上來說是可以講的通，可是我們進一步看，會發現中國佛學所表現的那種圓融，就像熊十力先生所說的那種體用不二的圓融意味。你如果拿中國佛學的那種講法，我們就可以說「一色一香無非中道」。色跟香表示現象世界，中道表示真理，這是天台宗講的，它的意思是說這世界上無論甚麼事物都不能遠離中道，它不是說在意義上跟中道一樣，而是在存有論上來講，它不能離開終極真理、做為終極真理的中道。

　　那我們還是可以再問這種體用不二、「一色一香無非中道」雖

然有圓融的意味，可是它是否非常成熟呢？就是說兩者之間找不到分隔，既然找不到分隔我們就說它是圓融，圓融的東西就不能分開，對不對呢？你想一想，我們說圓融就是說兩種東西緊密的連起來，或是在存有論方面有一種互相包含的意味，這是熊十力的體用不二的意思。除了這種現象跟本體、相對跟絕對，是不是到了最深最密的圓融關係，是不是近於熊先生所講的那種體用不二呢？現象跟本體兩個不同範疇的東西會合起來，是不是層次最高的圓融的關係，是不是還有發展到更成熟的空間呢？有沒有呢？你先弄清楚柏拉圖的那種關係，再弄清楚熊先生的那種體用不二的關係，然後問是不是到此就不能再進、再上就沒有，是不是這樣呢？我們說圓融這種關係可以不斷的發展，從最初柏拉圖的形而上學的不圓融，到了佛教——特別是中國佛教講煩惱即菩提、生死即涅槃，就有兩個不同層次的東西相即，這裏面有圓融的意味，而且不光是存有論的，主要是工夫論的。所以現在我們就提出一個很深微的問題，就是說所謂圓融的關係是不是就止於熊先生所講的體用不二這種關係呢？本來熊先生也沒有講錯，只是我們還是覺得沒講得夠，就是現象跟本體的關係有沒有可以進一步發展的空間呢？我們能不能在這個觀點上超越熊十力呢？

同學（畢）：老師我覺得從體用不二來講，體跟用似乎是同一個層級的存有……

老師：應該不是，因為我們通常了解用就是現象，體就是本體啊！現象跟本體各有自己的特性，現象不能離開時間，一定有時間性、有空間性，本體就是超時間性、空間性，這就是一種分別！熊十力

他是說，即便有這種分別，可是它們還是不二，在存有論上不能分開，A 不能離開 B，B 也不能離開 A，是吧！

同學（畢）：那就我理解上面來講，它是同一個實體……

老師：這裏不要講實體，因為我們一直都是講現象跟本體，你如果把實體的觀念拉進來，問題又會比較複雜。因為實體這個名相有時候是大寫的，大體就是亞里斯多德的 Substance，那個基體，存在於現象物裏面，而我們沒法接觸到的，它的作用就是把現象物撐起來，這是實體的一個意思。另外一個意思是很一般性的，這枝筆是一個實體，眼鏡是一個實體……。所以他有兩個意思，我們如果要用這個語詞的話，就要做一些區分，因為這在亞里斯多德的哲學裏面，是兩層不同的意味。

同學（畢）：那就我的理解來講，本體跟功用就熊十力的體用論來講是不能分開，不過這不二是一個消極的表態，說它是不二的。肯定的表示是體用是一，可以這樣子理解嗎？

老師：這就是不二啊！從邏輯來講就是同一個等級啊！不二就是一啊！不會是三、是四。

同學（畢）：但是他還是講兩個東西來搭在一起，就是體跟用，那……

老師：有沒有一塊錢？吶！我說這是一個一塊錢，一塊錢它有兩面，一面是一元，一面是人像，我們說這個不二就是說在一塊銀子裏面，一方面有人像在裏面，另外一面有這個表示價值的一元，我

們可以拿這個碎銀去買一元或者一元以下的東西。這就是不二，不能分開，都是在這個碎銀裏面，一元這個語詞跟人像永遠是這種關係，它們是存在於同一個東西……

同學（瞿）：老師你這樣講是不是還是分析的來講這個東西呢？

老師：也不光是分析的，從存有論上來講就是這樣。就是說這個碎銀是一個存有，一個經驗性的存有，可是裏面有兩個面相，一面是表示價值的一元這個語詞，另外一面是一個人像，兩種東西是不分開的，如果你硬要分開，只能把它切割成兩份，可是這碎銀便不再是一個碎銀了，你已把它的內涵破壞了，它也不是原來的它了。你怎麼看這圓融的關係呢？我們講到這個階段就非常深入了，它們有不二的圓融的關係，可是它們是不是發展到最後的圓融呢？在它上面有沒有比這種圓融更為周延、涵蓋的範圍更廣、更圓，還是說圓融就到體用不二為止呢？

同學（瞿）：再上一層是還有一個統攝，統攝這個講法的一種圓融。

老師：對啊！我就問你有沒有。

同學（瞿）：以老師的純粹力動來講應該是一種動感。

老師：你這種講法就是離題了。你不要管我怎麼說，我是要你很認真的思考這個問題，就是說兩種東西，它們那種不二，講到熊先生體用不二這個階段是不是最後的，是不是沒有往後發展的空間了呢？如果有，那我就問怎麼發展？發展到什麼地步才是最成熟的階

段呢？

同學（呂）：老師你之前唸到天台宗的文獻讓我想到，天台宗說「迷則三道流轉，悟則果中勝用」，就是說一念心在迷的時候一切法是無明法，一念心悟的時候一切法是法性法。那順著這個意思，就這一塊錢來看，看它一面是人像，另外一面是一元，是價值那一面，那它都是同一個東西，只是就迷的時候去觀看，就是人像，悟的時候去觀看，就是一元。這裏面也沒有分什麼體跟用，只是同一個事體。這樣子講的話，可不可以說把熊先生的體用論再往前推一點？

老師：這不算。因為你把這兩面平面化，擺在平面上，那意義的層次就不一樣。我剛才講的不是平面的關係，這個體是本質的體，用是現象啊！現象跟本體是不同層次的東西啊！我們乾脆把它確定下來，這個講價值的像就是本體，一元就是現象。

旁聽生：所以老師應該是說本體跟現象本來就是合一的……

老師：合一就是不二啊！這點熊十力很早就提出了。我的問題是這種不二關係還有沒有再發展的空間？不二是圓融沒有問題，可是圓融是不是只到這種程度，往後就沒有路走了？

同學（瞿）：我從一個理解上來講就是……他是不是為了去解消觀念論跟經驗論的紛爭，而提出來的一種講法──觀念跟經驗是不可分的。

老師：你這樣說就好像是拿兩種學說來比較，我這裏所比較的不是

兩種一般的事物，是兩個層次：一種是現象的層次、一種是本體的層次。這兩種層次在存有論上有不二的關係，然後就是說，本體一定是現象的本體，現象也一定是本體的現象，沒有離開現象的本體，也沒有離開本體的現象。以我個人來講，熊先生的不二講到這裏已經非常清楚了，我們這樣體會就好。那他所說的體用不二的關係有沒有進一步發展的空間呢？有沒有比這種關係更成熟的呢？有或者沒有？

同學（瞿）：老師的意思是說體用不二必須搭在本體上，那有沒有一種說法可以把本體解消掉……

老師：那本體解消還有沒有現象呢？倘若是有的話，那現象便變成一種沒有本體的現象了，這種現象在熊先生的觀點看是不能成立的，因為他一講用、一講現象，他一定是把本體擺在一起來講……

旁聽生：老師的意思是我們不要用體用不二這個名詞，如果我們把這個本體改換一個名詞是具有絕對的自由，然後我們就不要用體用這兩個意思了，它是一個絕對自由……

老師：但是你也提不出把體用這兩個概念解構的理由啊！你說不出來啊！

旁聽生：我的意思是說我們在解釋宇宙論的時候，就直接把那個宇宙解釋成它有一個絕對自由的動力，所以我們可以看到它……比如說一年四季有自然的規律，那這就是絕對自由動力的一種展現。如果說我們生活在這個受限於自然當中，古人說日出而作，日入而

息⋯⋯

老師：讓我把你的講法整理一下。其實你所提的那個絕對自由的動力，跟植物本身就有春夏秋冬四種狀態，自由無礙的動力，就是關連到體那方面去，春夏秋冬四季不同的樣貌，那就是用嘛。講來講去還是在體用不二裏面兜圈子。

　　這個問題很深微啊！請你說，在你的瞭解裏面所謂圓融是甚麼意思呢？你怎麼去解讀圓融這個概念呢？我們先從小的地方研究，圓融就是一個語詞，表示兩種東西有某種關係，那如果你不反對的話，我就問你在圓融的關係中，「圓融」是什麼意思？

同學（呂）：老師在我的理解中，圓融關係應該是表示在兩種東西彼此互相關涉的情況下，它們不會產生衝突，它們必然在任何時候都是互相影響的。

老師：你說這個東西不會產生衝突，那你提的就是有圓融關係的事物不會衝突，你的意思好像已經包括不能有衝突這個意味在裏面，如果是這樣那就是康德講的分析命題啊！不能有衝突這個意思已經包括在圓融裏面，你是在圓融這個語詞所含的意義內容思考，所以就提出圓融這個語詞裏面有一個意思：不能衝突，你好像不是正面回應我提的問題，只是把圓融這個語詞的意義做一種分析性的探求。你說不能有衝突，那是不是可以連不可以有矛盾也包含在裏面呢？因為兩種東西有衝突，或者是沒有衝突，可以在現象的層次裏面講。你可以說兩種東西很緊密的聯結起來，但這是不是能夠窮盡圓融這個語詞的意味呢？

同學（呂）：老師您讓我回想到剛剛有沒有比體用不二更圓融的問題。我的想法是這樣子：如果要說比體用不二更圓融，那大概就是連體用不二都不分，這才有辦法超越體用不二，去說一種更圓融的關係。可是如果說體用可以不分的話，那就會產生另外一問題，就像老師你剛剛說的熊十力先生講體用還是有分，那這個體用有分的差異裏就顯示出一個類似現象與物自身——智思界——的區別，那如果要把體用打破來說一個更圓融的，那是不是就把現象與物自身的分別也拋開呢？

老師：你說把這個體用的範疇取消了，那就是說圓融所能發展到最成熟的程度。就是把體跟用看成為是完全同一的東西，完全沒有分別，在意義論、存有論上面都沒有分別。那你是從現象、本體這種認知，或存有論的層面再上，上到更成熟的層次，就是說體跟用、現象跟本體是同一個東西，徹裏徹外、徹上徹下完全是同一個東西。你想到這裏就很有意思，你好像已經抓到問題的路子、一個思考這個問題的線索，你要抓的準那個線索，那你這種思考就有價值。

現象跟本體最成熟的關係應該是超越體用不二這種關係；因為熊先生雖然提體用不二在存有論上不分離，但是他還是說體跟用這兩個東西有別、有分，就是說體用雖然不二，而亦有分，不二裏面還是有分，兩種東西不分離，可是它們還是兩種東西，體還是體，用還是用。你順著這個線索就可以了解為什麼我要提純粹力動。儒家講到終極真理的時候講天理、天命、天道，然後把這些關連到終極真理的名相進一步實踐化，從主體這方面來講就是陽明所講的良

知。良知是有主體性的趨向，天理是有客體性的趨向，現在他把這兩者等同起來，良知就是天理，這是一種工夫論的關係，也是一種存有論的關係，我想主要還是工夫論的關係。

我們還是從熊十力提體用不二這點來講，他提體用不二這種關係，來建立《新唯識論》中的形而上學，是很了不起的，你在裏面可以見到很多洞見，和理論的價值，涵蓋面也相當廣。不過這體用不二的關係是不是圓善，有沒有繼續發展改進的空間呢？我們還是可以在這方面反省。熊十力是新儒學的大師，在近代哲學史裏面佔有很重要的地位，也是當代新儒家的開拓者，他上承王陽明，再上就是陸象山這個心學傳承、發展，很了不起。不過我覺得他提這套體用不二的形而上學還是有進一步開拓的空間，讓現象跟本體的關係可以處理的更細密、周延。我們不一定要因為他是大師，地位很崇高，對他講的東西就要無條件接受，我們對它這套東西應以批判的眼光來看，把他的不足的地方點出來，繼續發展下去，這絕對不是對他不尊敬，這完全是兩回事。在中國儒學近兩三百年的發展中，他是貢獻最大的，沒有人超過他，所以我們還是以一種很尊敬的心情來探討他的形而上學理論，仔細思考怎麼樣繼續他的思維路線。所以他不是最後的，最圓善的，我們可以再進一步。那我們得先檢討一下熊先生體用不二的形上學是否圓滿，以一種開放的眼光來看它的系統有些什麼問題，這是我們需要進一步反省的。

首先他講體用不二，我們從圓融上講還可以有進一步的發展。就是說體用不二不是最後那種圓融的理解，還有進一步成熟發展的空間，因為儘管他說本體跟現象有不二這種關係，可是這兩種東西畢竟不同，他講過說體用雖不二，而亦有分，這樣的想法。我們先

從一般的例子來看，看這種體用關係，再把他關連到熊先生的講法。我們每天都要工作，因為要維持生活，那你工作要有健康的身體，對不對。譬如說一個農夫每天要下田作業，這很需要力量、力氣，那怎麼樣才能有足夠的力量呢？你的身體要強壯，沒有生病，才能發出足夠的力量來下田作業，順利完成一天的工作。所以你要有一個力量的根源，從剛剛的農夫講，就是從肉體發出來的力量，如果在身體健康的狀態，就能夠發出足夠的力量來工作，如果生病，力量就會變的很弱，那就不能下田工作，這是我們一般的了解。這就是說力量要有一個來源，這個來源通常在我們身體裏面。那再上一層就講到精神的、心靈的力量，這種力量也需要有一個根源去發出來，像黑格爾講「精神現象學」，他的理論立場就是有一個精神實體，每一個人都有，精神的力量就是從那個實體發出來的，一般就是這樣了解。熊先生他提這個問題，是從反省佛教講緣起性空這一方面來著想、來思考，就是說佛教作為一種宗教，它有兩面活動，一面是內心作修持的工夫，清除那些虛妄不正確的想法，在我們心理面努力脫離顛倒的見解，因為這些見解會引起不正確的行為，如果你在行為上有很多顛倒的作法，你就會陷入煩惱裏面，為苦所困，苦痛煩惱就是從這方面說起。

佛教作為一種宗教，要人做的第一步，就是不要朝虛妄的那方面去想，要沿著一種平實、合理、有效的方式去想，就是釋迦牟尼講的八正道——八方面的途徑，關於思考方面的像正念、正精進……這些。另外在外面要履行做為宗教徒的任務，就是要普渡眾生，你不能只是停在你自己的階段，要讓大家都跟你一樣得到覺悟、得到解脫。普渡眾生是一種大事業，一種長期苦幹的事情，它

需要有很強的力量把你撐起來，就是說在普渡眾生裏面你會有許多
大的困難，你要克服大困難就要有大力量才行，普渡眾生才能實
現。下一步是說，要普渡眾生就要有力量，可是佛教講緣起性空，
就是跟我們密切聯繫的終極原理、生命的本性的事這些都不能離開
緣起性空這個基本的認知來做，這裏就涉及一個很嚴重、很重要的
問題，就是你本著緣起性空這個義理作為基礎來進行普渡眾生的事
業，你要有很大的、長期性的、很強的力量才行，不然你就只能自
己渡自己，不能渡他人。可是我們剛才講力量有兩種，一種是生理
的，另外是黑格爾講的精神實體發出來的精神力量。普渡眾生都涉
及這兩方面的力量，而精神力量比較有持久性，而且它的效用的範
圍比較廣，可是熊先生在這裏反省這種力量要從一個精神實體發出
來才有效，這點在基督教來講就是上帝，上帝是一個大實體，祂有
足夠的力量來創造這個世界，祂是全知、全能、全善，能就是力量
啊！然後我們看中國的儒家也是一樣，講天命、天道、天理、良
知，都是有動感的實體，它能發出一種精神的力量來進行道德的教
化。基督教、儒家、德國觀念論也好，他們都可以講到這裏，可是
佛教就不行。因為有體就有用，體在基督教就是上帝，在儒家就是
天道、天理、天命，在黑格爾就是精神實體，佛教就沒有，因為他
講性空。性空就是說一切事物、事項的本質都是沒有自性、都是空
的，而自性就是一種實體型態、常住不變的。天地間沒有這種自
性，那就是空了。所以所有佛教學派到最後都要守住這個緣起性空
這一關鍵的界線，如果你離開它去講體性、自性，這樣你就離開佛
教的基本立場。熊先生就在這裏發現佛教有一個大問題，他覺得佛
教的教義，作為一種宗教活動的基礎，就是這緣起性空，這個最基

本的出發點、最後的立場有問題，因為佛教做為一種宗教，要普渡眾生，可是它又不能講精神實體，那它哪裏來這個力量呢？這是一生、一輩子的大事業，這個力量沒有來源……

同學（瞿）：老師，有一個同體大悲的解答……

老師：大悲也是慈悲啊！智慧、慈悲都是一種力量，力量還是要有根源。在中國佛學這方面講佛性，是慈悲、智慧發動出來的根本，般若的智慧、同體大悲這些都是作用，需要有一個出發的根源，它要有一個依據，這個依據印度佛學比較少講，中國佛學講到很多，就是講佛性。普渡眾生一定要有足夠的精神力量，這個精神力量一定要有一個根源，就像我們物理的身體，你有健康的身體才有力量，沒有健康的身體，勞動力就發不出來，這是一個層次。第二個層次就是精神方面，你要有一個精神實體，才能發出精神力量去幫助別人，在佛教來講，主要就是普渡眾生——給他們解決苦痛煩惱的問題。你沒有這個精神實體的話，精神力量就不能發出來，沒體就沒有力啊！沒有健康的身體，就沒有力量，沒有精神實體，便不能發出精神的力量——智慧跟慈悲也包括在裏面，那你怎麼進行普渡眾生的宗教活動呢？這是佛教系統裏面的一個弱點。我自己從事佛學研究，從一九六七年開始到現在，已經四十三年了，我在一九七○年或者是六九年就看《新唯識論》，看到熊先生所提的這個問題，我一直在想，熊先生所提的這個問題很有關鍵性，怎麼樣去解決呢？我先從佛教內部來看，看在佛教教理裏面是不是可以發現一種能夠發出足夠的力量來普渡眾生，然後我考慮幾個重要的概念：佛性、法身、如來藏、般若智、阿賴耶識……結果還是找不到，就

是說那些重要的東西它都不能發出宗教的精神力量。如果你要在佛教的內部裏面解決、回應這個問題，在我個人來講是做不到，我也很認真的去研究啊！

後來我就想，在佛教的裏面不行，外面是不是可以，把能夠發這種力量的一些原理、一些觀念帶到佛教裏面來？我最先考慮的就是宋明理學，朱熹講的理、周敦頤講的誠體、張載講的太虛、陸象山講的本心、王陽明講的良知……這些都是有實體意味的觀念，精神力量都可以從裏面發出來。如果我們把這些觀念以一種善巧的方式引入佛教裏面，那佛教的問題就可以解決，這涉及宗教間的交流、對話、溝通、遇合。從宗教的遇合裏面是不是可以吸收另外一些宗教有用的養分，把它吸進自己的體系裏面，讓自己的體系變得更完滿、更周延、更圓融呢？但還是沒辦法打破佛家緣起性空的基本立場，就是我剛剛講的那些宗教、那些觀念都是有形而上學體性的意味，都是佛教講的自性。在佛教裏面，這個自性的觀念是絕對不能引進來的，你把它引進來，佛教就不能講緣起，空的概念也要取消掉。而釋迦牟尼建構整個佛教的義理跟實踐都是在緣起性空這個義理出發的，如果你把自性或實體的概念引進來，那就跟緣起性空相衝突，佛教就不是佛教了。

後來我就想我們說起力量——特別是精神性的力量，它是不是一定要從一個精神實體產生出來，然後才可以進行種種宗教上的教化、道德上的轉化，才能夠轉識成智呢？依據熊先生的思想是必須是這樣，就是說你那種宗教性格的力量，還是需要有一個體，一個精神的實體發出來才行，而這個精神實體在佛教的教義裏面，完全不能引進來，除非你跟釋迦牟尼講的緣起性空切割，不講這一套，

你作為一個佛教徒不講這一套，你能講什麼呢？你在佛教的脈絡裏面，非要以緣起性空這個基本的命題、基本的義理做為出發點不可，下面那些東西才能繼續講下去。

所以我就提出一個問題來，就是說宗教、道德的精神力量，是不是一定要像熊先生所講的，要從一個本體、實體發出來呢？還是另外可有一個根源，可以不講體，只講用呢？這好像不可思議啊！傳統都是講體用，你現在問有沒有一種力量不需要體就能發出來，這是匪夷所思的，你看基督教、回教、猶太教、印度教、儒家，這一些哲學性很強的那些宗教，哪一種宗教不講實體呢？那你怎可以去找一種不談本體、不談實體，而只有力量的說法呢？一種不需要體做為根源的力量怎麼找出來呢？然後我就回到熊十力的問題上，他提體用不二，就是說這個用是由那個體發出來，無體就無用，用一定要從體出發，結果我就想到，道德上的運動、宗教上的運動一定要有力氣、精神上的力量，這沒有問題。可是這個力量是否一定要由體發出來，我覺得這裏可以大家坐下來，以一種客觀的態度來看這個問題。因為我們人的身體要有健康的體魄才能發出勞動力，還有發電機作為一個根源才能把電力發出來，然後就牽扯到精神的力量也要有一種精神實體才能把力量發出來，那精神力量是不是要由體發出來呢？這好像不能成為一個問題……

同學（瞿）：老師，精神現象基本上是依附在一個體上面啊！如果不是實體，至少是一個主體吧！

老師：主體也是精神實體啊！所以你要離開那個精神實體，不管你是講客體還是主體，都是實體的性格，這種實體在佛教裏面講就是

自性，你講這個就是違背無自性、違背空的立場……

同學（瞿）：所以精神一定要有一個體。

老師：這是熊先生的講法。我現在就問是不是一定要由一個體發出來？

同學（瞿）：老師是說在某個層次上面，是可以沒有體只有力量？老師的意思是指超越這些主體上面，可以有一個精神？

老師：接近那個意思。就是我們怎麼樣在不講實體的脈絡下，建構一種精神的力量，讓它在道德上可以進行教化、宗教上可以進行轉化，提升到一種道德的、宗教精神境界，讓眾生都可以提升自己的精神境界。

同學（瞿）：那就像先天、先地的那種道一樣，沒有主體、沒有實體……先於所有事物之前……

老師：如果根據唐君毅先生的講法，道就是一種實體，然後道家裏面所講的那些作用，就是道的那些作用──「周行而不殆」，它就是說那種力量，是精神的性格，不是身體的性格。然後「反者道之動」也是要假設有一個道在裏面，力量才能發出來，如果沒有道，你怎麼「周行而不殆」呢？這個無窮的用還是從道發出來。這裏面只有一個解決的途徑，就是說，一種力量它本來就是體，我是說這種力量是一種超越的力量，這種超越的力量本來就是有根源性的一種存在，它是作為一種力動的方式存在，不是作為一種實體的生發方式存在，就是說這種力動本身就是一種力量，這種超越的活動

——transendental activity，它本來就有力量，我們不需要從另外一個地方找一個實體來做為這個力量的根源。

同學（瞿）：老師那你的策略就是去規定它的存在性格是力動，不是一個實體？

老師：對！那就有化存有歸活動這種思維的意味，而這也不是我自己提出來的，很多人都這樣說啊！你進行道德的教化活動、宗教的轉化活動就要有力，可那力不一定要從精神實體發出來，像我們要有健康的身體才能發出勞動力，或者是發電機一定要有機器才能產生電的力量。如果是這樣想的話，反而傾向一種機械性的思考，就是說所有的力量一定要從一個根源、有體的意味的東西而來，這種思維方式是一種機械性的思維方式。從力動看，它本來就有力，它本質就是動感，就是力量，如果是這樣，你就不需要替他找一個來源，從什麼宗教、什麼哲學借過來的一個發出力量的根源。如果是這樣想的話，那純粹力動就是體，它這種力量不需要一個形而上的根源，依靠它來發出來，它本來就是這個力的根源，就在純粹力動裏面。

同學（瞿）：老師那這個動感的方向性是什麼？既然它有活動，有活動它應該就有目的性，那它的方向是什麼？

老師：這問的很好！它就是一種宇宙的力動，因為它沒有經驗的內容，所以我用純粹的字眼來講，所謂純粹就是它有超越的性格，不是經驗的，沒有經驗的內容。然後再從力動做為基礎來開拓萬事萬物、整個宇宙，所以這也是一個存有論以至宇宙論的方面的問題，

你說它有什麼內容呢？它就是動感，它最根源的狀態是沒有道德、宗教、美學、知識的方向，這些都是後起的，從它最原初的性格來講──就只是一種動感。前陣子我看傅抱石的山水畫，他也講到如果沒有動感，藝術就根本開不出來。他很強調那種動感，上品的、理想的作品一定要看這個畫的人是否展現出動感。回應你剛才提的問題就是說，這個純粹力動是道德的嗎？宗教的嗎？美學的嗎？科學的嗎？這一些都是下一個層次才講的，這些都是它的文化開拓。這種超越的力動的原始的狀態就是動感，那你說這世界怎麼來？種種文化活動怎麼來？都是從它開拓，它就是一種動感，它是從那個活動裏面來展現、證成本質。你說存有也好，像海德格所講的 Dasein，它一定要在一種顯現、一種活動的方式才能講它的本質，海德格有一句話講的很好，存在在它的顯現裏面去證成它的本質（Sein west als Erscheinen），這句話我覺得有很大的啟發性，就是說所謂的本質光講是不行的，你一定要在活動裏面才能講這個本質，如果是這樣，本質就不是靜態的，而有動感在裏面，所有的存在都要在實現、展現裏面來成就它的本質。

　　如果把這個存在改成為純粹力動，一樣可以講的通。就是說純粹力動沒有靜態，它永遠在動感裏面。所有東西都是在一種動感裏面呈現，我們說它好像常常在靜態裏面存在，像這個杯子，沒有人動它，它好像自己也不動。不是這樣的，它是在動態裏面，是我們的感受太遲鈍，沒有感受到它的動感。這跟懷海德的那套機體主義哲學一樣，他說整個宇宙所有東西都是機體，機體就表示是有生命的、活的，是在動感裏面。這個世界上每一種事物都是一個機體，整個宇宙合起來也是一個機體，機體就表示它能活動。這是懷海德

的那套機體主義，所以懷海德他不講實體，他不走實體主義的形而上學的道路。這個機體就是非實體主義，京都學派講絕對無、場所、純粹經驗，跟我在這裏講的純粹力動基本上都比較靠近非實體主義。這也符合科學的立場，這個茶杯是由無數的分子組成，分子不停的在動，是我們的眼睛太遲鈍，不能感到它的動感，可你不能感到就不能說它沒有，這是我們感知器官的一種限制而已。從科學的眼光來講這個機體也符合機體主義的立場，整個宇宙沒有絕對是靜態的東西，我們覺得它們是靜態的、不動的，是因為我們的感官太遲鈍了。所以我們不要以人作為宇宙的中心來看整個宇宙，這是很不公平的。我們不能說我們沒有感到它，就說沒有，對我們沒有對其他動物就有啊！所以我們要把眼界放開，不要以人作為整個宇宙的中心，人只是整個宇宙的一個部分，一種生物，這樣就好，比較公平。

第四節　純粹力動與道家動感的比較

同學（呂）：那我們就直接進入最後一個部分，也就是對純粹力動跟道家思想的一點心得的比較。

　　如果我們把老子的思想傾向於絕對無的這一方面來說，那麼純粹力動與道家在思想的型態上，就有一些相通的地方。因為從終極真理來看，老師的純粹力動與老子的道都有不捨離萬物的特性，像老師曾經提到的海德格的那句話：在活動中證成它的本質。我想這是很能讓我們對純粹力動的終極真理性應該如何來體會，因為它曲成萬物，它也必然內在在萬物之中。所以我認為它們跟道都有一個

重要的特色，就是說它們都不是虛懸的，不是懸隔在事物之外的一種東西，它們都有活動性，同時都把它們的價值表現在事物上面，去成就生命、成就文化。

老師：這裏有一點很重要的，不管老子的道也好，純粹力動也好，它的存在性都只能在世間種種的事物裏面說，我們不可能在現象的世界以外找到道，或純粹力動。從存有論的角度來看，它的存在只能在事物裏面，離開了事物它就不能講存在性，這點就跟柏拉圖講的理型很不同，柏拉圖講理型不是存在於事物裏面，它是存在於理型世界，一個超越的世界，我們居住的地方是經驗的世界。他在這裏分的很清楚，從存有論來講，理型存在於理型世界，我們現實世界的東西沒有理型的存在性，它們只能模仿理型的形象，成就自己的存在性，這點是很不一樣的。

同學（呂）：好的。此外，就力動跟道家表現的動感——或者說道家的不生之生，它們皆能由無執而展開一個和順協調的存在世界，可是在解釋一個和順協調的世界的時候，它們採取的言說方式是不一樣的：力動是就其自身的虛靈本性而詐現，曲成萬物，因此現實世界的萬物各自分享了力動的內涵，所以沒有自性的執著，事物與事物之間不會彼此互相妨礙。道家哲學則是由主體的修養來證成這件事情，它講解的方式是由不生之生來說，由讓開一步，以給出萬物生存空間的一種思考。從這裏說來，這兩家對於和諧宇宙的說明就有根本的差異，純粹力動在此議題上是側重在存有論、宇宙論的解釋，而道家則是由主體修養的虛靜，取消人為造作，來證成它的理境。

老師：這裏我們也要補充一點，把純粹力動跟道家的道做一種存有論上的比較。純粹力動下墮、詐現為氣，從氣分化、詐現為種種的萬物，它自己的存在性，全體的存在性都貫穿到事物裏面，純粹力動的動感也貫穿到事物裏面，萬物分享純粹力動的動感，這樣來看的話，萬物不是死板的、沒有生氣的一些東西，而是有從純粹力動分享來的性格，純粹力動的性格就是動感，萬物也具有可以改變、塑造的性格。

老子的道在這方面，它創生天地萬物，創生天地萬物以後道跟天地萬物的關係是什麼關係呢，這點我們要注意一下，這個道跟萬物的關係應該不是像母雞生蛋，也不是像上帝創造萬物那種關係。母雞生蛋，生了以後母雞是母雞，蛋是蛋，這是分開；上帝造世界也是一樣，造好了以後，上帝還是上帝，天地萬物還是天地萬物，這裏面創生者跟被創生的東西就分的很清楚了。那這個道跟它創生出來的萬物的關係應該是甚麼關係呢？

同學（呂）：道的創生就是萬物的不生之生……

老師：不是，我是說道創生萬物以後，那道所創生的萬物跟道是什麼關係？它的存在性有沒有貫穿到萬物裏面去？或者是說萬物有沒有分享到道的那種性格？是不是跟純粹力動詐現萬物以後，把自己的存在性都灌注到事物裏面，結果事物就可以分享到純粹力動的性格，那在老子的情況它是怎麼樣呢？

同學（呂）：順著老師的提示，我覺得這點是道家跟純粹力動差別很大的地方。道不會像純粹力動有灌注在萬物裏面的這個過程，它

只是像一個地基,是萬物之母,或者說是給出萬物存在的空間。純粹力動有把它虛的性格投注到萬物裏面,可是道它是不決定萬物的,它像是只有形式而無內容,讓萬物自己創造它的內容。

老師:這點在老子裏面好像沒有清楚的說出來,說道創生萬物以後,道跟萬物的關係是一種什麼樣的關係。它當然不是我剛才講的那種母雞生蛋的關係。你說也不是純粹力動貫穿到萬物裏面去,讓萬物都能分享純粹力動那些性格,你說也不是這方面的關係是吧?如果是這樣我們就有第三種關係了,就是道跟萬物的關係,這第三種關係當該怎麼了解呢?不過有一點可以確定,就是道創生了萬物以後它還是帶領萬物發展、運行、成長,最後萬物也回歸到道這方面去。如果是這樣,那道跟萬物還不完全是一種圓融的關係,還是有分別,萬物在不斷成長變化,這些成長變化應該有一些規律,可以依據一些既定的規律來發展、變化,這一些既定的規律就是從道那邊來的,就是說道提供一種規律,讓它所創生的那些萬物來發展跟成長,萬物最後還是回歸到道這方面,你的意思是不是有這種第三種關係呢?因為我們看老子好像看不到在這方面有沒有很明確的講法,因為他只有五千個字嘛!所以我們在這裏提這個問題,有沒有意見呢?父母生子女,生了以後父母還是父母,子女還是子女,根據遺傳原則,父母的一些性格會轉到子女裏面去,這方面就有重疊,那這就是父母跟子女有交集,這個交集是從遺傳這個角度來看,可還是分開,子女還是子女,父母還是父母。道創生萬物,萬物根據道所提供的那些規律來發展、成長,這樣好像就有第四種關係了,就是父母生子女有遺傳在裏面,可也不是合為一體的那種關

係……

同學（瞿）：但是它們中間都有一個……，就是它們都會回歸到道，就是上一次有講夫物云云那一段，就是在我們觀察萬物的過程，體會到它們之間都有道，然後再去歸根、復命，就是溯及它們的根源，然後還是找的到道在裏面……

老師：規律當然是不成問題，就是萬物給創生以後還是依據道的那種規律來各自發展、成長，可是道的那種存在性，是不是還貫注到萬物裏面，跟純粹力動的情況一樣……？

同學（瞿）：它是一種比較靜態的，純粹力動是比較賦予它生命……

老師：靜態、動態……這裏是有程度的不一樣，可是這不一樣只是量上面講的不一樣，能不能在質上面講呢？你說純粹力動與它所詐現的那些萬物的關係，不光是在量方面，在質一方面也承受純粹力動的那種性格，因為它詐現萬物，就把自己的存在性貫注到萬物裏面去。可是老子的情況，你可以說在量方面有關係，在質方面好像不大好說。這個問題，據我所知好像沒有人提過。像印度教講梵天跟自我是相通的，也可以說我們自我是分享大梵的性格，可是後來受了很多後天經驗的影響，結果萬物的自我就遠離了大梵；所以他們講修行就是讓萬物的自我回歸到大梵方面去，讓大梵的明覺在萬物的自我裏面重生。老子講道跟萬物的關係是不是印度教的那種關係，好像也沒人提過。我們就提這個問題，而且要思考一下那種關係到底是怎麼樣的關係，這樣好像就有五種關係了：純粹力動是一

種、老子是一種、柏拉圖是一種、大梵是一種、雞跟蛋也是一種。
你怎麼看？

同學（顏）：我一直覺得有類似貫注的關係，我一直是這樣想，但
是他沒有像老師發揮的那麼深。因為如果道開出無、有的話，無跟
有都是兩個面向，有是傾向宇宙論方面的，無如果把它看做傾向本
體論方面的話，無、有都是道的面向的話，那如果道不是內在於有
之中，那就不能說它是道中之一個面向。所以我一直認為它是超越
又內在，但是他真的沒有講得那麼深。我記得王弼在解老的時候，
他就是即有體無，他的意思就是無就是內在於有之中，所以才能夠
即有體無嘛！然後一直到六朝，道教那邊就有講一切皆有道心，就
直接內化到道。所以到後來應該有發揮到比較接近老師講的直接貫
注的程度。在老子原本五千字裏面，我覺得它是有這個意思，可是
沒有發揮到那麼明顯，我的理解一直是這樣，那這次老師又提出
來，我回去得再好好翻一翻文獻，好好思考看看。

老師：王弼曾經說過聖人體無，那些人還沒到聖人的境界就講有，
講得沒完沒了。他在這裏好像畫出一條界線，就是說聖人是指儒家
那些人，他們能夠體會無，所以不講。道家那些人因為沒有體無，
在工夫論方面沒到這個水平，所以就不停在講有的問題，就是聖人
體無，老子是有這兩句話。可是聖人體無好像跟宇宙論沒有什麼關
係，它是工夫論的講法，體無就是體證做為終極真理的無。那這個
終極真理的無是不是從存有論的講法，存在於聖人的生命裏面，或
者說它的那種存在性都貫注到聖人的生命裏面？聖人不光是體無，
而且是表現這個無，比體證更為積極。體還有二分的意味在裏面，

可是你一表現出來，你所有的行為都是道的表現，可以說道是憑藉你的生命去彰顯自己。這裏其實有很多問題，好像很多人研究老莊、王弼、郭象沒有很正面面對這些問題提出意見，我們可以在這裏面做一些反思，現在我只是把這些問題提出來，你們以後有機會自己可以再想一想，不一定馬上要有一個答案。

同學（呂）：從剛剛老師跟銘俊都提到的聖人體無，就可以很明顯看到道家重視主體修養的境界，所以我這邊提老子講的不生之生一定要關聯著主體修養才能談，這便可以看出道家哲學對於工夫論的注重。而純粹力動於《純粹力動現象學》與《純粹力動現象學續篇》二書中雖然也有涉及個人修養的問題，但是就內容分量來說，仍然是較偏向理論建構方面。不過，純粹力動現象學仍是在持續發展中的一套學問，因此對於工夫修養部分的拓展，也是未來我們可以持續關注的。

中央大學 中文所博一 呂銘崴

第三章　道家的終極關懷與對世界的態度──以純粹力動現象學作為參照理論來看

同學（瞿）：本章的內容在於講述道家，以老子、莊子為代表，在其思想中討論關於人生的終極關懷的部分。並進一步從終極關懷的之討論，導引至道家思想對世界所抱持的態度。這兩部分將以吳汝鈞先生提出的「純粹力動現象學」為理論參考系進行討論。

　　道家思想的核心為「道」，而做為一種回應時代處境與人生境遇的思想體系而言，「道」的掌握與瞭解便不只是智性上的理解，它也蘊含了人的行動實踐與回應生活的態度，即是「體道」的工夫論，亦即行動上的體證經驗。「道」既然是在行動上的體證經驗，它便不是一種遠離現實事物的存有，也不只是一種不會變化的實體性格。「道」具有能動性格，具有動感的表現，體道必須在道用上體證。但是老子思想的「道」，具有實體主義的性格，莊子思想的「道」，是境界形態的非實體主義性格。如果回歸到「體道」這個活動上，在這一點上，提出吳汝鈞的「純粹力動現象學」（以下簡稱為「力動說」），強調體道的內在動感意義，似乎是一種更接近圓

融的說法。

第一節　什麼是終極關懷及道家的說法

　　「終極關懷」這一名詞，一般人會誤以為與「臨終關懷」在意義上相似。臨終關懷指的是一個人得到了絕症，試盡了各種醫療方式，但這些方式能夠延長其壽命的效果有限。在這種境況下，在個體的生命即將要走到盡頭之前的日常生活，醫療系統給予患者一種減緩病症痛苦的照護方式，以使其在臨終之前得到一種被尊重的對待方式與關懷的感受。亦即，臨終關懷的醫療照護，是一種讓重症病患得以善終的對待方式。為什麼病人需要臨終關懷，以及臨終關懷的理論基礎為何，這牽涉到的是生命倫理學與醫學倫理的討論。然而「終極關懷」則是討論作為一個人，在實存的生命歷程裏，最重要、最核心的價值關懷。而這價值關懷是超越其他相對重要的事物，對一個生命個體而言，沒有其他事物比這價值更為重要的。終極關懷可以是價值義的討論，也可以是人作為存有者的存有活動之體現。終極關懷與臨終關懷的內容以及想要解決的問題，是相去甚遠的。

　　《孟子》〈告子上〉提到：「生亦我所欲也，義亦我所欲也，二者不可得兼，舍生而取義者也。」在這裏提到求生是一個生物個體的本能，作為一個人理所當然追求的事情，而求義是人體現價值更應該追求的。所以仁人君子遇到求生與求義兩者間產生衝突的時候，為了體現生命至為關切的價值依歸，捨去生命也是值得的。這是孟子認為仁人君子為求義的價值體現時，應當超越生命本身的終

極關懷。

金庸小說《神鵰俠侶》裏曾經提到這句話：「問世間，情是何物，直教生死相許。」這是劇中人受困於糾結情愛關係而發出的感歎詞句。這也恰好道出世間男女在追求愛情的過程中，將愛情置放在生命中最高的位置，甚至為了追求一段戀愛的關係，而將自己的生死置之度外。這亦是一種終極關懷的體現。

以上這兩種不同的關懷向度，都在例示終極關懷是人作為存有者，在存在活動的歷程中，精神所展現的至高價值的體現。而這種價值體現是一種對存有者而言最關切，與至為重要的理想。

吳汝鈞在《老莊哲學的現代析論》中提到，「『終極關懷』是最為關心的事，是跨越其他問題的最為關切的事，有終極的意義。」❶「終極關懷」（ultimate concern）一詞最先由德國神學家田立克（Paul Tillich）定義為宗教的本質要素：

> 宗教是為一種終極關懷所緊抱的狀態；這種關懷使其他所有的關懷成為準備〔階段〕的，它自身包含有關我們的生命意義的問題的答案。因此，這種關懷是無條件地誠懇的，它顯示一種意願：要犧牲與這種關懷衝突的任何有限的關懷。❷

但是這裏所提的終極關懷，可以不必關連宗教，視之為表示人的一

---

❶ 引自吳汝鈞：《老莊哲學的現代析論》（臺北：文津出版社，1998年），頁 58。

❷ 轉引自《老莊哲學的現代析論》，頁 59。

生念之繫之的問題。❸如《莊子》〈知北遊〉謂：「夫體道者，天下之君子所繫焉。」❹既然體道是莊子一生終極關懷之事，那麼吳先生便將終極關懷的說明修改為：「以生命來體證道，把道擁抱起來，使之成為自己的所有。」❺

老師：在這裏，Paul Tillich 這樣的提法，你們是不是覺得有點不夠具體、抽象一點？西方人基本上都是這樣講，以一種定義的方式，來把一些名相加以界定。可是我們總是覺得，這種瞭解與這種解釋過於抽象，一時間比較難以把握。其實我們通常講生死相許，有些事我們認為非常重要，比我們的生命還重要。為了證成這些東西，或是這種德性，忠孝這些德性，我們連生命都可以放棄，就是生死相許。你是把生死放到裏面去做一種賭注，是很大的一種犧牲。

當年譚嗣同，六君子，他們不是跟梁啟超、康有為，一起幫助光緒，執行那種變法麼？然後失敗了，六君子給抓起來。康、梁就逃脫。其實譚嗣同有機會逃出來，可他不走，他說：「革命就是流血。」。革命，要革命就要流血，我就是流血的參與者，所以我不走。生命可以豁出去。潭嗣同是有這種勇氣。所以他的終極關懷就是「革命」，是吧？而且他把這個革命放在最高的位置，比他的生死和生命還要高。如果我們這樣講，我覺得就很清楚，很容易瞭解。所以田立克這段話，我想，意思沒有問題，可你要讓人家比較

---

❸　《老莊哲學的現代析論》，頁 59。

❹　引自黃錦鋐註譯：《新譯莊子讀本》（臺北：三民書局，1977年），頁 257。

❺　《老莊哲學的現代析論》，頁 59。

具體瞭解所謂終極關懷的話，我覺得他這樣講就不夠。你提一些具體的例子，生死相許的那些例子，那就容易明白了，是吧？

同學（瞿）：根據崔大華的《莊學研究》，「道」在莊子中出現三百二十多次，在文句中的使用具有不同的涵義，一為語言學意義上，另一則是具有哲學意義上的「道」，後者是必須要注意的。再者，哲學意義上的「道」，有三種意義，分別為含有具體內容的「道」、作為抽象思想形式的「道」與具有總體內容的「道」。第三種是指宇宙萬物的最後根源和人的精神或道德的最高境界。即為本文討論的「終極實在」的意義。❻

　　「道」的性格是什麼呢？以下為「道」的不同性格之引文列示如下：❼

　　1.客觀實在性：「夫道……自本自根，未有天地，自古以固存。」（〈大宗師〉）

　　2.超越性：「無為無形」、「先天地生而不為久。」（〈大宗師〉）

　　3.真實效驗性：「有情有信。」（〈大宗師〉）

　　4.創生萬物的作用：「神鬼神帝，生天生地。」（〈大宗師〉）「道者，萬物之所由也，庶物失之者死，得之者生，為事逆之則敗，順之則成。」（〈漁父〉）「天無為以之清，地無為以之寧。故兩無為相合，萬物皆化生。芒乎芴乎，而無從出

---

❻　《老莊哲學的現代析論》，頁60。

❼　整理自《老莊哲學的現代析論》，頁61-64。

乎！芴乎芒乎，而無有象乎！萬物職職，皆從無為殖。故約
天地無為也而無不為也，人也孰能得無為哉！」（〈至樂〉）
在這裏，「清」與「寧」是天地兩面無為作用，二者相合便
可創生萬物。

5. 本根性：「合彼神明至精，與彼百化，物已死生方圓，莫之
其根也，扁然而萬物自古以固存。六合為巨，未離其內；秋
毫為小，待之成體。天下末不沉浮，終身不顧；陰陽四時運
行，各得其序。惛然若亡而存，油然不形而神，萬物畜而不
知。此之謂本根。」（〈知北遊〉）而道對萬物的作用，一為
清，一為寧，兩種無為相合，萬物便得以生長變化。

6. 遍在性：「東郭子問於莊子曰：所謂道，惡乎在？莊子曰：
無所不在。東郭子曰：期而後可。莊子曰：在螻蟻。曰：何
其下邪？曰：在稊稗。曰：何其愈下邪？曰：在瓦甓。曰：
何其愈甚邪？曰：在屎溺。」（〈知北遊〉）道是無處不在
的。

以《莊子》之文本例示，道作為終極實在而言，是遍在萬物之中，
是萬物的根源。對於人而言，道具有客觀性、效驗性。亦即道是外
在於主體而存在的事實，主體亦可透過體驗道的方式檢驗其有效
性。道存在於萬物之中，是化生萬物的原理原則，但是它又超越於
萬物而存在。道既然是天地萬物的原理原則，既內在又超越，則身
為萬物之間的一分子，人，亦存在於道之中。那麼對於以價值歸趨
為存在追求目標的君子而言，體道即是君子以生命追求並緊抱著它
的目標。體道的體，為體現、體驗。君子在體現道的過程，即是追
求其終極關懷的過程。

第二節 《莊子》中關於體道的方法

同學（瞿）：上文曾提及〈知北遊〉裏這段：「夫體道者，天下之君子所繫焉。」而道並不是一種具體的經驗性格的東西，只能透過人的直覺與對生命感受來體證。徐復觀認為體道是人的精神與道為一體。「老莊所建立的最高概念是『道』；他們的目的，是要在精神上與道為一體，亦即所謂『體道』，因而形成『道的人生觀』，抱著道的生活態度，以安頓現實的生活。」❽簡言之，人將個人的主觀精神由內而外地擴大，融入天地精神中，向上昇華，如此便相應於客觀的道，與道同體。

　　體道之前，必須先釐清人如何掌握「道」。莊子否定感官認識與知性的方式對於體道的可能性。他認為同於大通或大道之前，必先捨棄身體欲望、理智的知解作用。

老師：妳這裏提到體道，它當然是一種工夫論的名相，妳這裏是講道家的體道，特別是莊子，那我們看一下其他學派。儒家，它在這方面有什麼樣的講法。我們很快就可以想到程明道，他說，我的學問都有所從來，就是承受，從孔孟以下，一直到他的年代。他是把傳統裏面所講的、所實踐的那些活動，都接受過來。可是對於天理的體證，是自己開拓出來，不是從別人，從傳統那方面承受過來，而是要從自己生命裏面發出一種力量，一種智慧來體證。這兩種修行有沒有不同的地方，或許是有相同呢？

---

❽　轉引自《老莊哲學的現代析論》，頁65。

同學（瞿）：我覺得有相同的地方，是從生命裏面發出來的那部分，那相當重要。

老師：自家發出來的，相同。那有沒有不同？

同學（瞿）：他有講吾心即宇宙？

老師：那是陸象山講的，不是程明道。

同學（瞿）：程明道是心學那派的開始的人？講心與宇宙打成一片的那位學者？

老師：妳說心靈？是這樣嘛？孟子他已經講啦！盡心，知性，知天嘛！他已經把心放到一個開端，是我們進行實踐的一個開端。就是從心做起，因為心是最具體的。然後再擴展到性，最後講到形而上的天，這是一貫的，心、性、天是一體。所以他講「盡心知性知天」。可這是孟子的思想。

　　這問題說難也不難，講到道的問題，就是兩方面所瞭解的道不同，儒家所講的道是道德實踐的道，以道德作為它的內容。可莊子所講的道，主要的旨趣、宗旨，不是道德。他好像是要追求一種宇宙的那個原始的態勢、面貌，也可以說是，有一種美學欣趣的內容。所以，他應該是偏向美學方面，審美的一種欣趣。他不是很關心道德的問題。莊子這個人，他的生命情調不是德性的，是藝術的、審美的。所以，你所體證的對象不一樣，你在實踐的作法也不一定一樣。如果你是進行一種道德實踐的話，你一定要把道德吸進來，或是你本來就有道德的本性，那你實踐的時候就要把這種本性

彰顯出來。有是有，道德性是內在於我們的生命存在，可它是藏在裏面，沒有顯發，那我們要進行道德實踐，把這種德性顯發出來，把它彰顯出來，這是儒家的實踐。

道家就不一樣，道家要彰顯的是天地的大美。天地有大美而不言。你就要從行為裏面把它彰顯出來，把天地那種大美，怎麼講，我們要用一個恰當的字眼，把天地的大美發現，然後把它彰顯。所以，天地的大美它有一種向客體性傾斜的那種導向。可是，我們那種道德的本性，就偏近主體性。有沒有這種分別呢？講天地的大美，那天地就是客體性的方面嘛！

同學（瞿）：老師，他雖然體證天地的大美，但還是回到主體的境界。

老師：可他最初做這體證的工夫的時候，他所面向的就是客觀客體性的自然世界，自然的天地。然後你在裏面發現，把它彰顯出來，吸收到自己的心裏面去，自己的生命存在裏面去。所以從這裏面講的話，道家講的道，有那種外在性，可是它一樣可以為你的主體性所體證、證成，把它吸收過來，成為自己生命裏面的正面的內容。它的出發點是客體性的，儒家不一樣，它的出發點是道德主體，是內在的。

當然道德跟美學，是不同的文化活動。像我要提純粹力動現象學，最後我要處理文化開拓的問題。就是說怎麼以純粹力動作為基礎來開拓種種的文化活動。這是實踐意味很重的一種學問。有什麼文化可以開拓出來呢？那就是我們現有的種種活動，科學、宗教、道德、藝術這些。所以莊子在這裏如果要講文化開拓的話，他所開

拓的就是藝術。所以中國很多藝術品,特別是山水畫,裏面有很多充滿道家的意境。

一個讀書人、高士,手裏面拿著一根拐杖,有一個書僮抱著一個古琴,跟在後面,然後去觀瀑、聽瀑。聽水從高處流下來的聲音,就是瀑布,這可以是一種自然的聲音,可以說是自然的一種美,有美感在裏面。他可以這樣一去待一天,一整天,他沒有別的事要做。就是在欣賞、聽瀑布的聲音。這種聲音也不能光說是水的聲音,而是宇宙的聲音。它可以通過很多不同的媒介顯出來。或是宇宙的那種大美,它可以透過不同的現象顯出來。我們人就有這種在美方面的感應。

同學(瞿):老師說的是天籟、地籟?

老師:〈齊物論〉裏的天籟也可以說。比如毛澤東講的「江山如此多嬌,引無數英雄競折腰」。江山那種嬌美,很多大英雄被它吸引。所以不一樣,儒家講的體道與道家講的內容不一樣,所成就的活動也不一樣。儒家成就的是德性的文化,道家所成就的就是藝術。有沒有問題呢?

妳有沒有看過山水畫呢?它有一種基本的樣版,就是一個高士,一個讀書人拿根拐杖,走在前面,大山大水作為背景。一個書僮抱著一個古琴走在後面。中國古代這些文人,大概都會彈一些古琴,蘇東坡也會。王維不是說「獨坐幽篁裏,彈琴復長嘯」嗎?他能彈琴。琴是不好彈的,很難彈的。古琴有沒有聽過?

我二十幾歲的時候,在中文大學當助教,聽一個音樂系裏面中國音樂研究的主任,聽他彈古琴。因為我去得比較晚,而那地方不

大，所以前面坐滿人，我只能坐在後排，那我就聽他彈古琴。聲音很難聽到，它是很簡單很簡樸，很低沉的一種聲音。結果我就聽不到聲音。他彈完以後，我就去問他，「你這樣彈古琴，我怎麼沒聽到聲音呢？」他說：「不是用耳朵去聽，用心靈去聽。」他這樣跟我講。我說：「如果我耳朵聽不到，心靈怎麼領略呢？」他沒話講，可能覺得我是外行。我聽有些人講西方音樂，講巴哈。有人說巴哈的音樂那種聲音，是上帝的聲音，而上帝的聲音不是用耳朵去聽，是要用心靈去聽的。這我能瞭解，因為巴哈的作品，我都能聽到，就是古鍵琴這些樂器我都能聽到。而且我感到它裏面所傳達的是一種很溫柔的愛。這讓我想起上帝，好像上帝在對我們說話，有這種感覺。可是古琴我就沒有這樣感覺。

同學（瞿）：我先引《莊子》文本的一些文字：

> 顏回曰：回益矣。仲尼曰：何謂也？曰：回忘禮樂矣。曰：可矣，猶未也。他日，復見，曰：回益矣。曰：何謂也？曰：回忘仁義矣。曰：可矣，猶未也。他日，復見，曰：回益矣。曰：何謂也？曰：回坐忘矣。仲尼蹴然曰：何謂坐忘？顏回曰：墮肢體，黜聰明，離形去知，同於大通，此謂坐忘。（《莊子》〈大宗師〉）

> 墮爾形體，黜爾聰明，倫與物忘；大同乎涬溟，解心釋神，莫然無魂。（《莊子》〈在宥〉）

這是因為莊子認為這些如禮樂、肢體、聰明之類的東西是束縛身心靈的事物，會阻礙心靈向上發展，與大道同在的可能。理智的思索與考慮是無助於道的體認，應該要超越「有」理智作用的思索，以「無」的修養，去體證道。至於如何體道，莊子認為要將「道」這種概念形態的思索都捨棄掉，冥契入道，並渾化於道中，與道一體。在〈應帝王〉一篇，提到渾沌這個中央之帝，被儵與忽兩帝鑿了七竅之後，渾沌在七日之後便死了。這寓言在強調莊子認為感官作用無法體道，反而帶來障礙。❾

心齋與坐忘是互相關連的，坐忘是解消感官作用與理智作用，心齋則是更進一步將內心的經驗內容淘空，回歸到一種虛靜的狀態，才可以與道相應。❿要理解心齋，必須要先瞭解「氣」的觀念，氣是與自然、萬物連繫相通的中介。這裏引〈應帝王〉一段來說明，「遊心於淡，合氣於漠，順物自然而無容私焉。」淡是指無成見、欲望與經驗內容，漠是無識知心的概念累積的境界。⓫將心的經驗內容淘空，並以氣的虛靜狀態，順於自然萬物。這是心齋的實踐方式。

對於道的體證，不能透過有知這種小知，要以超越有知的「無知」來認識道。這種「無知」之知，是一種超越感官的智性直覺（intellectual intuition），認識的是內在於現象的事物自身。⓬莊子以庖

---

❾　整理自《老莊哲學的現代析論》，頁 70-71。

❿　《老莊哲學的現代析論》，頁 101。

⓫　《老莊哲學的現代析論》，頁 103。

⓬　《老莊哲學的現代析論》，頁 73。

丁解牛這則故事，說明高度價值的藝術創作，是在一種感官作用停止的狀況下，讓心神駕馭的神用過程中成就的。這種無知的「體道」，莊子以「冥」來形容。

> 視乎冥冥，聽乎無聲。冥冥之中，獨見曉焉；無聲之中，獨聞和焉。故深之又深，而能物焉；神之又神，而能精焉。故其與萬物接也，至無而供其求，時騁而要其宿。（《莊子》〈天地〉）

「見曉」與「聞和」，都是體道。「曉」是道的光輝；「和」是道的祥和氣氛。這是在一種昏冥的狀態下的感受，稱之為「冥覺」，是一種奇妙的心神狀態。這種狀態是自由自在，不受他物困擾的。❸

老師：妳這裏提的實踐，是莊子的實踐。他應該有兩方面，一方面是坐忘，另一方面是心齋，這裏有講坐忘，沒有心齋，是吧？

同學（瞿）：對不起，這裏疏忽了，在第六頁有講心齋。

老師：我們注意一下他講這個坐忘，他是講顏淵跟孔夫子的對話，提出坐忘。它的內容就是「墮肢體，黜聰明，離形去知，同於大通」。這裏我們要注意一下，它是有兩個步驟，一個是墮肢體，一個是黜聰明。肢體，是我們的肉體，也可以說是一種形軀我。如果你用自我設準來講，肢體就是形軀我。然後，黜聰明，聰明就是一

---

❸　《老莊哲學的現代析論》，頁 74-75。

種知性所表現的光輝，那種明覺。墮肢體，黜聰明，就是兩種、兩重修養。一方面就是把肢體那方面的作用，形軀我那方面的認識，不要讓它生起。另一步驟就是黜聰明，也不要施行那種知性的認識。所以跟著就是離形去知。這幾句用得非常好，離形就是不作肢體的認知；去知，就是不作知性那方面的認知。在自我設準那方面，先把形軀我關掉，再把認識我那部分關掉，剩下的就是同於大通，大通就是大道。我們要體證大道，不能用認知我來體證，形軀我更不行。

另外還有哪種認知的方式呢？如果你從康德的講法來看，就是沒有了肢體的那種認知，不是感性的，也不是知性的，不是理論理性的。剩下來的就是智的直覺（intellectual intuition），那這裏也提到了一種超越感官的智性直覺。上面講到無知，無知也是一種知，無知之知，這就是指睿智的直覺。無知，所無的那個知，就是感性跟知性的知。

無知之知，京都學派西谷啟治也提過這種知，他用的字眼就是「不知之知」，差不多。不知，就是沒有知相，沒有那種形軀的認知，沒有那種知性的認知。無知之知，顯出這兩種，感性與知性的知，把它們罷免，不用這種知，就顯那種無知之知，就是睿智直覺的知。這個 intellectual intuition 在後面有提到（德文 intellektuelle Anschauung），日文就是西谷啟治所提的不知之知。這在西田的《善之研究》中也提到，他稱為「知的直觀」。

這裏引的〈天地篇〉的這段字眼非常精采：「視乎冥冥，聽乎無聲。冥冥之中，獨見曉焉；無聲之中，獨聞和焉。故深之又深，而能物焉；神之又神，而能精焉。故其與萬物接也，至無而供其

求，時騁而要其宿。」這裏提出兩種屬於睿智直覺的那種境界，一個是見曉，一個是聞和。這的「曉」跟「和」都是指道，就是終極的真理。所以，這個見曉聞和，一定是超越感性的知，也超越知性的活動，而上提到睿智的直覺。

　　《莊子》用了不少篇幅來講「和」這個字眼。「和」是莊子思想裏，一個挺重要的觀念。顯現他那種終極的旨趣，就是講「和」，「和」就是諧和，它不是分裂，它是諧和。諧和有兩種，一種是人與人的諧和，另外一種是人與自然的諧和。人與人的諧和，叫人和；人與自然的諧和，叫天和。你從人和的那種實踐，最後可以得到人樂（樂，快樂），人樂是人和引發的。然後，天和可以讓你得到天樂。所謂天樂就是與自然有一種諧和的關係、合為一體的那種樂趣。你這裏沒注意這個「和」，後面還有人和天和、人樂天樂這種講法。

　　所以你看他還指視乎冥冥，聽乎無聲，這種視這種聽，跟我們一般用耳朵去聽，眼睛去看，不是那種層次。眼睛跟耳朵只是形軀我的一種器官。用這種器官來作用，不能是冥冥，不能是無聲。對於終極真理，對於這種道，這兩種認知（眼、耳）都不能用。結果一種是冥冥，一種是無聲。不是顯現知性感性的認知作用。因為那種對象不是現象，它是道，是絕對的終極真理。在我們認知這種活動裏面，有不同的層次，有對現象的認知，有對終極真理的絕對性的認知。現象的認知是相對的，在時空裏活動。另外一種對象的認知，就是對終極真理、對大道的那種認知，那種認知只能透過不知之知、睿智的直覺來證成。

　　在這裏顯出一個問題。莊子講人的認知，已經提出有三個層

次，一個層次是感性，一個層次是知性，另外一個是超越克服了感性與知性，上提到睿智的直覺這種認知。這種認知只能認知終極真理、本質或者是物自身這些東西。這些都不是現象的層次。知性跟感性都只能認識現象的東西。在這裏他已經發展到這種程度，很不簡單。通常很少人能講出睿智的直覺這種認知。像墨子、荀子就沒有這種觀點（觀念），莊子就有。莊子、墨子、荀子誰先誰後呢？是戰國那個年代是吧？

同學（畢）：莊子應該後於墨家。

老師：墨子比較先，莊子應該是先於孟子，孟子也先於荀子。那莊子應該是稍先於孟子跟荀子的年代，是戰國。先秦道家都說老莊老莊，老在先，莊在後。這裏面有一個意思，從時代看，老子出現比較先，莊子出現比較後。可好像有另外一些講法（錢穆），它把它倒轉，說莊子在前，老子在後。如果我們從這一段來看，莊子能夠指點出睿智的直覺這種認知的方式，就使我們可以這樣推想，他的出現是比較後一點。比他先的人都沒有提這種睿智的直覺，孔夫子也沒有。所以，這是認識論的一個突破，超越知性跟感性。

所以他這裏講見曉跟聞和，曉跟和，都不是一般的認知對象。不是在現象層面，以時空作為認知的形式，以範疇作為整理那些雜多的能力，就是超過那種感性跟知性的瞭解。這突顯一種第三種的認知機能。它就是睿智的直覺。這種層次不一樣，認知的活動不一樣，性格不一樣，對象也不一樣。睿智的直覺認知的對象不是現象，而是「曉」、「和」。它有一種 transcendental 的性格在裏面，當然也是普遍性的。在他那個年代，也難提出睿智的直覺所認

知的那些東西，我們不知怎麼講。所以他只能用「曉」跟「和」，通常這兩個字眼，我們不應把它當成為認知的對象來瞭解。莊子在這裏就沒有辦法，因為他找不到另外一些恰當的語詞，作為睿智的直覺所認知的那些對象。所以只能提「曉」跟「和」。「曉」就是一種狀態，就是一天的日出以前的現象；「和」就是一種關係，就是和諧，或諧和。他只能用這些名相來作為睿智的直覺的所認知的對象。在西方哲學發展到康德，他就很自然能提「物自身」（Ding an sich），跟現象來一個對比，現象就是顯在我們前面的那些東西，物自身就是我們感官所不能接觸的對象。你看莊子比康德早了多少年，一、二千年，康德是兩個世紀以前的人，莊子是兩千多年前，有沒有兩千年？差不多啦！所以，莊子是比康德早了很長一段時間。好，我們繼續。

同學（瞿）：這種自由自在的狀態，又可稱「逍遙遊」。逍遙遊是體道這種過程所追求的目標，正是在這過程中，展現境界義。「遊」是一種主觀的精神作用，是自由自在的，與「道」的客體性格互相貼合的話，便可達到主客合一的境界。莊子的逍遙遊具有兩種意義，一是向精神世界最高價值的道，發出根源性探索，並企圖達致主客為一；另一是對於當時現實環境抱一種批判的態度，並努力超克現實加諸於自身的限制。能夠以逍遙遊而體道的人，在精神上與道通為一，不僅離形去智，在工夫修養上，必然是坐忘、心齋。如此才能通過無己、喪我過程，突現出靈臺明覺心。並從靈臺

明覺心開展出與天地精神之道相往來的境界。❹

老師：靈臺明覺心這字眼不是莊子自己提出來的，他是有提靈臺這個名相。可靈臺明覺心作為一種認知終極真理的那種主體性，他是沒有提。唐君毅先生在《中國哲學原論原性篇》裏，他有提靈臺心，我就把明覺加上去，便成靈臺明覺心。為什麼要用這個明覺，為什麼要用這個覺呢？這裏有美學與宗教上覺悟的意味。因為覺跟知不一樣。如果我們說知覺，那我們就很容易想到 perception 那方面。可是明覺就不一樣，「明」應該就是對有絕對性、有終極性的東西的一種瞭解。而且，也不是完全向外那種導向，尤其是那個覺，覺有一個迴轉，從外面迴轉到內面，那方面的意味。牟先生不是講逆覺體證嗎？逆覺體證所逆覺的就是自己的道德的主體性。所以明覺在牟宗三先生裏面來講，就是道德實踐的活動，可是在莊子來講，不是道德自覺，而是一種展現美感的體會。他也是體會那種真理。

我們說真理是比較一般性，比較空泛的講法。真理可以有多方面的面向。真理是多元，不是單元，它可以是道德性格，也可以是藝術性格、宗教性格、認知性格。真、善、美、神聖。這都是它的性格。真是認知心所成立的那種真，不過它的層次比較低，它是世俗諦，可是它也是諦，雖然是世俗，它也有真理的意味，就是科學的真理。善美神聖，善就是道德，美就是藝術，神聖就是宗教。這都是明覺心所要處理的對象。尤其是覺這字眼。你很快就可以想到

---

❹ 整理自《老莊哲學的現代析論》，頁 80-81。

覺悟那種活動。覺悟的活動就是宗教的活動。

　　下面你引「天地與我並生，萬物與我為一」。好像是對句。那並生，妳是怎麼瞭解呢？並生跟為一。

同學（瞿）：同時存在。

老師：天地跟我不是同樣東西，但是可以並生；萬物跟我也不是同一種東西，可是可以為一。這表示什麼意味？並生跟為一，它發出什麼一些訊號？它的訊息是什麼東西？

同學（瞿）：我們在體道所依賴的睿智的直覺是從我到天地萬物。發現天地萬物也有道的存在，所以是同時俱在。然後，為一就是都共同在道裏面，也就是主客合一、融為一體的狀況，就是前面講的大通。

老師：這就是「和」，並生跟為一的基礎就是「和」，它就是要顯「和」的境界。剛才講過，和有兩個面向，人和跟天和，天和更有普遍性跟終極性。所以，並生為一的基礎就是和這觀念。在美學與藝術上，和是藝術、美學方面最高的境界。這種境界，你可以在中國畫裏，尤其是山水畫裏面感覺到。就是大山大水，瀑布由很高的地方流下來，然後有一個人在觀瀑，這就表示這個人的精神已經融進大山大水裏面去，跟它合而為一，達到和的境界。在你那種活動裏面，對大山大水有一種與它相往來的關係的時候，你的自我（individual self）或個別的自我，是不存在的。就忘掉了，就是坐忘。所忘的就是主客二元性，你有主客二元性就不能和，一定要把這種二元性克服、取消，這種和的境界才能達到。

同學（瞿）：老師，山水畫裏面一定要有一個人嗎？這樣不是也提醒了主觀性？

老師：有這種象徵的意味，傳統的一些有名的山水畫，很少是完全沒有人的，有人才有生氣，才有生命，即便是一兩個人，很少很少，你一定要一些有生命的東西在裏面，你的畫才能表現一種生命感。這跟我們攝影不一樣。長江三峽，把它拍下來，沒有人在裏面。如果是這樣的話，人跟自然諧和的關係就不能講。

同學（瞿）：所以它還是必須要提醒我們有主跟客在畫裏？

老師：合一，一定要有和，這種境界才能建立起來。

同學（瞿）：當吾人能夠達致靈臺明覺心的精神境界時，在與天地精神相往來的感受中，亦即在體道的活動中，融入客觀的「道」去體會萬事萬物的創生與變化，便是一種沒有滯礙的觀照。體會自身與萬物同在，即〈齊物論〉說的「天地與我並生，萬物與我為一」。這種與萬物交感的作用，即是「物化」，是體道作為終極關懷的核心所在。處於與萬物與我相同的心境之中，心靈獲得的體驗是莊子說的「天樂」，或是老子說的「至美」。

老師：這個「物化」本來的意思是很不好的，所謂物化是走唯物主義那條路，讓人變成沒有生命那種死路。不過在這裏就不一樣，「物化」是很高很高的境界。徐復觀有篇文章，提到「物化」這觀念，把它提升到很高的境界，就是物我兩忘。這個人跟物已經沒有分離，那種精神已經滲透到物裏面去，這不是唯物論的意味，而是

一種諧和，是物我雙忘的那種境界，就是王國維說的無我境界，他不是講藝術有兩個層次，一個是有我，一個是無我嗎？物化應該就是無我那種境界。

第三節 以純粹力動來說明體道工夫

同學（瞿）：關於純粹力動，「純粹力動有價值導向義，有規範義，故可以理說；由於它是終極性格，一切法或事象都由它開展出來，故是一終極原理。同時，由於它的動感性格，因此也有心義。心是能活動的主體。……當我們說純粹力動時，那是就形而上的或本體宇宙論的客體性說的。它落在主體性的人來說，則是睿智的直覺或明覺（intellektuelle Anschauung）。即是說，作為主體性的睿智的直覺並不是一在主客對立的二元關係中的主體，而是普遍的、客觀的純粹力動落於個體生命中的表現。」❺純粹力動作為一種形上的終極原理而言，它具有超越性。一切法、事象由它開展，故具有本根性、創生性。又其遍在於萬物與主體心靈，故具有遍在性。在這裏純粹力動可作為詮釋道家思想的「道」的一個理論參考系。

老師：妳這裏最後一句，說「純粹力動可作為詮釋道家思想的『道』的一個理論參考系。」妳這裏是把純粹力動跟道家所講的道放在同一個層次，就是終極真理的層次，是不是這意思啊？

---

❺ 吳汝鈞：《純粹力動現象學》（臺北：臺灣商務印書館，2005年），頁62。

同學（瞿）：是，不過我會用來作詮釋，這是因為道家很多思想是講不清楚的，所以它必須要就現代的意義來講。現在就是用老師的理論去把它做現代的開展。

老師：我提純粹力動，它是非常多元的，內容非常豐富。光是從文化開拓，你就可以列出不同的文化活動。藝術、道德、宗教、科學。可是妳這裏提到道家的道，它只是相應於美的方面那種終極真理，內容是比較單元。道家講的道，基本上是藝術審美的取向，內容不一樣，所以實踐起來也不一樣。

同學（瞿）：如果從存有論來講，我們講終極的真理，如果不講在人生的境界上應用、開拓，那純粹力動似乎是可以把道說得比較清楚一點。如果我們不去講藝術、審美開拓的文化的話，只講存有。

老師：道家講這個道，跟儒家不一樣，跟佛教也不一樣。可純粹力動可把這些觀念都概括過來。它是把絕對有跟絕對無所展示的兩種不同取向的兩種觀念的內容融合在一起，一邊是非實體主義，一邊是實體主義。可是這裏，道家這個道，如果是莊子，他的非實體主義的意味比較強，老子的實體主義的意味則比較強。所以才有唐、牟兩位老先生對道家的道有不同的詮釋。一種說它是實體主義，一種說它是主觀的實踐境界。如果我們還遵從傳統的講法，老子發展在先，莊子發展在後，那妳有沒有注意到，在老子裏面最關鍵性的觀念跟莊子裏面最關鍵性的觀念是不一樣的。有沒有注意呢？這裏很重要，常常一個哲學家整個系統的特性，你從一個觀念裏就可以把它呈現出來。

　　所以，你說很簡單也可以，一個哲學系統。黑格爾這麼大的哲學系統，最關鍵的觀念是精神（Geist）。他有一本《精神現象學》。所有他那些在哲學上的講法，都是以精神的觀念為中心。甚至他講歷史哲學，還是以精神作為一個線索，然後從東方一直講到西方，最後就是德國日耳曼那一套。所以，在這裏我們也可以參考剛剛這種講法，比較一下他們兩位，或是兩本書，在觀念上有不同的強調之點。老子最關鍵性的觀念是什麼呢？

同學（瞿）：無。

老師：應該是「道」，因為道有不同的面向：有、無，是表現它兩個不同的面向。所以老子最重要的觀念是「道」，在道的下面才可以開拓有、無。那莊子呢？

同學（呂）：自然？

同學（張）：逍遙？

老師：老子講很多自然，人法地，地法天，天法道，道法自然。逍遙不能說是一種很關鍵性的觀念，它是一種境界。就是說，你進行某種工夫實踐你就能達到那種境界，就是逍遙。然後你用這種分別，來看唐、牟的瞭解。他們不是隨便說的，他們說得很認真的。可我們就要尋根究柢，看他們兩個何以有這樣不同的說法。

同學（張）：我一直以為莊子最重要的觀念是人可以達到的境界。

老師：老子也一樣啊！

同學（瞿）：老師就是剛剛您講的和嗎？

老師：它應該是一種我們跟道對應的關係。

同學（顏）：天地精神嗎？

老師：這觀念，應該是概括性相當廣的「心」。你看他講坐忘心齋，都是講心。講與天地精神相往來，也是講心。講靈臺明覺，也是講心。那你講道的時候，你很自然會發展出形而上學，因為道本來就是一種形而上學的觀念。你一講形而上學，那種客觀實體的意味就出來了。所以唐先生就很自然把它講成實有形態。因為他是注意「道」這觀念。這個「道」在莊子裏面當然也有出現，可是在他的整個系統來講，還不是最關鍵性的。最關鍵性是心。那你就能夠瞭解牟先生為什麼把它講成主觀的實踐境界。因為心就是實踐的主體，你一講起實踐，不管是道德實踐也好、美學實踐也好、宗教實踐也好，就是從心開始。你一定不能離開這個心。

　　所以，在這裏講純粹力動，它一方面是概括心，另外一方面也概括道。從客觀上來講，它凝聚、下墮、詐現出宇宙萬物，這是客觀的表現。然後，在我們人的生命存在裏面，它下貫、直貫到我們生命存在裏面，以一種睿智的直覺展示出來。睿智的直覺就是一種心、睿智直覺心。所以它是兩邊，兩邊都概括。它的意思是比較多元。

同學（瞿）：就體道的工夫進路而言，老子提出「無」的工夫修

行，首先要培養無的性格，即是與沖虛、柔弱相應的心境。❶「載營魄抱一，能無離乎？專氣致柔，能如嬰兒乎？滌除玄鑒，能無疵乎？愛民治國，能無為乎？天門開闔，能為雌乎？明白四達，能無知乎？」（〈第十章〉）吳先生認為，這是要人培養一種無的、沖虛的心態或姿態，要使精神和形軀相合而不分離，要如嬰兒般柔弱純樸，要使內心明澈如鏡，沒有瑕疵，要使感官作用靜斂退隱，要與四方接觸而無機巧。這都是以無為基礎作工夫修行而達致的心態。「無」用在與人相處之時，其要點在於化解，即撤除障礙、偏執，是一種退避、謙讓的心態。至於形軀的照顧，則要泰然處之，順性發展，「吾所以有大患者，為吾有身。及吾無身，吾有何患？」（〈十三章〉）以及「聖人後其身而身先，外其身而身存。非以其無私邪？故能成其私。」（〈七章〉）都是在說無身或外其身，反而能夠成全自己。這種無的工夫修行，是淘空內心的渣滓，洗去一切濁知惡見，以趨近於道，並顯出無的沖虛性格。❷老子的工夫論，可以用「致虛極，守靜篤」來當成最大的總則，這是讓我們處於萬象流轉的現象界中，回歸於道的方法。

老師：妳這裏講到老子的工夫論，「致虛極，守靜篤」這個原則，是吧？然後從萬象那邊，做一個回歸的反省。最後回歸到道，回到根本的原理。在這裏我們可以想到，就是我們講存有論，或者是講形而上學，可以有兩個導向。第一個導向就是，先從終極原理開

---

❶ 引自《老莊哲學的現代析論》，頁36。
❷ 《老莊哲學的現代析論》，頁36-40。

始。像 Plato 講理型，像當時希臘哲學，在 Plato 以前那些辯士，他們喜歡講太一，太一就是存有最原初的根本、根源。萬物的成立都是以太一或理型作為它們的根源。這種思維的方式是向下發展，向下開拓。整個宇宙萬物是從有形而上學、有存有論意義的一個終極原理向下發展出來的。這可以說是一種由終極原理向經驗世界的一種發展，一種開拓。這是一種導向。

另外一種導向，跟那個方向相反。就是從我們當前面對的種種現象，去替這些現象尋根溯源，一直推溯到最根本最原始的原理這方面去。西方哲學的形而上學所走的路向，就是我剛才講的第一種。就是從一個第一原理或者是上帝，或者是所謂太一，從它開始。由它來進行種種活動，這之間可以有不同的過程、分化、詐現，然後一直推演下去。最後，整個宇宙、整個現象世界便成立。就是在這個方式下成立。這是西方哲學通常講形而上學的那種講法。可是這不是唯一的講法。我們有另一種講法。不是說，方向是從主體性向外，或者向下作一種開拓，做一種現象方面的開拓。而是向內，從我們所見到、聽到、碰到種種的事物，替它們找尋它們成立的根據，這可以說是一種內省，向內來反省，替客體性方面的現象世界尋找它的根源。

東方思想的思維方式是比較偏向這種想法。道家所提的道，老子也好，莊子也好，順著這種思維的方向由現象追溯，一直追到最終極的原理，或者是真理，這就是道。也不光是道家這樣講，像京都學派他們也是這樣講，比如說他們最重要的人物、創立這哲學宗派的西田幾多郎，他是從現實世界種種不同的事物的呈現，從種種的現象，往後、往裏面推溯。先從多元的現象世界開始，然後一路

推溯到了最後，就變成二元，由多元變成二元。這就是現象世界的極限。再從二元性（dualism）的存在向裏推。推出超越二元性、克服二元性的那絕對的、終極的真理。你說它是心也好，你說是道也好，或者是儒家所講的天理、天命也好，都是終極的。從多元最後回歸到一元。一元也不是一二三四的一，一不是數目，而是絕對的意味，唯一的、無二亦無三那個意思。西田有一個比較特別的叫法，把它叫做純粹經驗（pure experience）。這個純粹經驗，在他眼中就是宇宙萬象的終極根源。它是一個原理，一個 principle。它不是以物的身分存在，而是以理、原理、真理的身分存在。它沒有二元性，更沒有多元性。它就是，很難用數目來講，唯一的那個絕對的真理。為什麼叫 pure 呢？為什麼叫純粹呢？然後又加經驗這個語詞上去呢？我們可以這樣瞭解，他講的那個純粹，就是沒有經驗性的內容，就是純粹的。我們怎麼看這個經驗性的內容呢？我們通常說某些東西是一些經驗，它有經驗性的內容，這是什麼意思呢？

同學（呂）：我比較熟康德的講法，就是它關乎我們的感性對於材料的攝取，通過知性的綜合，我們說這些東西是經驗性。

老師：可以這樣講，所謂經驗性就是扣緊感官那種認知的能力來了解。具體來說就是吸收外界種種的資訊（sense data），感覺的資訊，吸收這些東西。這要通過直覺，並且是感性直覺才能這樣做。其他的直覺不行，睿智的直覺不做這種事情。所以我們一講到經驗，這個直覺，一定會連到感性那種認識的機能。我們的感性機能有多少種呢？

同學（張）：是十二範疇嗎？

老師：十二範疇是屬於知性那方面，感性不是這種。就是我們人這種生物，接觸外界是通過所謂直覺，就是感性直覺，我們可以通過不同的直覺來吸收外邊的材料，那就是五官，眼、耳、鼻、舌、身這五種，就是感性直覺。它的任務就是吸收外在世界的 sense data。所以一講經驗，就會牽連到那些感性的機能，跟感性的對象。感性的機能就是剛才我們提的，眼、耳、鼻、舌、身。它們的功能就是，眼是看的，耳是聽的，鼻是辨別味的，舌也是辨別食物，身是觸覺。你敲這東西，它會有聲音，你會感到迴反的壓力，你的手會感到有點痛，這就是觸覺。或是你摸桌面，會感到它是硬的，或是摸椅子，你會感到軟的。所以西田講的純粹經驗就是沒有經驗的內容，沒有感性的東西。可他也說成為一種經驗。經驗我們通常不是用來講終極性的東西，可他在這裏就是用經驗這個字眼。所以我們要注意，他有特別的意思在裏面。他的思考有點怪，可裏面也有很深的洞見。比如說，我們從一般的活動來講，因為純粹經驗本身就是一種活動。我們用一般的活動例子來講，比如說打籃球，有一個籃球，有運動員，有一個裁判，有一個場地，還有一個投籃的籃框。那些運動員到球場聚在一起，然後拿一個籃球，就去比賽。他們拿著籃球做一種比賽，他們是主角，是他們在舉行籃球比賽。那個籃球就是一種工具，讓你能夠進行籃球比賽的。然後籃球比賽就可以進行。這種思考，是很一般性的思考。我們一講就明白。以一般人做為遊戲者，拿著籃球做為遊戲的工具，然後進行那種比賽的活動，這很容易瞭解，很自然是這樣，我們都是這樣想。

可是西田就不是這樣想，他說這是一種現象論的想法，不涉及終極的原理，不涉及形而上學的問題。他是要從層次比較低的，像遊戲者跟遊戲的工具，這方面再往後追，或推溯，推溯遊戲這種活動。他說這種活動才是真的具有終極性。然後再從這種活動向前移，讓它發展，成為遊戲者、遊戲工具或者是遊戲的對象。這種想法我們覺得有點奇怪。因為，如果你不先講遊戲者跟遊戲對象，那你講那個遊戲活動怎麼來呢？我們進行某一種遊戲的活動，先有參與的人，再有那些工具。籃球一樣，桌球、羽毛球、網球都是這樣。你先要有人去進行遊戲，那就是遊戲者。你還要有這種遊戲所需要的對象、工具，這種遊戲才可能出現。這是很一般的想法，很容易懂。可西田就不這麼想，他認為形而上學不是在這種層次的想法。就是說，先有遊戲的活動，你可以說先有遊戲的觀念，或遊戲的這種心意，然後才開拓出主客兩方面的因素，就是遊戲者跟遊戲工具。這個方向不是相反了嗎？他說形而上學，或說真理就是要這樣發展的。

所以，他所謂的經驗不是一般所講的那種經驗，我們剛剛講了好幾趟了，我們講經驗就一定要扣緊感性能力跟感性對象來講。而且它是在時間、空間這種預設來進行的，一離開時間、空間就不能講，遊戲或一切的經驗活動就不能講。這是一般的經驗活動。但京都學派在講形而上學的時候，有關終極真理的學問，偏是這樣講。

那妳這裏所講的道，最後這一句，回歸於道，就是妳從多元性開始，慢慢減化為少元性，再減化為三元性、二元性，最後那個絕對的原理就出來了，這就是道。所以這樣回歸於道，可以說跟京都學派所講的純粹經驗，在思路上有點關連。這種思維的方式，除了

我剛才講的兩家，道家跟京都學派以外，還有沒有其他家，或是其他學派，都是採取這種思維方式？有沒有呢？

同學（畢）：佛教嗎？講現象是虛妄的，由虛妄回到自己的佛性，是真的。

老師：佛性不對，沒那麼快。你從種種不同的現象開始，那沒有問題，就是世界。然後你繼續努力，應怎麼做？

同學（畢）：要先講到真如嗎？

老師：還沒那麼快。你會把某一個具體的東西，像電腦，觀察這東西，它好像有很多部分構成，你就一部分一部分把它丟掉。你處理一輛汽車也是一樣。它是一個整體，可是這整體是由很多不同部分組合而成。不同部分是可以分離的，可以從車自己搬走。你就很自然會有一種想法，車不是一個整體不動的，不是堅實不能改變、不能摧破的機體，而是可以把裏面的東西拆開的，它是由不同零件、不同事物組成，然後緣起的觀念就出來了。

汽車也好，一切現象界的東西也好，一切生滅法，都是由種種不同的因素、零件組合起來。這些因素，這些零件，也可以給撤開。這樣子，所謂緣起的觀念就出來了。再進一步，你說凡是緣起的東西，都是沒有它的獨立的、不變的自性。不是緣起的東西就不能這樣講，上帝不是緣起，就不能這樣講，你不能說上帝沒有自性。可我們一般碰到的東西，既然它是緣起的，就沒有獨立的自在性，所以它就是空，最後歸到空那個觀念，這空就是真如，就是涅槃的境界，跟佛性有關係。佛性是主體性，真如是客體性。我們講

這個道理，不用牽涉到那麼詳細，那麼多名相，到空就可以了。空就是終極真理。所以這種思維方式，也是從現象向內追溯，最後得到現象的基本性格，是緣起的，是空的。然後才有下面進一步的行為，既然是空的，那我們就不要執著，不要生起種種顛倒的看法。你如果能夠不生起種種顛倒的看法，就不會生起種種顛倒的行為。你如果能夠免除種種顛倒行為，就沒有苦痛煩惱了。那就是解脫。所以，這整套思想，它的思維方式，就是剛剛講的，先從現象做一個反思，向內的反思。現象是外面，我們去探求它的本性是緣起的，是空的，那就是我們向內反思的結果。

同學（張）：老師，自性是屬於物自身的層次麼？可以這樣理解嗎？

老師：從表面上，從存在的層次看，它是有這種相連性，有這種關連。不過，像這種問題我們要小心處理。我們講自性，是從佛教的脈絡裏面講。它就是我剛剛講的，它不是緣起的，它有常住不變的性格，是打不破的，沒有生老病死那些。它是一種本來沒有的存有，可是很多人在知見上產生種種誤解、執著，以為很多事物都有這種自性。我們通常講自性就是這樣講法。

那物自身，在康德的哲學裏面，尤其是在他的認識論這個脈絡下時常提出來。康德的意思是，我們人類的認知機能，包括感性直覺，跟知性，只能接觸事物的現象的性格，或者是經驗的性格，相關於感官那方面的性格。在這些現象、這些事物背後，是不是有一種東西，是獨立自存的，沒有什麼變化的，那種事物的自己，即物自身，有沒有這種東西呢？康德說，我們人類不能說物自身，因為

我們人類沒有那種接觸這種物自身的機能。光從感性的直覺你碰不到這物自身，要有一種睿智的直覺才行。我們人沒有。所以，所謂物自身（Ding an sich）對我們人來講，沒有正面的意義，你沒有認知的機能去認識它。它是什麼東西？有什麼作用？或是像什麼樣子的東西？都不能說，因為你沒有認識它的機能，只有上帝才有。

這種觀念是消極義的觀念，是一種限制的概念（Grensbegriff）。就是說，它只有限制的作用，限制我們認知的範圍。我們認知的範圍只能止於現象，對於現象背後，大家在猜想那些材料，那種不變的質體，有沒有呢？我們不能說，沒有過問的權力，因為我們沒有那種認識它的功能，只有上帝才有。你說這個自性跟物自身是不是相同呢？說是或不是，都不是很恰當。你要把我剛剛講的東西講出來，讓問的人自己去判斷。就是說自性是這麼一種東西，物自身是這麼一種東西，你自己判斷到底兩者是不是一樣？有什麼共通性？有什麼不同的地方？這些全部都交給提問的人去做。

同學（張）：老師，自性是什麼樣的存在？

老師：自性麼，根本沒有這種存在，是人自己虛妄的執著所致。如果你順著佛教的思路來看，自性根本是沒有的，是人自己那種思考，順著虛妄執著那種活動，錯誤的以為它有存在性。

同學（張）：它只是一種錯誤的概念嗎？

老師：可以這樣說啊！可以說它在我們的意識中出現，可是客觀方面沒有那種東西。我們的意識本事很大，它可以想像很多不同的東西，也可以有自己的作用，有推理和記憶的作用。甚至現實沒有的

東西，它都可以想。龜毛兔角，現實上沒有，龜沒有毛，兔沒有角。甚至在邏輯上根本是矛盾的，它也可以想出來，可以想出一個圖形，是四方形同時也是圓形，這不光是現實上沒有，而且在邏輯上也站不住。可是在意識上可以想出來。不過你想是你想，實際上有沒有，是另外一個問題。有些東西，它的存在性也會有變化。

像恐龍，幾千萬年前牠有，地球上有恐龍。我們知道為什麼有牠，因為我們挖到牠的化石、骨頭，可以重構其原型。地球上沒有，其他星球有沒有呢？不知道。所以牠的存在形態也有變化，從有到無。恐龍的概念，你可以在意識中想來想去，而且可以把它拍成電影，有沒有聽過史帝芬史匹柏（Steven Spielberg），他不是導演過很多恐龍影片麼？茱羅紀公園（Jurassic Park）。我買了好幾張他的這些 DVD，過癮得不得了，很好看。雖然現實沒有這種東西，可是你看起來，他的重構技術很好，像有生命的一樣，很好看。所以，意識可以想出很多不同的東西。現實上沒有，邏輯上矛盾的，它都可以想出來。邏輯上有矛盾的當然不能存在。因為有些東西它就是不存在，你的意識都可以想出來。物自身，它根本不存在，是你腦袋有問題，出了問題。看不到事物的緣起性、空性，以為事物後面有它的自性，自性是不會變化，沒有開始也沒有終結，是常住的。有些人是這樣想。在佛教來講，這樣想就是虛妄執著。如果你進一步從不正確的顛倒想法，引導一些行為，那你就會陷身於顛倒行為裏面，你的苦痛煩惱就來了，你是自尋煩惱。

同學（瞿）：莊子的工夫修行，主要是「坐忘」、「心齋」。「墮肢體，黜聰明，離形去知，同於大通，此謂坐忘。」〈大宗師〉體

道的工夫在於必須遠離感官性的知識，與理智的盤算計較，放掉主體心的識知層面的自我執取，如此才可以開顯靈臺明覺心，回到道自身，與萬事萬物同。坐忘是放棄形軀與識知心，心齋則是淘洗心靈的經驗內容，使之回到虛靜的狀態，與道相應。「若一志，無聽之以耳，而聽之以心；無聽之以心，而聽之以氣！聽止於耳，心止於符。氣也者，虛而待物者也。唯道集虛。虛者，心齋也。」〈人間世〉主體性在修行的過程中，從不依賴感官的知覺——耳，而進階到依憑「心」理解，再放掉「心」的理解，進階到「氣」的感應。要從氣的感應上攝取道，就必須保持虛靜的狀態。❸

老師：心齋，他舉了很多例子，最後歸結到氣，然後是虛。唯道集虛，虛者，心齋也。我們要從虛這個觀念來瞭解心齋。其實這個虛，就是我們講的解構，把有關連的東西都解構，解構到最後就是虛，沒有可以再解構了。這跟佛教的觀點也相像。你把它種種的緣，種種的條件都解構，解構到最後就什麼都沒有。佛教用空，這裏用虛。在這個脈絡下，你可以把虛跟空關連起來，可是只能在這個脈絡這樣做。你如果跳到張載的形而上學，就不是這樣講法。他講的虛一點也不虛，所以要小心。莊子為什麼用心齋這名詞？想一想？

同學（瞿）：跟齋戒有關係嗎？

老師：對，心齋通常就是我們在意識、精神上保持純潔，不碰污染

---

❸　《老莊哲學的現代析論》，頁 99-101。

的東西，像出家人吃素，吃齋，不吃肉，不吃動物的身體，不沾動物的血肉成素。這是在精神上的一種修養項目，避去腥氣性、污染性。心齋就是把這方面都解構掉，都驅逐出境。所以我們通常講齋，是有解構的意味。這語詞的根源是從出家人的生活方式吸收過來。他們吃素不吃肉，就是齋，齋戒沐浴。如上面所說。就是你在拜佛之前把身體整修一下。不要用很骯髒的身體去拜佛，先把身體洗淨。也不要吃有肉的東西。要守齋戒，可能一守要守好幾天，才能顯示你有真誠的心意。莊子那時候有吃齋不吃肉的飲食的習慣麼？有沒有呢？

同學（張）：好像有。

老師：因為他能提出齋這字眼，就表示這字眼在莊子年代已經出現。這字眼的意思就是不吃肉，吃素。我們就可以提出這個問題，莊子為什麼會用齋這字眼？難道莊子是吃素的嗎？

同學（張）：好像在祭祖的時候，不能吃肉。

老師：祭祖最高是祭天，是吧？皇帝有規定時間祭天。那是很重要的日子，可能皇帝也不能……可能齋戒沐浴幾天以後才能進行這種典禮。莊子那個時候，是不是真的已經有人進行素食的生活習慣，這是歷史的問題，我們也不知道。

同學（張）：齋戒本來就是中國的觀念，本來佛教有吃肉，是後來才吃素。

同學（瞿）：釋迦牟尼好像吃了有毒的肉才過世的。

老師：釋迦牟尼不吃肉，他是佛教的創教者。你說他吃肉中毒，他年紀大了，搞不清楚有毒沒有毒，是肉還是菜。你說最後是中毒，是不是真的呢？在歷史上有沒有根據呢？印度人的歷史觀很薄弱，很淡。很多重要的人物的生卒年月，他們也搞不清楚。他們的地理、歷史的觀念很淡，但是宗教的意識很強。跟中國人很不一樣，中國就很重視歷史。左史記言，右史記事，有專門的官員，他領 fulltime 的薪水做這工作。司馬遷就是做這樣的工作。印度就沒這制度。他們認為時空性的東西並不重要，歷史是時間性，地理是空間性。他們時空性的意識很淡。所以就算是釋迦牟尼，他出生的年代，也有好幾個講法，哪一個講法是對的呢？他們也不知道。大乘有大乘的講法，小乘有小乘的講法，其他人可能還有其他講法。所以，我們只能推度釋迦牟尼大概是什麼年出生，什麼年死亡，中間應該是八十年。因為八十的數目還是有文獻記載。釋迦牟尼八十歲就死了，他二十九歲出家，三十五歲覺悟，從三十五歲到八十歲一直在說法，把佛法傳播出來。這些都有根據。可那個生卒年代就不清楚。

同學（瞿）：老子與莊子在體道的工夫中，共通點都在於主體心在體道之前，都必須放棄人對現象界的知解與執取，以及捨掉感官欲望的順性而為。如此才能夠接近自身存在的本質，開顯主體的明覺心，體證與萬事萬物相同的道，如此才可能在主客合一的狀態下，回歸於道，同於大通。體道的工夫追求的就是在現象界之內的存在的真理自身。明覺心，如同睿智的直覺，是可以掌握存在的本質的。

　　吳汝鈞在討論西田幾多郎論力一篇文章中，以西田提出形上義的意識統合力量和人格時，用這樣的說法解釋睿智的直覺與純粹力動的關係。「睿智的直覺正是純粹力動的具體表現，表現於人的主體性中。能成就或證成睿智的直覺，即能展示純粹力動的充實飽滿的威力，二者亦在這一意義下連結起來，而成為一體。」❶這是在討論西田認為力是一種形上義的、終極實在的表述方式，是一切存在與價值的根源。就人的主體性而言，力表現在人的人格與自由意志中。通過人格與自由意志的實現，便能讓人與形上的實在相通。這一點正可呼應道家以靈臺明覺心的主體心靈與客體的道契接，並達致主客合一，同於大通的狀態。

老師：這裏講力，是很有研究的價值。這個力，在西方哲學，亞里斯多德那個年代，已經提出一種 entelechy，英文也有，德文也有，希臘文也有，就是一種力，一種重生力。什麼叫重生力呢？有一種力量，有創生作用，重生，他很強調那種生。比如說，一個小的植物，它發了芽，可是中途有人用腳去踩它，或者是有風有雨這些自然現象的影響，把這個芽弄走，不見了。然後這植物會在同一個地方，重新出現芽。小孩子的牙齒會脫掉，脫掉以後會再生出來，可是我們成年人就沒這本事。你那牙齒爛到不能再爛了，會影響其他牙齒，牙醫就給你拔掉了。拔掉以後，牙就真的沒有了，不能在那位置再生了。你要去鑲牙或者是植牙，很貴的。到底幾歲開始，你牙齒脫落就不能再生，每個人都經過這階段。牙齒在突然之

---

❶　《純粹力動現象學》，頁 66。

間好像會動，你搖它一下，它就鬆了，繼續搖幾天，自然就脫掉了，也不痛。隔了一段時間，你會再生一隻新的牙齒出來。可這是兒童年代才發生，有時間的限制，幾歲呢？

同學（瞿）： 大部分是六歲開始換牙，從乳齒換成恆齒。

老師： 我們小孩的時候，牙齒有問題，要脫牙根本不用看牙醫。父母會叫我們有空的時候把它搖一下，搖它十天八天，它就脫落了，而且不痛的。如果你帶他去看醫生，去拔牙，那痛得不得了。要打麻藥，如果不打麻藥，強要把它拔出來，痛得你半死哩。

同學（瞿）： 道家的工夫論，在體道之前，必須先經過捨棄識知心與感官作用的過程，才能夠開顯體道的精神作用。這是道家終極關懷的追求。知識與感官經驗性的事物是負面意義的。我認為，體道追求之初要捨掉的無知，與缺乏知識的無知，這兩種無知有層次上的分別。體道的工夫論，不認為強調經驗或知識這種現象意義的執取，可達到體道的境界。反而是越強調經驗或知識的掌握，就越遠離體道的目標。但是，不通過經驗現象的知識，就是接近「道」嗎？嗷嗷學語的嬰兒是否就已經處於體道的境界了呢？我想，嬰兒無欲，是就其自身存有的樣態而存在，但是他（她）因為缺乏超越經驗現象的工夫修養，隨著人生歷練的增長，追求的欲望越來越多樣，便也難以達致體道的狀態。我提出這一點疑問，是企圖釐清現象義的知識對於體道工夫仍有某種程度的重要性，體道的「離形去知」應該是在有形有知的基礎之後，超越形知，而非直接解消形體與知識。

老師：這裏有一些補充。這一段第一行說，在體道之前，要有捨棄識知心與感官作用的過程，才能夠開顯體道的精神作用。我想，有一點我們要注意，你在這裏講工夫論，提到有兩個面向，第一個面向是捨棄識知心跟感官作用。然後，另外一個面向，就是開顯體道的精神作用。你這種瞭解，一般人看起來，好像是兩回事。我們要先捨棄識知心跟感官作用，先做這一步，然後再做另外一步，就是開顯道體。你是不是這個意思呢？就是一步一步這樣做下去，就是工夫實踐？

同學（瞿）：應該可以這樣說。不過應該在逐漸捨去識知心的作用時，就慢慢進入道的精神裏面，是逐漸的過程。也不是先完成這個再做那個。就是在慢慢的過程中進入了道。

老師：那就是漸教了，在工夫的實踐中轉化。在這裏，有一點是一般人都會忽略的，所以我在這裏特別要提一下。就是，我們進行這種工夫實踐的時候，當然是以心為主體，由心來進行這種修養。因為我們只有一個心，不能有兩個心。所以，捨棄識知心與感官作用，跟開顯道體這真理，應該是一回事，不是兩回事。所以在實踐上，不能分開的。實際上，你在捨棄識知心與感官作用，你在做這種實踐的時候，另一面已經在進行開顯道體或者是體道的工夫了。所以這兩種工夫是一心兩面，不能分開。不能說我先捨棄識知心，然後等一段時間，做熱身運動，去進行開顯體道這種精神活動。因為這兩種工夫都是一心在做。所以，你這個心不能分開。

　　像佛教講轉識成智。唯識宗講轉識成智，轉八種心識成四種智慧，轉前五識，眼耳鼻舌身這五識，把它化掉為一種成所作智。然

後轉第六識，轉化為妙觀察智。轉第七識，成平等性智。最後轉第八識阿賴耶，把它轉成大成圓鏡智。所以轉識跟成智不能分開，是一起進行的。這一面你能轉識，那一面智就相應的開拓，展開。這是很重要的一點。我們進行工夫實踐，通常是以一種分解的角度來講，把兩方面分開。這兩種工夫表面上來看好像不同。轉識，好像是處理識、心識；成智，以智慧作為努力的中心。這識跟智，同源於一心，識跟智不能分開。既然是同源一心，那你在進行轉識活動時，成智是已經在另一方面顯現出來。這是挺重要的。不是兩回事，是一回事。就是你從不同的面向來看。這裏有一百塊，這面是轉識，（翻面）這面是成智，都是一張一百塊鈔票，不能分開。如果你分開，那馬上就有理論的困難。到底是什麼時候成智，是轉識以後馬上成智，還是要隔一段時間呢？你兩種答案都有問題。第一種一轉識馬上就成智，中間沒有分隔，只是一種持續不斷的情況。那就有一個問題，為什麼你要先把轉識做好，才能成智，中間有什麼實踐或理論的根據呢？如果你說隔一段時間再成智，那問題更嚴重，到底是誰在統計，或是誰在決定，那段時間大概有多長呢？都是可以說實踐的階段，這階段是誰去確定？你就有這困難，你找不到。因為這是你自己的事，是你自己主體性的一種作用，只有你這主體性來決定，沒有其他外在的因素。而你這主體性從頭到尾，都是唯一的主體性。其實這識跟智應該是同一個主體性，不能分開的。你不能說進行轉識的時候主體性是識，到成智的時候主體性是智。那我們也可以提這問題，為什麼有這分隔？因為主體性是一種絕對的、超越的，可以說是在活動狀態裏面的一個主體。它裏面既然有終極性、絕對性、超越性的性格，你不能把它分成兩段，一段

是轉識，另一段是成智。我們通常對現象界的東西可以這樣思考，但對有終極涵義的，真理也好，主體性也好，不能二分的。在這裏不能講二元性，像西田講的純粹經驗一樣，就是這意思，我提的純粹力動也是這個意思。就是一個超越的活動，既然是一個活動，那轉識和成智就只能同時進行，不能分先後。

同學（張）：轉識成智跟道家的工夫應該有點不一樣。轉識成智還是要去掉識。

老師：唯識學講識，是心識，是虛妄的。道家講識知心，這種識知，即便是負面，也不是至於是虛妄。就是說它不一定能引起執著見解，也不會生起執著顛倒的行為。就是說，道家講識知心或者是感官作用，我執的意味不是那麼強。可是佛教講轉識成智，這個識是虛妄的心識，以執著為它的作用，不是真正的認識。這裏的識不是認識論的觀念，它是一種情執。弗洛依德（S. Freud）所講的精神分析裏有一種本能的衝動，這是從情作為一種經驗的感受裏面有一種衝動來講的。這種所謂本能衝動的潛意識的元素，跟唯識宗相近，它完全是盲目的、無明的，是情緒上的衝動。可它是藏在潛意識裏面，它要發洩，隨時要發作，宣示出來。它有一股很難控制的衝動，要從意識中發出來。可是從潛意識到意識中間，意識有一個審查機制，在看住潛意識裏面的東西，盡量不讓它進到意識的領域。在潛意識裏面的東西，所謂本能的衝動，全然沒有理性可以講。你要到意識的階段，才可以講理性。在潛意識的本能衝動裏面，這跟佛教講的無明（avidyā）也沒有很大的分別。莊子與唯識裏面都是用「識」，字眼是一樣，可是來源是不一樣。一個來源是佛

教唯識學，一個是道家莊子。字眼一樣，可是我們的瞭解要小心一點，不要光看字面。

同學（張）：老師，道家的識知心跟感官作用，必然會讓人去執著現象界麼？

老師：其實我認為老子也好，莊子也好，他們反對識知心，也反對種種禮樂活動。聖人在人格上是比較高一層次的人物，他們也不是很尊敬。我想他們這種態度，應該不是一種所謂反智主義，不是說凡是知識我們都要反對，知識越少越好。為學亦益，為道日損。兩者是分開的。對於那些一般的知識，他們並不反對，我們要學習那些知識。只是我們學習那些知識之後，你對這些知識有所執著，以為知識可以解決一切問題，以為人生主要的活動就在這裏面，沒有別的了。這樣就把整個心靈的活動領域，都封閉在一種範圍很有侷限性的認知活動裏面。他們是反對這一點。一般的認知他們不會反對。比如說，你去看中醫，他給你開藥，它是治病。這些中醫方面的知識，他們不見得反對。那你有病去看醫生，那是天經地義，醫生給你摸脈、開藥。開什麼藥，這需要有知識。什麼藥有什麼用，該不該開給你，他是根據他的知識來做。這些知識，他們不會反對。他們要反對的是，認為這些一般的知識就是一切，就是人所認知的極限。他們說，其實這些知識的作用只能到一個範圍，過了這個範圍，它們就無所用了。過了這種範圍的事情，你要用另一種主體性來處理。所以康德講第一批判，講純粹理性，第二批判講實踐理性。比如說上帝、自由、靈魂不滅，那些東西是理論理性不能處理，也不表示說這些東西是沒有希望的。只是表示純粹理性不能處

理，你要發展、開拓另一種理性，實踐理性才能處理。有些人以為人只有這種理論理性，沒有實踐裏性。然後說理論理性的知識是最高的，是終極的知識。他們是反對這麼一種看法。

　　所以，老子說大道廢，有仁義。他是不是表示反道德反仁義的態度呢？表面來看好像有這意思。如果我們從仁義講起，他的意思，我們一般人可能會這麼瞭解，仁義一出來，一流行，大道就沒有它的位置，大家就忘掉了。我想這不是老子的意思，而是你把這個仁義抬得太高了，超過它能夠概括的範圍。老子他們講的仁義，不是一種基於道德理性這方面的仁義，是社會上所謂的繁文縟節，他是反對這種。一般看到乞丐在街上你給他五塊十塊，這是好的表現。我想老子也不見得會反對。可如果你抓得太緊，太死煞，把仁義道德抬得太高，以為它什麼問題都可以解決。因為，你所講的仁義跟我們講的絕對真理，兩者是不同的東西。

　　所以才有康德在探討純粹理性的時候，到一個極限之後，純粹理性就沒有作用，要訴諸道德理性或實踐理性來處理。很多年前，五十年代，勞思光先生研究康德，寫了一本《康德知識論要義》，請牟先生來寫序。牟先生寫序，對他的書有相當高的評價。最後說勞思光先生見出康德「窮智見德」。就是你走知性的這條路，然後顯道德理性，顯出它的功用在哪裏，顯出很多事情我們不能夠以知性來處理，要以德性來處理。他研究康德能點出這一點，康德的學問發展就是窮智見德，從第一批判跳到第二批判。

　　所以老子講為學日益，為道日損。為學日益我們可以瞭解，那為道日損就有點不好瞭解。道要損，在進行體道的實踐裏面要日損，損的是對我們瞭解道的終極性、對體現道的終極性有妨礙的那

些枝節知識，或是一般的瞭解。這跟我剛才提的形而上學問題有點
關係。形而上學的導向有兩種，一種是從根本發展出去的西方哲學
的導向，我剛才提 Plato、希臘古代哲學是這種導向。黑格爾也是
從這條思路開發，他講精神現象學，精神實體有一段歷程，他就把
發展的歷程配合到真正在歷史上人類怎麼發展他的那種精神，從東
方開始，像太陽一樣從東方升起來，首先是日本、中國，以中國為
主，然後向西發展到了印度，然後再發展到埃及、中東，最後發展
到日耳曼帝國。到了日耳曼帝國就達到成熟的、充實飽滿的境界。
可是他沒有交代，精神發展到日耳曼帝國就停在那地方麼？倒退
麼？還有前進的空間麼？這問題他就沒有回應，那是他很大的疏
忽。可他那種思考的型態，就是從萬物的本根講起，而且把它應用
到實然的歷史發展這一方面去。最後，到了日耳曼，這精神的發展
就全面達到完滿的階段。那後來又怎麼樣啊？黑格爾的年代發展到
日耳曼階段，到他為止。然後他講不下去了，因為還沒出現啊！黑
格爾以後的發展，他怎麼講呢？如果我們今天順著他講德國的現象
學、詮釋學，是不是能接得上黑格爾講的精神現象學呢？不見得能
接得上。他這套東西是很獨斷，自以為是。而且他瞭解東方思想的
資料，是二手、三手的資料，有很多誤解在裏面。

同學（張）：老師，那你覺得窮智見德這樣的行動，是不是有必然
性可以說呢？我們窮智是不是一定可以見德呢？

老師：這看你怎麼窮智，盡量發展知性，發展到盡頭，你就發現還
有很多問題是知性不能解決的，然後你再進一步發現，我們人類還
有另外一方面的機能，能夠解決知性不能解決的問題，這種機能，

康德就說是實踐理性（praktische Vernunft）、道德理性（moralische Vernunft）。這可以解決知性不能解決的問題。在這個關鍵點裏面，德性、道德理性、實踐理性就出來了。可是你要經過窮智這一階段。你不能一出來就是見德。這反而接近中國思想的發展，像梁漱溟的講法，就是說，中國人心智的發展是早熟，一出來就講道德理性，從堯舜三代下來，就講這個。可是人的理性發展應該是有一個階段性的步驟，先是以西方所發展科學、認知為主，然後再發展到人的道德倫理那方面，最後是宗教那方面。梁漱溟不是這樣講嗎？所以「窮」這字眼也很值得研究。

現在的問題是，這智跟德，如果你接受他的這種講法，窮智見德，那就表示，智跟德有不能溝通的地方。或者說，由智到德，不是量的跳躍，而是質的跳躍。就是說你很清楚地把知性跟德性分開，讓人從知性階段，跳到德性階段。道德理性跟知性，是不是真的有這階段？到了這個階段，認知理性是不是完全沒有路可以走呢？只能靠道德理性。他好像有這麼一個前提，就是預先設定一種瞭解，然後講窮智見德。這也不表示說，我們把知性的能力看得很有限。通過窮智見德就展示道德理性的那種優越性。可是從這幾個字來做進一步的思考，這個道德對知性的超越性、跨越性，那種 superiority、priority，是有這意思在裏面。就是說知性不能解決的地方，我們要靠道德理性。道德理性比認知理性有先在性、優越性，有更全面性。如果你從窮智見德一直推到這裏的話，這可能就會不自覺的有道德的優越感的想法。然後傅偉勳的批評就來了，說當代新儒學有泛道德主義思想的傾向。泛道德主義是不好的語詞，是貶語。有一些人就是以泛道德主義來批判儒家，特別是當代新儒

家。我個人也不是很喜歡儒家那一套，雖然我是當代新儒家重要的先生們的學生。我還是比較喜歡道家、京都學派跟佛學。

可能現在是儒家復興的時候。昨天我看到報紙，說有一個孔子的銅雕像，擺在天安門廣場的中國歷史博物館前，隔鄰一邊就是毛主席的照像。現在就是有兩個人來主導中國，一個是毛澤東，一個就是我們的孔夫子。這是很好的現象。再下一步，第五代或第六代，可能連毛主席的照像都拿走。本來是有馬恩列史幾個人的畫像放在天安門廣場。我在一九七二～七三年，去過北京，他們幾個人的畫像就擺放在天安門廣場。後來鄧小平出來，把它們拿走，就剩下毛澤東一個人大大的照片。現在孔夫子的銅像擺出來。又每年十月一號，他們都擺國父孫中山的照片，擺在天安門廣場，三位一體。大概他們覺得孫中山不是那麼重要，每年只擺一天，他們國慶那一天，不是十月十號，是十月一號。孔夫子的銅像會一直就擺在那裏。你要把它移動也不容易。

同學（張）：它們可能是要搶文化的論述權。

老師：它是一步一步來，六四的平反，再下一代就會出來。現在胡錦濤還是守住鄧小平路線，可他已經比較開明。孔夫子的銅像就是在他的影響下出現。江澤民那時候還沒有。那下一屆，就是第五代，胡退出之後，習近平出來，溫家寶退出以後，另一個李克強出來，好像已經安排好了。我是說，六四平反如果不在習近平這一代出現的話，就會在再下一代出現。他也不能完全不管外邊價值的意識或價值觀。比如說對人權的價值，外國抓得非常緊，可是中國一向不重視這種東西。如果整個大氣候都走這條線的話，共產黨總會

受到某一程度的影響。以前唐、牟的書，你根本不可能想像會在大陸印出來。尤其是牟先生那本書，《道德的理想主義》，他有兩篇文章是極度批判毛澤東的〈矛盾論〉與〈實踐論〉的。

同學（呂）：可是他們都有刪節，把裏面很多提到共產黨的文字都刪掉。

老師：它是有經過篩選，可還是他們寫的書，以他們的名字在大陸出版，他們就是以現代新儒家這種名義，讓大陸的人都知道。他們也把新儒家的研究放在總盤的文化研究規畫上面。他們為推動這種運動，有一筆錢拿出來用。在十幾年前，他們還是強調在大陸流行三種思想，一種是馬列主義，一種是西方的自由主義，另外一種是現代新儒學。現在你到大陸書局去看，它有馬列的書，但是沒有人有興趣。一般人都喜歡看現代思想的書。它裏面也有現代新儒學的那些著作在裏面。你看過他刪掉什麼東西呢？

同學（呂）：裏面提到共產黨的批評全部都刪掉，刪得蠻巧妙的。如果不比對的話，看不出有刪節。

老師：我想這樣已經很了不起了。畢竟他們的智慧，可以說是代表中華民族在哲學思想方面的一種貢獻。共產黨是漸漸承認他們的貢獻，從孔子一直發展下來，到了今天。不然孔夫子的銅像怎麼會擺在那邊呢？以前孔夫子的銅像，人家送給中文大學，那些高層人員不願意把它擺在著眼的地方，竟放在地庫（basement）裏面，不見天日。現在就不同。像現在大陸每一個大的城市都有孔子學院，教儒家的思想。

旁聽生：國外幾所重要大學也有設立孔孟思想課程。中國現在有錢了，都在世界各大學裏面成立孔孟學院，免費去教孔孟思想。

老師：這也是可以瞭解的，他們總要設一些限制，不能馬上平反一切。可是這潮流也會慢慢變化，往寬鬆的角度發展過去。中文跟中國文化的教育如果漸漸開拓，發揮它的影響力，他們的共產思想本來的想法，能夠實現的機會就不會很大了。外國人也不會你說一套，他們便馬上相信。外國人頭腦也相當精明。在海外推廣中文或中國文化本來就是一件好事。中國文化早就該在世界各地流行起來，因為它本來就有價值。

同學（顏）：它有透過孔夫子和平的形象，淡化中共專制的印象的企圖。

老師：可是我覺得外國人也不會這樣相信。西方文化很厲害，他們的腦袋精明得很，不然為什麼得諾貝爾獎得獎多是歐美的人呢？

同學（瞿）：關於這問題，吳先生在〈純粹力動必定自我呈顯〉一節文中似乎更能講清楚這問題。「若從超越的分解的角度來說，純粹力動是一恆時在動感中的終極原理。但從事實、實際的角度而言，處於一種抽象的、遠離現象的狀態而獨存的純粹力動是沒有的。它必在而且只能在它所詐現的宇宙現象中存在。倘若要找純粹力動，則只能在現實的存在中去找，去體證，它是整全地隱藏於現實的存在之中，或更恰當地說，詐現為現實的存在。」❷純粹力動

---

❷　《純粹力動現象學》，頁105。

的體證，必須肯定和承認現象事物。現象事物是純粹力動以詐現的方式呈現在吾人面前。而這詐現的現象，是先通過純粹力動凝聚，下墮，詐現為「氣」，再通過氣的分化、蘊聚，詐現為具體的事物。❷純粹力動自動在萬事萬物中呈現出來，在人的精神方面，它表現為人的睿智直覺；在物質、物理方面則詐現為肉身。睿智的直覺可自我屈折成為識心或知性。另一方面，純粹力動可上揚，將一切詐現事物收起，讓世界歸於沉寂。這觀念近似於智顗大師的「一念三千」。❷❷

　　純粹力動作為終極真理而言，對於人生的終極關懷提供什麼樣的說明與指引呢？吳先生提出〈物自身的行動轉向的救贖義〉的觀念。現象可轉化成物自身，那麼行動亦可轉化為行動的物自身。即行動內在地涉及真理，從最低限度的理想追求，到全力以赴捨己忘軀的意義展現。❷❸這種追求終極關懷的行動，具有超越性與內在性，有一力動在其內策動。此力動能轉化主體的人格素質，由自然人格轉化為道德宗教人格，由物理力動提升為精神力動，由現象境界轉向為物自身境界。貫徹其中的，則為徹內徹外、徹上徹下的純粹力動。❷❹

老師：我當時在想物自身這觀念，從康德開始，一直到牟宗三先

❷　吳汝鈞，《純粹力動現象學六講》（臺北：臺灣學生書局，2008年），頁 32。

❷❷　《純粹力動現象學》，頁 108。

❷❸　《純粹力動現象學》，頁 171。

❷❹　《純粹力動現象學》，頁 172-173。

生，裏面講現象與物自身，花了很多篇幅在講這觀念。他們講物自身是從一般具體的東西、立體的東西來講。就是說對應於某個具體物體，譬如說這個眼鏡，有它的物自身在裏面。我就想到物自身是不是一定要限在靜態的物體上面呢？我們是不是只能講靜態的物體、靜態的物自身呢？是不是只限在這範圍中呢？可不可以再開拓另一個領域？就是行為的領域。然後我又想到，人常常會做一些事情，是對自己作為物體的身體有害的。人在很多情況下，要完成某種志業，這種決心非常強，即便把自己的生命都賠上去，他還是要這樣做。那他這種行為跟我們一般的行為，例如在一個機構裏工作，領一份薪水，然後成立家庭，每到放假就帶他們去吃一頓好的和 shopping 不一樣。人的這種行為，是不是不應好像空泛這樣看，能不能用價值的眼光來看呢？問題就是說，物體有它的物自身，那行為有沒有它的物自身可以講啊？人在行為方面千差萬別，有些人專門去賺錢，賺得錢越多，賺錢的欲望就越強，這樣循環發展下去。結果就是被錢所束縛、執著。他的眼只看到錢、鈔票，別的東西都看不到。只看到錢是有價值，其他東西都看不到它們的價值。行為也是。前一陣我就想起這種事，譚嗣同、康有為、梁啟超這些人，所謂六君子，他們要幫助光緒皇帝進行維新運動，結果一百天就瓦解，被袁世凱出賣。結果康、梁跑到外國人的租界或船上避難，那六個人之中，本來譚嗣同是有機會逃走的。歷史上有記載。他就是不走，為什麼呢？他說：「革命就是要流血，讓我做這榜樣。」結果他跟其他人一起被砍頭。他的這種行為，顯然跟我們一般講環保或有錢的人為了營養自己身體，做很多事，花很多錢不同，他們的動機是為了自己的利益、自己的健康著想。譚嗣同的那

種行為，顯然是跟他們對反，他不但不是營養自己的身體，而且是讓自己身體被殺害。然後，又有文天祥，被蒙古人抓去。每隔一段時間，就有人去勸他投降，給他一個大官，他都不肯。兩年以後就在北京市場上給砍頭。

　　我是有這麼一種想法，為什麼我們不講行為的物自身呢？物自身為什麼除了講物體之外，為什麼不能再講別方面的東西呢？然後我跟楊祖漢提到這一點。楊祖漢說：「是啊！沒有人注意這問題。」我看了不少當代新儒學的書，可是他們都沒有提行為的物自身這觀念，所以我就把它提出來。

同學（張）：這觀念不容易被想到，是因為我們常常在習慣物體的價值意義之中。所以我們不能發現行為物自身的存在。

老師：我也覺得很奇怪，物自身是有價值意義在裏面。我們一般人講本質與外表，對應於物自身與物的現象，就是作為一種事物表現出來，就是一種對比。當我們說某一件事的本質的時候，我們是把價值內容放在本質的語詞裏面。我們講本質是有估值意味在裏面，就是有一種價值意味在裏面。如果我們把本質跟現象做一個對比，一般人都有一種想法，就是現象是片面的、表面的，甚至是不真實的。但是他提到本質的時候，他的印象就不一樣，本質就是深入的內涵，就是事物本來有的內容。我們用一種估值的語詞來講本質。譬如說我們罵人，我們警告一個人，你不要被他的同伴的甜言蜜語所迷惑，這只是他的外面，他的內涵品性是很壞的。在外表表現很好，其實是外表的表現而已。我們要真正認識這個人，要看他的內涵，就是本質那方面，不是他的外表。所以，我就提出一個新的觀

念就是「行為或行動的物自身的轉向」。我們講物自身,不光是講物體方面,也應該講行為方面。

我們拿孔夫子來講,為什麼我們對他這麼尊敬,連共產黨都把他的銅像放在歷史博物館前面,而不是放其他人的銅像?因為孔夫子有他的偉大性,影響力很大。他的本質是非常優秀的,作用特別是影響也是既深且廣的。所以對一個人的人格,我想也可以作區分。如果你把這個物自身放到本質這一邊,把事物的外形放到現象那方面,那我想不光是物體有物自身可以講,行為以至於人格應該也可以講物自身。但是我想的時候覺得有點奇怪,為什麼當代新儒家講那麼多倫理學與形而上學,講那麼多物自身問題,好像只是限在物體方面,為什麼不講到行為那方面呢?我想這觀念還是要進一步把它開拓出來。用幾千字來講是不夠的。好,我們就到第四節。

第四節　道家的世界觀與純粹力動現象學的比較

同學(瞿):《老子》的五十一章提到關於道創生萬物的關係是:「道生之,德畜之」。萬物由道創生,德是分化為個殊事物,成為其存在基礎。莊子的〈天地〉篇說:「泰初有無,無有無名;一之所起,有一而未形。」〈漁父〉篇說:「道者,萬物之所由也。」前者的「一」指的是從道到「形」之間的中介狀態。道創生萬物,從「一」到「有」形成具體的世界,是一種宇宙論的說法。那麼關於主觀心靈與客觀世界之間,亦即道家的工夫修養與世界的態度之間這一問題,道家的說法會是如何呢?

老師：有一些問題要注意，莊子說「泰初有無」，有無是道，他用「泰初」這字眼，是終極的，不一定是從時間來講，泰初是說存有論這方面。初是存有論的意味。如果是這樣，無應該是指終極的真理。你又說無有無名，有跟名，跟道應該是在不同的層次上講。道是無分別，有跟名是有分別，就是有這個分化，分化是道在分化。一之所起，有一而未形。我們要注意形這概念。一應該是從普遍者來講，你說它是道也可以，你說像張橫渠講的太虛也可以，不管怎麼說，它就是存有論的終極原理，就是存有的基礎。未形，形就是有這形體，有形體便有分別，有分化。

　　通常我們講形，一般的用法就是從形象來講，形象的層次不一樣。如果你說茶杯這形象，已經是分化到非常複雜的程度那種情況。如果你說氣，一切有形的東西，它們的宇宙論的根源，最初的狀態，你可以說是氣。氣是所有有形的東西的根源。所以氣這概念跟一些個體物的層次不一樣。氣也不是終極的，氣還是有它的源頭。即是，既然不是終極的，就應該有它的源頭，這源頭應該就是道。然後我們再看實現的情況。道是無形無象，也沒有物質性。可是氣有物質性，它也是無形無象，是一切有形有象的個體的根源。

　　我們在這裏說氣雖然無形無象，可是它有它那種經驗的性格，我們推溯一些個別的東西、物質性的東西，一直到盡頭，應該就是氣。氣還是有物質性可以講，可它也沒到個體物的階段。我們一般所講的個體物，從宇宙論方面講，它們都有一個總的源頭，內容還是物質性的。這物質性的源頭進一步分化，然後你說詐現也好，分化、詐現為個體物，當然這中間可能還有很多不同的層次，這些太複雜，我們就把它們略去，反正這也不是很重要。重要的是，氣一

定要對個體物，有一個發展的歷程（process），像 Whitehead 寫的一本大書，*Process and Reality*。這本書挺難讀，我讀那本書時就非常辛苦。唐君毅說哲學界有四本書很難讀，一本是康德的《純粹理性批判》，第二本是黑格爾的《大邏輯》，第三本是 Whitehead 的《歷程與實在》，第四本是佛教的《成唯識論》。當年是這樣講，可是到今天可能已經過時了，像康德以後一直有發展，發展到現象學，又詮釋學這些學問。現象學裏裏面胡賽爾跟海德格那些書都很難讀，難讀的程度是在第一批判以下麼？還是在它以上呢？這樣很難講。不過唐先生既然這樣說，這些書都有難懂的地方，那是確定的。要很認真地讀。所以從氣到形，它非要有一個歷程不可。至於歷程要怎麼講，那是宇宙論的推演，我們這裏不需要詳細去探究。形的概念還是蠻重要。

然後〈漁父篇〉說道是萬物之所由，這是存有論的講法。道是萬物存有論的根源。這沒有問題。從一到有，這個有，跟形是相應的。有就是有形，就是有物質性。在佛教裏面講，就是生滅法的性格。然後就是，有關主觀心靈與客觀世界這兩者之間，涉及工夫修養，跟世界的關係，就是我們對待世界的態度。

同學（瞿）：前文提到莊子的靈臺明覺心，在體道的作用之間是以觀照的方式對待萬事萬物的變化。這種觀照出自一種虛靜的觀照心。在〈天地〉篇提到靈臺明覺心是以冥覺的方式「見曉」與「聞和」。「曉」是道以光明形態，化育萬物；「和」是宇宙自然的大和諧。這兩種作用是以陰柔微妙的方式，通於萬物之存在本質，又

能保持一己之純淨。㉕

老師：在這裏我們要注意曉跟和，這兩個觀念都有本體的意味在裏面。我們說本體是絕對的，絕對的本體。它是超越的、絕對的、無限的、永恆的。我們以本體的觀念來指述（denote）這本體。在這方面我們可以採取一種多元的方式來講。這裏見曉跟聞和，曉跟和都是用來指涉本體的一些語詞。為什麼是這樣講呢？因為本體這東西，它的內容應該是相當豐富的。你也可以說它是多元的。你是從不同的思想的層面，或者是從不同的角度來看，它就可以有不同的面相。曉跟和就是用來描述本體的兩個面相。

　　曉是泰初的意味，就是一天最初開始的那段時間。見曉就是，見是心裏面在見，不是眼在見。曉不是一種有形象的物體，本體的曉是不能見的，你是不能用視覺來見的，這裏有心的相應、感通的關連在裏面，見曉是在心裏面講。跟曉，那本體的本源性，也可以說是先在性，有一種感通。然後這個和，它是描述本體的另外一個面相。本體雖然是有豐富的內容，可是最後，這個內容還是可以統一起來，中間沒有障礙。不同的面向與不同的性格，最後不會有障礙，還是統一在本體裏，所以這是和。和是最高的境界。莊子講過和有兩種，一是天和，一是人和。如果我們能體證天和，那我們就得到天樂，如果我們體證到人和，就能得到人樂。這兩種和哪一方比較高級呢？天樂還是人樂比較高級呢？莊子沒有講，那我們根據他的思想，給他初步權宜的看法。你看怎麼樣？天和跟人和，天樂

㉕　整理自《老莊哲學的現代析論》，頁 92-93。

跟人樂，哪一方面更有充實飽滿的性格，更有動感呢？對我們在生活上，它們的影響是不是一樣，還是有不同呢？這問題可以討論。

同學（顏）：就莊子來講最後還是要達到天和跟天樂，但是從莊子那種體道的方式來看要達到天和跟天樂，又是人的心要體證。達到天和天樂就能容納人和人樂，但是到底有沒有細緻的區別？我在讀莊子文本，還要再通讀一下，抓住問題才能講。就莊子的整個境界來說，還是要達到天和天樂。

老師：從人樂到天樂，這中間有沒有一種發展的歷程？還是一時並了，天和人和，天樂人樂，一下子便能把得；還是說，有一個歷程，有一個次序。就是說，先做好人和人樂，然後再把它擴充，繼續開拓到天和天樂的境界。

同學（顏）：我的理解應該是先體會到天和天樂，當下就能夠回歸現實，達到人和人樂。他最終要體證的是道通為一，物物之間就比較沒有區別。人的局限在道的範疇就可以同一，就像老師講的體道之後會看到天地有大美。就不會在未體道之前有那麼多滯礙。所以我覺得是先體證到天和天樂，就能回到現實做到人和人樂。

老師：你要怎樣先體證到天和天樂，再回歸到人和人樂呢？

同學（顏）：要通過觀，像老子講的萬物並作，吾以觀復。或是莊子講的心齋跟坐忘。

老師：可這些還是要先從人本身做起。我是說你不能離開人和人樂而談天和天樂的體會。

同學（顏）：不能離開人，因為是人的心在體會。我認為他在心齋裏要看的是道。

老師：現在是一個工夫論的問題，是實踐的問題。這種天和天樂，跟人和人樂，在體證上是不是有一個程序？先體證到人和人樂，然後再向外擴充，像對天和天樂的體證，在這方面再努力。

同學（顏）：就目前我的理解，是相反的。

老師：人是現實的生物，他有有限性。他的活動，大概是從近而遠，從開始到終結應該有一個過程。如果你在人與人之間那種關係處理的不好，不能達到人和的關係，那你又怎麼樣期待自己跟自然，跟天，跟道有一種終極的諧和呢？在這裏我們一談到工夫論的實踐，經驗的限制，或氣質的限制就顯出來，除非你是聖人，你當然就已體會到人和人樂再把它擴充。可你從凡夫到聖人，還是要經歷無數階段跟障礙，你要把它們一一克服，解決掉，然後才能達到人和人樂的境界，然後才能繼續講天和天樂。

同學（顏）：莊子有點悲觀，覺得人和人樂不易達成，大概有避世逃世的態度。

老師：你這樣是把莊子看扁了。莊子是很有智慧的人，這樣講好像預認他的有限性跟執著。莊子講這種話的時候，他的人生境界已經很高了。他自己也是在實踐的歷程裏不斷努力從凡夫轉成道家裏面的理想人格，真人、至人、神人，然後才這樣講。因為這些經驗，你沒有親身經歷講不出來。你要有這方面的工夫實踐。所以莊子肯

定是下過一番苦功，才能達到這種與人與天的諧和關係。達至天和天樂，再回頭轉到人這方面。但這種看法，不是很順暢。應該是從近到遠，從有限到無限，不能先要求無限然後再慢慢回歸到有限。

同學（顏）：我瞭解，但我一直覺得哲學家通常都是用形而上的，或理論的再來看現世。做為哲學家到底能不能在現世做到呢？我一直很質疑。我對莊子是不是能做到齊物的境界，我也看不到證據。

老師：莊子不能只被看成是一個哲學家。他是有宇宙的、形而上的洞見。他講那麼多逍遙、虛無飄渺的境界，也不是一開始就居於這境界。莊子最初也是一個凡夫，你要經過不斷的努力、淬練，克服種種困難，才能達到那種境界。即便你講哲學家，他也不見得一開始就探究那些形而上學的問題。他還是要從近的這方面做起，作為一個人他周圍的環境、人物，跟他們的關係的一面。還是要從這方面做起，再涉及那些比較遠的方面。是不是這樣呢？所以我想，他應該有一個歷程。從凡夫到君子，再到聖人、神人。這種體證是在不斷克服困難，提升精神境界，放寬、敞開心靈，以容受的力量，經過很長的工夫歷程才行。

旁聽生：是像人籟、地籟、天籟一樣嘛？人和是人籟，天和是天籟？

老師：老子有這樣講過：人法地，地法天，天法道，道法自然。這一種思維的方式，或是是說實踐的方式，他還是強調有一個歷程、次序，他不是叫你一下子就法那個自然。中間要有一個階段，慢慢提升自己的境界。法地、法天、法道最後才到自然。道跟自然有什

麼分別？道不就等於自然？這可能牽涉一些文字學的問題。其實我覺得你能法道就能法到自然那方面去。道就是自然，他為什麼在這邊要弄一些曲折？有人討論過這問題。唐君毅講老子思想時是有提到這幾句話，然後有處理道跟自然的分別、先後的問題。可他具體是怎麼講，我忘掉了。你可以回去查一下。

同學（瞿）：靈臺心通於萬物、明照萬物的說法亦可見於〈應帝王〉與〈天道〉：

> 體盡無窮，而遊無朕；盡其所受乎天，而無見得，亦虛而已。至人之用心若鏡，不將不迎，應而不藏，故能勝物而不傷。（〈應帝王〉）

> 水靜猶明，而況精神！聖人之心靜乎！天地之鑑也，萬物之鏡也。（〈天道〉）

靈臺心以明鏡的作用，應接萬物，以順物而不藏私的方式對待萬物，因而在這種作用之下並不會反過頭來損害己身。這種作用在於「虛」的態度。明鏡心以虛照物，發揮到極致便是「泰定」的狀態，使人與物都如其原本面貌呈現，並各得其位。「宇泰定者，發乎天光。發乎天光者，人見其人，物見其物。」（〈庚桑楚〉）這種「泰定」的狀態，照顯萬物，並非以萬物為對象、客體的方式認取，而是在其照耀下，萬物充分呈現其自身存在的狀態，並非僅是

停留在對事物作現象的認識而已。❷❻

老師：引用的這些文字是很重要的，它裏面也顯出莊子對人、宇宙、自然有很多洞見。靈臺的字眼是莊子裏面有的，我寫的書裏好像也提過。可靈臺心，靈臺是心的作用，是很明顯，我們就把莊子的心靈說成靈臺心，是一種形而上學意味的美感的心靈。然後，我們注意，他說對自然的境界、行為是用心若鏡，不將不迎，應而不藏，故能勝物而不傷。他最後勝物而不傷。這幾句，我想主要是講一個已經體證到終極真理的人、至人，他對待萬物，是以恰當的、相應的態度去對待。這幾句主要是要講這方面的問題。這跟我們做為一個凡夫、凡人，對待事物當然是不同。

我們通常對一種物體是怎麼看的呢？我們起碼會從兩點來看這個物體，第一點就是說，它是什麼形狀，在我們的感官面前，它呈現的是什麼樣子？就是從我們的視覺來講，這方面是認識論的進路。另外，我們還會進一步去追問，它有什麼用，它在我們日常生活裏所扮演的角色是甚麼？它有什麼用處？這種看法，是強調實用主義，像杜威（John Dewey）實用主義的實用性。在他們眼中來看有用的就是好的。他們是把實用主義放在普及的、道德倫理的導向，這個 dimension 的基礎上。不是要問這茶杯對我們來講，應該有什麼任務？我們運用這茶杯應不應該有時間表，到某一階段就把它扔掉？我們通常不會問這方面的問題，我們是問它的實用性。你什麼時候把它扔掉，把它去除了，不要它了？這要看它能不能繼續

---

❷❻　整理自《老莊哲學的現代析論》，頁 93-4。

為我們所用。如果它漏水，裏面有一個洞，或是有裂縫，不能裝水，你把水放進去，水就漏出來，它是這種狀況，我們就把它丟掉。我們一般人都是這樣想。你家裏的冰箱買了十五年好像失去原來有效的作用，你放東西到裏面，拿出來的時候跟放進去的時候差不多。溫度沒有減低，它沒有冰箱的作用，所以我們就把它丟掉，買一臺新的。這就是就實用方面來考量。

可莊子這裏，他的講法是超離我們剛才講的兩個態度。勝物而不傷，至人用心若鏡。所謂用心若鏡就是說，你對一種物體，不要干擾它，不要傷害它、解構它，你就是像鏡子把它的面向反影出來。以它原來的面目，去瞭解它。不要刻意去影響，去改變它。這也有一些認識論的意味。不過，不是我們剛才講的那種有主客對待性的意味。他是有一種康德講物自身的意味。不是現象層面對我們呈現什麼形象，有什麼作用？這都是經驗層面的事情。還有，人見其人，物見其物。這意思不簡單，就是看它物體自己的面貌、物自身（Ding an sich）的層次。所以發乎天光，這樣講天光，用牟老師的講法，就是睿智直覺的一種光明。以睿智的直覺來接觸自然的事物。人見其人，物見其物，就是還它們一個本來的面目。就是物自身的面目。所以我說，像這種字眼，一般教國文的那些老師不會想到這方面。我是說在中學階段，你們中學有莊子的文章麼？像〈秋水〉之類的哲學性的文章麼？〈中庸〉麼？

同學（顏）：庖丁解牛。

老師：老師不會從哲學來講這方面的問題，大略講一下，帶過就算。他不會問為什麼用天光這字眼，是什麼意味。跟我們人是不是

一樣？我們人通常所見的東西，以現象來看。我們只有眼光，沒有天光。眼光是看事物的形象，天光是看事物的物自體、物自身。他們也沒有物自身的觀念。然後就是人見其人，物見其物。你一定要從高一點的層次來講，這兩句話才有力量，才不會是多餘的。

　　如果不從另一個角度來看，而從一般的角度來看，那這兩句就是廢話，人就是以人來看，物就是以物來看，誰不知道呢？為什麼要講這兩句？莊子是非常珍惜文字的，多餘的東西他不會講。他用字用得很精，在他那階段，用字眼來講物自身、睿智的直覺，跟宇宙建立一種直接的諧和關係，這些，都要以哲學的名相才能講清楚。可我們一般讀書因為沒有這些東西，既然這樣印出來就這樣看就算了。他為什麼要人見其人，物見其物。難道我們可以人不見其人，物不見其物麼？我們通常就是這樣，人把他當成人，物把它當成物來看。可是莊子就不是這樣看。他是一個能夠體證到終極真理的一個哲學家，但他也不是待在哲學家的理論概念的層次上面。

旁聽生：這跟齊物論有關係嗎？

老師：齊物論的齊是另一個問題。齊物是把萬物都同一來看待，在道的眼中，所有的物體沒有分別。我是說，像這些句子，一般來看好像沒有什麼重要性。這樣隨便說說就算了。其實不是。莊子心裏面沒有物自身這種哲學概念。可他有這種洞見，有這意味在裏面。他只能用人見其人，物見其物來講。就是說，你不要把它現象化，不要把它看成一種現象。因為，它本來的樣貌如果一給現象化的話，它的質素就變了，變了質。因此，對於人，要就它人的物自身來看，不要把他看成一個現象義的個體。看物也是一樣。看人看

物，要滲透到它們的物自身的層次來理解。

同學（瞿）：以虛靈性為本的萬物的靈臺心來看待世間萬物，使萬物如其自身存在的樣態而呈現，進而觀照存在於萬物之中的道，與萬物之間所呈現的和諧。這種和諧是道分化於萬物，在萬物之內以德作為其存在內容。這是靈臺心對萬物所表現的神用與妙用。

> 工倕旋而蓋規矩，指與物化而不以心稽，故其靈臺一而不桎。忘足，履之適也；忘要，帶之適也；知忘是非，心之適也；不內變，不外從，事會之適也；始乎適而未嘗不適者，忘適之適也。（〈達生〉）

工倕這位巧匠，以神用與妙用來表現其畫圓技巧的高超，而非透過理智認識能力的用心計較。同樣的例子也可見於前述庖丁解牛的故事中。❷

老師：這裏引用一段文字，講到「適」這觀念，好像有幾個階段。「忘足，履之適也；忘要，帶之適也；知忘是非，心之適也；不內變，不外從，事會之適也；始乎適而未嘗不適者，忘適之適也。」你沒交代這幾種適的層次。你做一些解釋。

同學（瞿）：大概是說工倕在畫圓時不用工具，在一種狀態裏可以很巧妙地把圓畫出來。忘足，是指形體上面？

---

❷　整理自《老莊哲學的現代析論》，頁 94-5。

同學（顏）：就是鞋子如果剛剛好，你會忘記鞋子，會覺得很舒適；帶就是腰帶，帶子剛好就不會感到腰痛；知忘是非就是，心裏面是非會忘掉。他只是舉例。

同學（瞿）：在每一個階段我們要求剛剛好的狀態，從這要求裏，忘掉這種要求。就沒有剛好的要求，是這意思嘛？但刻意的剛好，是出自於我們用心計較。當我們超離了這個計較，就沒有適不適的問題了。

老師：我們日常進行很多活動，每一種活動都有它的那種適。你如果能夠到了那種恰恰適合的狀態，那你就不會在這種活動裏面感到不適。很多活動，每種活動都有適的程度。那你要知道，你進行這種活動，到了什麼階段，就有這種適的感覺。過，不適；不及也不適。比如說我請你吃飯，我請你吃一碗飯，你可能覺得不夠，還是有餓的感覺，然後我再請你多吃一碗，你就舒服了。因為你的食量就是兩碗飯，是適的狀態。如果我強要你繼續吃下去，三碗四碗，繼續吃，那你就感到，好像肚子裏面容不下了，有一種不舒服的感覺。

我想他的意思就是，適也不光是一種生理、心理的意味。當然，你要有這種適的感覺，那種享受，你先要經過生理、身體、心理這幾個方面，它能夠迎合你的要求。它的恰恰好的分量就可以了。這樣你就不會感到有煩惱。適，內心有一種安然的感受。我們日常生活，可以有很多種；不同的活動，要求讓你達到適的感受也不同。就是，對不同人會引起不同的感受。你吃兩碗，很好，可我就不行，我有血糖的問題。我不能吃太多澱粉質的東西，只能吃一

碗或大半碗。吃太多，我的血糖就會上升。我如果一直這樣超標吃飯，就會引起疾病或併發症，身體就有問題，有問題就不是適。這個例子跟庖丁解牛差不多，可是沒有那麼有趣。

同學（瞿）：老師，這個適不適的觀念，跟孔子講的安不安，在心靈的層次是不是一樣呢？

老師：層次是一樣，但性格不一樣。儒家講的心安跟不安，是從道德良知來講。你做某件事，你得要讓你心安才行。要問你良心，過得關你就做，過不了，你做了以後，會受良心的責罰，感到不安。莊子在這方面不是那麼著重良心安不安，只是一種感受。感受不光是感性的。就是說，不是物理 physical 那種，也不限於心理 psychological 的，而是比這些活動的層次還要高，應該是一種精神：偏向美感的欣趣。當然不純然是一種情感、情意上的感覺。它的精神境界相當高。我想這可以表現莊子的美學觀點。適就是美。或者說，這種美感的欣趣的高低，讓你感到適或不適。美感欣趣高的話，就是適，不高，很低層次的，只是感官性的話，美感性就很難講，就不能說是適。

同學（瞿）：靈臺明覺心認取萬物存在的本質，即道，並以神用、妙用應接萬物，達到與物通的境界，人與物各安其分，各得其位。在這過程中，體認道在萬物之中的和諧性，即是莊子思想對世界抱持的態度。

老師：道在萬物之中的和諧，就是莊子思想對世界抱持的態度。這種說法有點不好解。這種和諧的感覺，是主體性這方面的事。不是

客體性、道那方面的事。主體性對於不同的事物，處以不同的態度。看具體的情況來做。和諧是一個目標，在你跟事物之間，要達到什麼程度？然後才有這種和諧的關係，這應該是心態，達到和諧的心態。我想這也有工夫在裏面，或者說，就是我們在不同的事物裏面，因為事物本身的背景都是道，存有論的根源就是道，所以我們要體證這個道，應該不能離開具體的萬物，離開了就找不到道了。道就顯現在日常生活種種的節目上面。所以在這種情況，你這種靈臺心要有看事看人的智慧才行。

就是說，你對事情、對人，大概以什麼態度來作為一個標示，讓你可以依循這個標示來做，結果你就可以體證道的那種存在性。特別是這種事跟道之間的和諧關係。還有你做為主體性跟道作為客體性的一種關係。這都可以講和諧。所以，你這種講法，工夫論的意味很濃厚，沒有一定的準則可以提出來。你講莊子對這世界所抱的態度，我想，裏面彈性很大。跟儒家不一樣。儒家是講道德責任，莊子是講精神上的美感欣趣。這種美感欣趣對於每一個主體性來講，沒有一定的規則、程度。看你是在哪一些活動上表現。或者說，看你在哪一個人事關係上表現而定。所以這需要智慧，生活的智慧。另外，你處理事物，對待不同的人物，要有一種讓雙方感到恰當，感到「適」才行。

像儒家也常說，你對不同的人物應該以不同的態度來做。比如說，你跟父親母親講話，你用什麼語氣跟他們講呢？你對你的老師，像韓愈所講的〈師說〉，他提出老師幾種要做的事：傳道、授業、解惑，有沒有印象呢？老師對學生，或者是學生對老師，他好像有提出一些指引。這裏面沒有一成不變的標準。你對父母的態度

是一種，對老師的態度是一種，對後輩是一種態度，對學生又是一種態度。對朋友是一種態度。夫婦關係要有一種恰當的態度。這裏沒有一種歷久常新的指標，要隨機應變。這也是一種生活的智慧。如果你不能達到恰當的、讓你有適的感受，那你的生活態度就有反省的需要。有些人對父母很孝順，可是對下屬就什麼事情都可以說出來、做出來，這也不一定不好。父母跟你的關係畢竟是比較特殊的。你跟朋友的關係是另外一般的關係。所以這裏有一種親疏厚薄的分別。

　　墨子的兼愛，愛人家父母跟愛自己父母都一樣，這可以講，但是做不來。比如說你畢業後去賺錢，拿出薪水四分之一給自己的父母，可是是不是也把四分之一拿給人家的父母呢？你的薪水有限，也不應該，不需要。那筆錢不應該由你拿給人家的父母，是他們的子女拿給他們。這裏就有分。在不同的身分裏，你所應該做的事情也不一樣。墨子提的兼愛，作為一個理想就可以講，實際上根本行不通。愛人的老婆也跟愛自己的老婆一樣，這樣家庭怎麼維持下去？你的老婆可能覺得你這個人不忠心，像花花公子那種情調。這樣是不好的，實際上也行不通。結果夫婦之間會產生很多誤會，最後吵架、打架，然後到法院要求離婚。做到這程度就很不好。

同學（璩）：純粹力動現象學以有執的存有論與無執的存有論觀念的辯證，來討論對世界的態度。在討論有執或無執存有論之前，必須先瞭解純粹力動轉變成具體事物的階段。特別是分化與詐現方

面。❷分化是純粹力動自身自我否定而產生兩種相反性格的面相。自我否定是否定原本一體的狀態。分化自身雖然分化成二元的事物，但不代表其內在是有複雜性的。分化是為了自我顯現的目的，故而分化為心／物、自我／世界、主體／客體等等。分化的過程會減弱力動原本的作用，並收窄其活動範圍。但仍保留某一程度的力動性格。❷

　　力動的凝聚、下墮、分化的過程會開展出物的外在世界，與自己的心的內在世界。兩端繼續分化，最後分別以個體物與心靈現象或狀態而詐現於自己撒下的時間之網與空間之網之中。心靈現象以認識主體的身分，以範疇的普遍概念來思量外在個體物，對後者加以執取，作對象性的定位，完成主體與對象的關係。這種以心物雙方的存在來說，是一種有執的存有論。「有執」是說認識主體自我執取，並且執取外在對象的存在，以為它們具有獨立的實在性。❸

老師：這裏提出一個觀念，就是自我顯現。這裏我們非常強調這種顯現活動。不管你說純粹力動也好，或其他終極原理也好，你作為一種終極原理，畢竟是抽象的，雖然有普遍性，但卻是無形無象，你又說終極原理本身有動感。如果是這樣，它的動感就一定要表現出來。你可以說一個終極原理是什麼東西，要從它的表現來看。因為它有動感，能表現，能夠進行分化、詐現那些作用。而且，這種顯現，不光是讓你能夠把抽象的終極原理跟具體、立體的事物，連

---

❷　《純粹力動現象學》，頁 109。
❷　《純粹力動現象學》，頁 111。
❸　《純粹力動現象學》，頁 112。

接在一起，而且這個終極原理的本質也是要在顯現裏面展示出來。這要看你這個終極原理對世間，有些什麼關係。這些都是我們看這個終極原理的本質的那些條件。在這一點上，以前我們好像也講過。海德格講過一句很重要的話：「存有（Sein）的本質要在顯現中證成。」或者是說存有在它顯現活動裏證成了它的本質。這個本質跟終極原理之間的關係，不是一種靜態意義上的關係，而是要從實際的事件裏表現出來。這一點也不大好解。我們光是說終極原理有些什麼性格、本質，這沒有用。只要它在一種抽象、潛存狀態裏面的，那什麼本質說來也沒有用。我們一定要看它的顯現，在它的顯現裏面它怎麼樣去活動，它所能夠概括的萬物，或是以它為根源的萬物，它對萬物的關係是怎麼樣？在這裏才能顯示它的本質。所以一個終極原理，積極的講法，非要有表現不可。它的表現又presuppose 它是有動感。

比如說 Plato 講的理型說的終極原理在這方面就有問題。因為他的理型是靜態的，不能運動的。它只存在於超越的世界。它跟萬物隔離，而且隔離得很嚴重。因為理型是不變的，無所謂動感。萬物是不斷變化，充滿動感。如果你說理型是萬物的原型，萬物是理型的仿製品，那理型作為萬物的原型或者是萬物作為理型的仿製品的話，萬物中間有很多變化的情況在裏面，你這理型不能活動，沒有所謂變化，那你這種關係怎麼能拉起來，拉在一起呢？理型怎麼能夠一方面是靜態，跟萬物性格不一樣，萬物是動態的，你又是它們的原型、根源呢？一方面你是靜態，萬物是動態，一方面你是萬物的原型、根源，模型與仿製品的關係怎麼能建立起來呢？靜態的理型是沒有動感的原型，怎麼讓萬物仿造而有不同的變化呢？理型

的靜態跟萬物的動態合不起來。

　　如果講上帝就不一樣，上帝是能動的大實體，祂要造人、造其他事物、動物，都可以，祂都有動感。然後他又是全知、全善、全能的，所以他要怎麼做就怎麼做。我不是說上帝觀念在哲學理論上是很完美的說法。上帝這種思想當然也有很多問題在裏面，不過光是是從動感來講，它沒有 Plato 理型說所碰到的困難。上帝通過道成肉身變成耶穌，通過耶穌，上帝跟人就有溝通。耶穌背負上帝的本質，下降到人間的世界，替人贖罪，受盡種種苦難，最後釘死在十字架上面，把他的寶血拿來洗淨世人的原罪，這就成就了那種救贖的整個程序。所以他死掉三天以後復活，回到上帝的身旁，任務就完成了。這種學說你接不接受是一個問題，可它沒有 Plato 理型說的毛病。

　　凡是有終極意味的東西，如果你不從顯現那邊來講它的性格、本質的話，那是不行的。終極原理不管是什麼東西也好，說上帝也好，說梵天、大梵也好，說自然、天道、天理、良知也好，說佛性、空也好，它們都有終極的意味。它們一定要講動感，本質才能講。它一定要以動感呈現，或者是說進行種種的活動，進入這個現象的世界，跟它打交道，跟每一種物類打交道，你這種本質才能看得到。你若只待在超越的領域裏面不動，你的本質是怎麼樣，我們就很難說。本質是要從展現、顯現裏面看到的。

同學（顏）：佛教的動感應該從緣起來看嗎？佛教的空是非實體麼？要從什麼來看比較明顯呢？

老師：其實這問題，當年熊十力已經提出了。佛教作為一套理論有

很大的困難。我們說動感就是要講力量。力量有幾個層次，物理的力量、精神分析學所講的本能衝動、精神的力量。不管是哪種力量，一定有發源地，就是實體性的才能講。精神的力量要由精神實體發出，勞力要由一個健康身體發出才行。佛教在這方面碰到困難。佛教講緣起性空，在義理的脈絡下，實體、自性完全不能講。既然不能講精神實體、自性，又要進行普渡眾生的大事業的很不簡單的宗教行為，是不行的。這需要力量，普渡眾生的力量怎麼來呢？來自何方呢？這是不講實體的佛教的死結，解不開的。

佛教只要它不放棄緣起性空的義理，就不能講自性，就不能講實體。因為自性是實體一種表現的方式。實體可以用不同方式表現出來，上帝是一種，自性是另外一種。佛教不能講自性，因為它是講緣起，講空。不能講自性，就不能確立一個精神實體；如果沒有精神實體的話，普渡眾生的力量從那裏來呢？

如果你只是關心個人的渡化，只要求自己的覺悟、解脫，就算了，那問題就不大。就是自己解決自己的生死大事。只是限於個人的渡化而已，這就很簡單。可是你要普渡眾生，眾生是無窮無量的，那你所需要的精神力量也是無窮無盡的。你不講實體，哪來的力量？這是佛教的死結。

熊先生提出這問題，這的確是佛教裏面很嚴重的問題。他也幫不了佛教，他提《易經》所講的生生不息，大用流行。這就是實體，佛教不能接受這實體觀念。熊十力沒有幫助佛教解決這問題，自己跑到儒家這方面開出當代新儒學，這不是很有趣嗎？

旁聽生：佛教沒有動感麼？

老師：動感說不起來，也不能建立，因為它不能建立自性、實體的觀念。

旁聽生：事會流轉，能算動感嗎？事會詐現，算是動感嗎？

老師：在純粹力動現象學的立場來說，動感來源就是純粹力動。沒有純粹力動，動感出不來。純粹力動本來就是力量，我們不需要找一個實體，讓實體發出純粹力動的力量。所以說，最關鍵性就是在這裏。如果你在這一點站不住，整套理論都站不住。如果站得住，整套理論就可以做為一套哲學理論提出來。

一般講哲學，最後還是要講到形而上學方面去。我們講哲學，一定要涉及存有。不管你講道德、美學、宗教、知識，都不能不講存有的問題，一講存有就會問根源在哪裏。答案就會不一樣。不同的宗教，不同的哲學，各有自己的講法。哪一種講法比較好呢？這要看哪一講法最有理論的效力，哪一講法最接近我們一般平常的生活、平常的經驗。如果遠離平常生活、經驗，那套東西就是空中樓閣，沒有效力。

所以你講到有關對世界的關心這一點，道家在這方面是比較弱的，基督教就很強。因為道家不是一種宗教，它是一種哲學，它也有很確定的實踐在裏面，有它的工夫論，它也講終極原理，講道，講無，講自然，可就是有一缺點，就是他太強調逍遙的境界。沒有強調像儒家所講的，以天下為己任，國家興亡匹夫有責。它沒有承擔感，只是承擔個人美學的開拓。它沒有承擔別人精神上的前途。它不是宗教，不需要這一套。可因為你沒有這一套，你的影響力便很小。左邊有基督教，右邊有道家，一般人都會選擇基督教，道家

就會暫時放在一邊。因為道家所講的東西跟日常生活沒有很大的幫助。基督教就不一樣，它有很多日常的宗教儀式、宗教的實踐方式，它也有教會，也有救世主。莊子提的真人、至人、神人是不是救世主呢？不是啊！他救不了你，他不是救世主，他不是耶穌。所以道家對中國文化的影響主要在文學、美學、藝術這一方面。在政治、軍事、宗教、經濟、醫學這些活動領域裏面，道家所能夠給出的貢獻都很有限。

所以我想，道家要改革，要有進一步的開拓才行。事實上它在老莊時代已經成熟，整個規模都擺出來，價值非常高，不能再進。到了魏晉玄學，他們主要是詮釋老莊那些文字，也沒有開宗立派的那種宗師風範，這已經是比較好的了。其他那些喜歡玄談的人，就沒有用。然後到了唐朝，有重玄學出現，有一些道家的意味，只到了這程度，也是借助魏晉玄學來詮釋老莊思想，甚至重玄學的名字也是從老子引過來：「玄之又玄」。所以，道家好像沒有發展，在先秦已經大放光芒。好像已經到了非常美滿的境界。後來的人談不上發展，更談不上開拓。

旁聽生：老師，到目前為止，您的學生裏有從純粹力動探討道家的寫作論文嗎？

老師：沒有。這套東西幾年前才提出來。五～六年前提出來，2005年。這種新的東西，你拿出來，人家需要一段時間來消化。要先理解與消化，然後再看你這套東西的作用、價值在哪裏。

同學（瞿）：老師的純粹力動在學界有人提出討論嗎？

老師：聽說已經有讀書會拿這本書（《純粹力動現象學》）來讀，但有沒有東西發表，就不清楚。你們中央大學有位學長李慧祺寫了篇關於純粹力動現象學的文字，在研討會上發表。他給我一個 copy。這種東西要一段時間來瞭解跟消化，才能提出一些積極的見解。我做這東西，探究這問題已經很多年。所以他們瞭解跟消化也要相當多時間，尤其是這本書跟佛學、京都學派和現象學關係比較密切。這些學問都不好做。

同學（瞿）：道家思想的體道工夫論以虛靜、無或坐忘、心齋的方式，解消掉認識現象的識知心，回歸到存在自身，即「道」，來對待「道」內在於其中的萬事萬物，使其如如呈現。這是一種無執的存有論。

純粹力動肯定有執的存有論開展知識論之作用，但是人生為了追求其終極真理，不能只停留在有執的存有論上。毋寧是要超越並突破知識論的限制，將有執轉為無執，而追求現象背後的物自身真理層面。[31]吳先生認為，要超越認識論的途徑只有一種，便是睿智直覺以純粹力動為背景，收回時間、空間的感性形式的網絡，淡化由純粹力動分化出來的事物或存有，放棄作為形式思維的範疇，消解存有的對象性與認識主體性，以睿智直覺去理解存有的真相。[32]萬事萬物皆因詐現而存在，其詐現皆來自純粹力動。這樣便能保住存有，不消棄存有。這種正確地對待存有的說法，便是一種無執的

---

[31] 《純粹力動現象學》，頁 114。

[32] 《純粹力動現象學》，頁 114-115。

存有論。一切存有不以對象或現象的形式出現，而是以存有的物自身形式出現。與其相對的主體亦由認識主體上提為本來的睿智的直覺。

老師：這裏講得不是很足夠。我的總的看法是，純粹力動現象學作為一種哲學理論來看，應該還要再進一步，要有一種所謂宗教的轉向（religious turn），要從概念、理論這種研究跟開拓，轉一個方向，轉到實踐的方面，特別是宗教的實踐。如果是這樣走的話，首先你就要在個人的自處，對事物的看法，對文化活動的看法，最後看生死問題，在這些方面都要有一種相應的、恰當的想法。

　　有一年，我到日本旅行，我是走山陰線那邊，面對日本海。通常一般人到日本旅行都走山陽線面向太平洋，很少人走山陰線。那次我從山陰線坐車，一直到一個地方，叫鳥取，這地方出產水晶梨與水蜜桃。有沒有聽過鳥取呢？鳥取有一個大沙丘，都是黃沙一片。日本有三個大沙丘，有兩個在山陽，一個叫中島沙丘，另一個忘記了名字。在山陰線的叫鳥取沙丘。

　　我在那裏待了半天，看著海水、日本海，四面無人。我就在想，一個人存在在世界上，時間很有限，最多不能超過一百年。那你出生以前，死掉以後，情況會是怎麼樣的呢？我也想起我母親，她是一個很虛弱的女人，在我出生後不久，兩條腿就癱瘓，不能走動，一直到老死都住在農村。我就這樣想，像我母親這樣一個善良的女人，沒什麼要求，只要求我們健健康康的生活，那她是怎麼來的？她現在在哪裏？我也搞不清楚。我又想到自己，母親生我，在這裏待幾十年，頂多八九十年，就去了。

　　像我母親也好，我自己也好，出現在這世界裏面到底是怎麼一回事呢？我就在想這問題。這跟上帝、耶穌不一樣，我們不能跟祂們相提並論，上帝是全知、全能、全善。我們人是凡夫，整個身體就是生滅法，有來的時候也有去的時候。來以前，去以後會是什麼樣子呢？待在這世界上七八十年，最後還是會離開。由出生到老死到底是什麼一回事呢？這問題也不光是個人問題，每一個人都是一樣，都有出生的時間，也有死去的時間。中間只有短短的七八十年，無數的生物、人類，就是這樣子，怎麼解釋啊？

　　後來我就用這套東西來看，你這個人從出生到老死，只是純粹力動的詐現而已。我們是從純粹力動而來，最後還是回歸到純粹力動方面去。整個世界，整個宇宙，所有生物，人類也包括在裏面，也不過如此，就是純粹力動的詐現。一個人的存在在整個宇宙來講，算不了什麼，只是大海中的一滴水而已。我這樣想，心裏面就平靜下來。你不要把自己看得太重要，不管你是做總統也好，做大富豪也好，做乞食者也好，都是一樣的。你沒帶什麼東西進來，也不能帶什麼東西離開，都是裸的。你有很多錢也沒有用。甚麼權力、地位、名譽，都是一樣，都會灰飛煙滅。《三國演義》開首便這樣說：「滾滾長江東逝水，浪花淘盡英雄。」誰也免不了為浪花、時間所淘汰。

　　想到這裏，我就比較覺得不是什麼一回事，也沒有什麼煩惱。我們在這裏幾十年做研究、教書、寫書、講學，就是純粹力動在個人生命裏詐現的歷程裏面的一些活動，就是這麼些東西，沒什麼特別的了不起的事情。馬英九也不過是這樣。他也是跟我們一樣，從那個地方來，最後還是回歸到那個地方，沒有分別。所以你如果能

這樣想的話,那你這個人內心就平安。你也不需要擔負很大的壓力,不是要做什麼偉大的事情。人就是人,有很平凡的,有很特出的,要看你的際遇怎麼樣。你本身的條件當然很重要,可是也要看你的運氣。結果就是走一個圈,從純粹力動出來,走一個圈,在這世界上停留一段時間,最後還是回到純粹力動的終極真理那邊去。整個宇宙就是這樣流轉。這就是我的看法。純粹力動現象學不但是我的哲學,也是我的宗教。

結　語

同學(瞿):此篇報告主要是從道家的終極關懷之探討,從主觀的靈臺明覺心開展,如何達致與存在於萬事萬物的客觀存有「道」的合一的工夫修養。這是從主體心開展到客體並達到主客合一的部分。另一部分討論了道家思想在體道的作用中,如何看待現實世界。兩部分的討論皆對照吳先生的純粹力動現象學理論佐以參照。

　　我認為,以力動說與道家思想比較,對於無執存有論的部分,兩者是相同的。皆為從主觀精神的把握,過渡到客觀事物的體認。而這體認的工夫,都是以明覺心的直觀來認取道自身。不過,在道如何變化成個殊事物的存有論這部分,吳先生的理論在概念分析上講得比較細緻而清楚。就現象界的認識心這部分,力動說並不偏廢或捨棄知識的發展,而是從人性超越的傾向主張主體心有超越現象的精神發展,這是認取支持現象背後的存在本質,即物自身之能力。從認識心的超越來發展睿智的直覺。就人性的發展而言,這是更為圓滿的說法。

老師：你這裏最後一句，從人性的發展來講，這是圓滿的說法。那是不是像我剛剛所講的意思呢？你這裏講的應該不是人性，應該是人的存在性。

同學（瞿）：人實際生活的樣態，應該不全是講道德義的。

老師：不需要，純粹力動也不是道德的觀念。不過，你說圓滿不圓滿，那就比較難講。什麼是一種圓滿的人生呢？或者是說豐盛的人生。我們常常聽人家提到要過一個豐盛的人生。說是這麼說，到底豐盛的人生是什麼意義？怎麼去做才能達到理想？每個人的看法都不一樣。有人以為錢是最重要，一個人最重要的事就是要賺很多錢，像郭台銘，他嫌賺得不夠，還要多賺錢。可是有些人對金錢看成是身外物，沒有把它看成是怎麼重要的東西。你所謂人的存在性，或是人在這世間裏面這樣活動，要怎麼樣才能算是達到圓滿的程度呢？每個人有不同的看法。

我這裏的看法也很簡單，根據那本書所講，一個人的存在，不能獨立來講。人的存在是存在於你跟親人、朋友、國家、文化，你的生於斯長於斯的宇宙，做為一個整體，一個大的背景來看，你在這麼幾十年很有限的時間，在空間上也是很有限，限於地球這範圍，能夠做甚麼呢？你大概怎麼做？怎麼生活？才能算是有一種圓滿的人生，沒有辜負父母親生你的劬勞。他們生你養你也很辛苦。有些人好像覺得這些問題都不重要。反正不管你怎麼想，事實上還是這麼一種現實，你也改變不了這種現實，所以你怎麼想也沒有用，你在這裏提也沒有用。可如果我們不提這些問題，那就很難確定生存的意義在哪裏。每一個人都有生存的背景，都不一樣。那我

們是不是每一個人都有他自己的目標，還是他們都有共同的目標？大家都是為達到那個目標來打拚呢？人的存在性，是不是可以孤立來看？還是你的存在性只能從你跟周圍環境、周圍的人，以至整個文化，你所從出的世界，這樣來看呢？人的存在的價值，大概怎麼樣去定位？這是很大的問題。

　　可能有人說這很無聊，浪費時間，想了半天還是沒完沒了。只能在想，做不出來。那如果我有這套東西，這是我的宗教，就是很簡單，你不過是純粹力動在它的實現過程裏的一種詐現而已。它有無量數的詐現，詐現在無數的生物、死物裏面。它是一個大環境的基礎。它就是根源性。宇宙的真理就是在它裏面。我們每一個人作為它的詐現，就是在它的動感的顯現裏一個部分，一個很小的部分。有一個使命，你也可以這樣說。所以最後我就在想，其實，人生本來就是痛苦的。可也不光這一面，你不能說人生既然是痛苦，那我們乾脆放棄，自殺好了。自殺後就沒有那些痛苦了。也不能這樣講。

　　人生出來就是受苦的。佛教就是這樣講。四聖諦，苦集滅道，第一點就是講苦。一切皆苦。我們生出來就是受苦這現實，可我們也不一定要順著現實這種狀態隨波逐流地生活。我們要在受苦這現實裏面，去尋找可以讓自己從苦痛煩惱脫離出來的途徑。然後配合整個你自己的文化、整個宇宙，去做你想做的事情。人一出來就是受苦，這是現實，可我們選擇的生存方式可以不一樣。我可以這樣選擇，我生出來就是受苦，可我要在受苦裏面淬練自己，讓自己的生存意志堅強起來，撐下來，做一些自己覺得有意義的事情。特別是對其他人都有意義的事情。所以人從生到死，整個歷程都是淬練

的過程。人怎麼樣能在受苦裏面不斷跌倒、掙扎，站起來，繼續走？在整個歷程裏，人可以不斷吸收錯誤的教訓，最後你就變得成熟，你的精神境界就會提高，你心靈的包容力就會擴大。不但可以包容朋友，也可以包容敵人。

劉曉波在諾貝爾頒獎典禮中自己預先備有的演講稿中說：「我心裏沒有敵人。」這是最重要的一點，他也不把共產黨看成敵人。所以我想他這種心態講出來就很好。這句話也不是他創作出來。四海之內皆兄弟，哪來什麼敵人？如果你這樣想，你的心情就很輕鬆，很快樂。一方面可以包容朋友，也可以包容敵人。一方面可以包容快樂，也可以包容痛苦。你到這階段，連敵人跟痛苦都可以包容。那你的人生就是很圓滿的人生，一個沒有敵人、沒有痛苦的人生。對於敵人跟痛苦應該採取的方式，不是要排斥它，不是趕盡殺絕。要把它轉化，轉化為朋友跟快樂。這就牽涉到宗教問題。我就是這樣看圓滿。如果你真能做到這一點，就是劉曉波所講的心中沒有敵人的人，一個沒有敵人、沒有痛苦的人，就是圓滿的人。

中央大學 哲學所博一 瞿慎思

第四章　自我設準、睿智的直覺與知性，兼及靈臺明覺我

第一節　關於自我設準

同學（張）：我的題目是關於自我設準的問題，並及於純粹力動的睿智的直覺，與道家靈臺明覺心、明覺我的對話。也兼及純粹力動現象學之睿智的直覺自我屈折而成知性的問題。在這之前，我們要先處理自我設準的問題。什麼是自我設準呢？依老師所說，這涉及自我的導向觀念。一般可以說自我的類型、設準，這有靜態的傾向；導向則較具動感意味。我在這裏要做的，不單是把自我依性格來分類，同時要談自我的活動方式，更具體的說，是它的現象學取向、導向方面。另外，自我的活動主要是就心靈或精神的表現形態說的，故自我的問題即是心靈或精神的問題，自我的導向亦可說為是心靈的走向或精神的方向。

關於自我的導向問題的討論，有佛教中流行的「判教」或教相判釋的意味。即是，把在層次上、性格上、價值意義上的不同的自我提出來，作一個闡述，把每一種自我安插在框架上的適當位置，

然後提出自家所崇尚的自我，把它對其他自我在層次上、性格上、價值意義上的跨越性提示出來，以展示自家的哲學立場。也有光是做前一步的，只對不同的自我作恰如其分的說明，而不下價值判斷。上面曾說，自我設準就是自我導向，也可以說是心靈的走向或精神的方向。在這之先，要探討一下純粹力動與自我的關係。老師認為，純粹力動作為宇宙和人生的終極原理，在主體方面表現為睿智的直覺，這個睿智的直覺能夠發展出種種不同導向的自我或心靈。我們可以純粹力動為基礎，建立一種綜合和超越實體主義與非實體主義的力動性格的自我現象學或心靈現象學。純粹力動如何發展出自我呢？它透過向下沉降、凝聚、下墮、分化而詐現客體的事物，自己則直接貫注於主體之中，而成睿智的直覺。這睿智的直覺亦可自我屈折成知性而成知性的自我或認知我。純粹力動詐現事物與自身屈折成知性是同時的、無先後次序的。倘若不是同時進行，則事物被詐現出來，而成相對的世界，則這世界對誰而為相對的世界呢？它不能相對於睿智的直覺，因後者是無對的，它必是相對於知性，故詐現與屈折必是同時的。這裏說睿智的直覺是無對的，只是一種邏輯或理論的說法。純粹力動雖然是一種超越性格的終極原理，但仍需要在具體的事物世界中顯現，不能掛空而存在。它需要在自我顯現中證成自己的本質、內涵。

老師：這裏我們先來談一個問題，生死的問題。海德格曾引述一個天主教神父講的幾句話：「一個人，當他死亡以前，曾經死亡過，這個人在死亡的時候，就不會死亡。」這是什麼意思呢？有沒有想到？

同學（顏）：是不是說當當事人真正碰到瀕死的境況的時候，他有那樣的經驗，就比較可以解除人對死亡的恐懼呢？

老師：你說那個經驗是什麼意思？

同學（顏）：就是他真正有瀕死的、接近死亡的或認為自己已經死亡的那一種經驗，那種真正存在的感受。

老師：那到底他死不死呢？你說他經驗到死亡，然後有了這個經驗，有了死亡的經驗，然後到他真的死亡的時候，他反而不覺得有什麼畏懼，你是這種想法麼？

同學（瞿）：他會不會是根本就沒有什麼生死的概念？

老師：怎麼會沒有呢？人怎會沒有生死的概念呢？

同學（張）：這生死不是開始，也不是結束，也不是有，也不是沒有，它只是一個流轉這樣子而已。

老師：這樣說不是很清楚。你的想法很混亂。

旁聽生：我聽到海德格講的這句話，就聯想到蘇格拉底，他受到雅典聯邦政府的迫害入獄，他的學生就說，蘇格拉底是一位追求真理的好老師，要透過關係把他救出來。當救他出來的時候，蘇氏其實有機會逃獄，可以讓他的生命保留下來，可是他選擇了：國家判他死刑，他坦然接受。所以他沒有逃獄，後來被毒死了，生命便結束了。從這樣的故事跟海德格所引述的話，我就聯想到，其實我們的生命可以有兩種取向，就是它是一種生命品質論，又可能像蘇格拉

底所持的生命神聖論，他把他生命的價值的意義提升了。

老師：妳說生命的品質，又說生命的神聖，有什麼分別呢？

旁聽生：講求生命品質，就是比較重視物質上的生活；生命神聖論是重視精神上的開拓。

老師：妳這樣講好像也涉及一些有關生死的問題，但還不是很清楚。

同學（呂）：我是這樣想，老師講那個故事，它好像是說，如果我們已經死過一次的話，我們就不用畏懼死亡了。我對這句話的想法就是，老師你的意思是說，如果說要能跳脫死亡的概念，那一定要把生跟死這兩個東西視為是一種相對性，那你要達到另外一個絕對的境界，你去看它的時候，你才可以跳脫嘛。我的想法就是，當我們還沒有存在之前，當存在還沒有開始之前，一切都是不存在的。就不存在來說的話，好像我們已經死過一次了，後來我們好像突然間被拋到這個世界上，突然遇到了存在，那到死亡只是回到一開始不存在的那個靜態，所以這時候好像我們已經有過一次不存在的經驗，我們只是回到那個狀態中，所以就沒有什麼好去畏懼的。

老師：這樣好像繞了一個彎了，就是把這個生死的問題圍繞著存在，又是不存在，這種相對反的那種狀態。這樣來講，其實你不需要涉及那個不存在的問題，光是從這個人在精神上面是不是可以克服生死的問題來看，便足夠了。就是說，你如果在你真的死亡以前，能夠克服這個生死的問題的話，那你可以說是已經突破了生死

的這個背反，那生死，實際上的那種生死，對你來講就不會成為一種什麼嚴重的事情。就是說，你如果突破了生跟死所造成的那個背反，你就沒有這種對於生對於死的兩極相對的想法，進一步也沒有說我是貪生，喜歡生，不喜歡死，然後就用很多方法來讓你這個生繼續延續下去。另一方面就是避免死亡。如果這樣看的話，那這個存在的問題就可以放開了。其實這個問題，你剛才提到說，不是一個什麼問題是麼？

同學（呂）：不是開始或結束，不是說突然從有到無或是從無到有。

老師：不是這樣啊！其實一個人對生死的那種感覺，當你愈老，這種感覺、這種意識就愈嚴重。一般小孩子，十歲八歲，在街上遊戲、打球，他哪有生死的這種背反的想法？生死這種概念，根本沒有在他的意識中，沒有在他的思想裏面呈現，所以生死對他來講，即便還是一個問題，也不是一個讓他感到困擾的問題。因為他在那個階段，他整個心靈活動的方向是向外發展，隨著他不斷的成長，他學習，知識一天比一天豐富，人生的經驗一天比一天增加，然後他所關心所注意的問題，對他來講都是一個很大範圍的一些問題。生死，他可以感到有這個問題，但這對他來講不是很重要，因為他才十歲八歲，生死是到我們這般年紀，通常說人活在這個世界上不過百年，運氣不好五十年，運氣好就到九十五歲一百歲，才會成為問題。

　　在禪的傳統裏面，一個叫趙州從諗的禪師，他自己創立比較特別的一種禪法，就是專門研究狗有沒有佛性，畜牲有沒有佛性。人

是有佛性，那狗有沒有啊？他就提這個關鍵性的問題，然後表示，說無也可以，說有也可以。有無這個問題，這點我先把它擱下，順著原來要講的問題來講。你的年紀愈來愈增加，死亡的那種意識、想法，就會愈來愈靠近。我今年是六十四歲，從六十歲開始，我的感覺就很不一樣，就是六十歲以前、六十歲以後，以這六十歲作為一個分水嶺，這六十歲有什麼特別不一樣呢？就是死亡的問題，對死亡這個問題，你是愈來愈有一種強烈的感覺，就是說終有一天你要離開，那種預感，愈來愈強。我對生日這種事情，也有完全不同的看法，通常一個人過生日，他的父母在那天會盡量讓你享受，帶你去吃自助餐，盡量吃，挑最好的東西來吃，用多少錢也無所謂，買一個蛋糕替你慶祝，唱生日歌。生日就是快樂。它這首歌背後就是這樣，每年都有一個生日，所以每年都有這麼一天，你就可以期待，期待這一天以後，有一個更好的環境，一個遠景，所以你在這種情況，你的心情是很開朗的，對所謂生日這個概念，你是以一種肯定的角度來看，生日就是大喜的日子。可我已經不是這樣想了，就是每當某一年那一天生日，我的感覺剛好是相反，就是說你又少了一年，距離那一邊又接近多一年，你還有多少天是這樣子呢？過一天生日，就少了一年，靠近最後你要走的那條路，又靠近了一年。這樣的生日有什麼可慶祝呢？

所以同一件事情，你如果從不同角度來看它，就有不同的想法，那種想法的差距可以很大。如果你已經把生死這種問題徹底解決，生死在你的生活上面，尤其是在你的精神生活裏面，便不會成為一個問題，因為你已經在心靈上、在精神上克服了生死的背反。所以我們從宗教，特別是有關終極關懷的問題那些方面來想，你對

事物的性格，如相對跟絕對、有跟無、存在跟非存在、理性跟非理性、愛跟恨、正跟邪、善跟惡，這些對反，所謂背反，生死也在裏面，如果能夠真的克服這種背反，那你在心靈上面、精神上面，便沒有生死這種分別，你已經超越了、克服了生死的那種相對反的性格。如果你一天不能克服這種背反，你會一天到晚在生跟死之間游離，那個心總是定不下來，總是在想，到底我能夠活到什麼時候呢？然後你會突然有一種很珍惜自己生命的感覺，就是活一天快樂一天這樣子，這樣下去，總有一天你要走，要離開這個世界。所以即使你有這種心情，問題也不可以說是完全解決。我是說那個關鍵，就是在你對自我的那種意識的執著，你愈是對生死問題敏感，愈是感覺到它那種嚴重性，就表示你的我執，對自我的那種執著，那種對生的癡戀愈嚴重。你如果能夠放開你的自我，把你的自我的門戶打開，讓其他一切東西都可以進到你的生命裏面去，內外打成一片，你已經沒有那種自我的意識，或者說你已經從這種我跟無我、生跟死，這些背反、這些矛盾裏面突破出來，便得到解決了。

　　如果你真的能這樣做，那生死對你來講，就不成一個嚴重的問題，生是你父母生你的，你不能有什麼決定的權力，父母把你生出來，你是被動的。死在表面上好像沒有那麼被動，是麼？我什麼時候死，以什麼方式來死，你都可以自己決定，可是最後你的命運就是死，這一關你一定要過，免不了，這是肯定的，沒有其他道路。每一個人都要走這條路，什麼時候走，什麼走法，你有一定的決定的權力，或者是力量，可你要走，早晚你還是要走，這點，你毫無辦法。問題就出在這裏。那我們怎麼樣去解決這個問題呢？它的關鍵是有我跟無我之間的分別。你如果有這種我執，就是有我；沒有

這種我執，就是無我。所以佛教一開頭便說，諸行無常，諸法無我，一切皆苦，涅槃寂靜。它提出無我這個概念，它這樣提出是從一個理想的眼光來看，就是無我是一個理想。怎麼說是個理想呢？就是說如果我能夠達到這無我的境界，就能夠……我先這樣講，這個我，是一個具體的生命，它有一個界線，我是在這個界線以內，在這個界線以外就不是我，是他，所以這裏就有這個我跟他、跟不是我，這種分別。這種分別，你年紀愈增加，這個感覺會愈明顯。到了最後，你可能就會陷入一種完全的無力感，好像自己的生命隨時可以結束，隨時要被放棄，自己做不得主。從另一方面來講，如果你能夠克服生死這種背反，那你就沒有這種顧慮，就不用想什麼時候死，自己能生活到什麼時候。因為你如果能夠克服這種生死的背反，那你便沒有這種自我意識，你如果能去掉自我意識，去掉對自我的那種執著，那你這個生命的境界，或者是精神的境界，已經從一個有限的、暫時的性格，提昇到一個無限的、永恆的性格。到了那個階段，死對你來講，就不是一個問題。

　　如果你能在這方面想得通，就是體驗的非常深非常廣，你就可以說是解決了你生命裏面最大的問題：生死問題。你也不會怕死，因為生死對你來講，已經不成一回什麼重要的事情，你的生命的價值，不在於你在什麼時候走上死亡那條路，而在於你對這種死亡的背反的超越、突破。在這方面，你的體證、體會非常重要。一個人如果能夠在心靈、精神不斷精進，到達一種無我的境界，去掉對自我的執著，自我的意識、執著都沒有了，那生跟死，便在本質上跟你不相干了，因為你已經除掉那個以你的自我作為生命存在的主體的想法，你已經沒有這種主體的內容意識了，那所謂死，就不成一

個什麼問題。你也不需要特別在乎你的死、我的死，根本沒有你我的分別，因為你的存在性已經化掉了，化掉到大化流行整個流向裏面去了。你只是這個大化流行裏面一分子而已，從整個大化流行這個流向來看，你作為其中一分子，是微不足道的，像大海裏面一滴水而已，有你跟沒有你，幾乎沒有不一樣，都是一樣。

所以這個問題很重要，就是解決生死的問題。如果你一天沒有把你的自我意識、自我執著解放，你對自我的執著如果一天不鬆開，那你就一天都在憂慮。因為什麼？因為這個自我到了什麼時候就會消逝，你就會感到很悲慘。你是把自我看成為整個宇宙的中心，一切價值的根源；一定要有這個自我，如果沒有的話，一切價值馬上崩潰。平常人都是這樣想，所以啊，到了真要的死的時候，就很悲哀、很悲痛，覺得自己死掉，好像給拋擲到一個黑暗的深淵，自己曾經愛過的那些親人、曾經待過的那個環境、曾經見過很多很多美好的事物，都在那個瞬間變成無有，你的周圍環境只是一個漆黑的深潭。你會這樣想，那你就很恐懼、很消極、很悲哀，對什麼事情都沒有興趣，好像世界要走到盡頭了，你就在這裏等死。等死是很慘的。我們先休息一下再繼續。

老師：我們上節課講到，海德格引中古時代一個教士講的話：一個人當他死亡以前，曾經死亡過，這個人在他死亡的時候就不會死亡，這個意思表面好像是有矛盾，可是問題也不是這樣簡單。因為當我們說死或生，是有不同層次的，起碼有兩個層次。一個是無理性的層次，也可以說是一種經驗性的層次，也就是對自我的執著，執著經驗性、個別性的自我。人為什麼有這種自我執著呢？如果從

佛教看，要從無明講起，人最初生命的階段就是無明，一切都是黑暗的，這是佛教的講法。基督教則講原罪，講人的極端負面的那種性格。人未能解決的這個問題，就是對自我的執著，這是整個大無明世界的根基。如果不能從對自我的執著突破出來，如果整天都環繞你的自我意識，一切都在對自我的執著的脈絡下來想的話，就永遠生活在一種無明的大環境裏面，逃不出來。為什麼你會有這種對自我的執著呢？因為有生，你這個生命是從父母身體裏面生出來的，這個生本質上就包含了死。就是說，在這個生的概念裏面，包含了死的內容。你不能說沒有死的生，這是虛假的，死是生的基礎。你在有限的生命裏面，每一瞬間都在受威脅。受甚麼威脅呢？受死的威脅。隨著你年歲增加，你的威脅也越大，你的關卡也越來越近啊。死是生的基礎，你是沒有辦法打破的，除非你能從生死的背反中突破。這點很難做啊。每一個人都怕死，誰不怕死呢？只有很少人能在這一關卡過得去。劉曉波就是一個例子，他不怕死，共產黨越要折磨他，越激起他反抗的意志。一個人不怕死的話，要怎麼以死威脅他，反而成就他為烈士。現在劉曉波還不是啊，如果中共把它弄死，那他的影響力就更大啦，而且這是國際性的影響。

所以生是以死為基礎的生，本著這種生，人便不怕死。為什麼呢？因為他沒有了自我的意識，他已經衝破了對於自我生命執著的迷思，所以他不怕死亡。沒有死的生就是在這個意義來講。或者說，有過這個經歷，便能夠克服生死的背反。在禪宗裏面有個口頭禪，叫大死一番，這大死一番不是我們一般所說所了解的那種身體上的死亡，不是這個層次。所謂大死，就是超越了善惡、生死、存在非存在、凡聖這些相對概念所構成的背反，這就是大死。你要講

真正的生，就要有大死的經驗，這是一種很難達致的經驗。

　　除了劉曉波，還可以舉另外一個例子：譚嗣同。譚嗣同是六君子之一，跟康有為、梁啟超等人幫光緒皇帝施行維新運動，結果給慈禧太后知道了，要殺死他們。譚嗣同本來有逃走的機會，但是他說這個世界要革命，就一定要流血，那我就來做這個流血的人！所以他也是一個不怕死的人，把生死的背反徹底的克服了。這種人是最……，怎麼講，不管你用甚麼方法都不能把他壓下來，這是一種大勇。所以我們可以回到剛剛那神父講的那幾句話：一個人當他死亡以前，曾經歷過死亡，這個人在他死亡的時候，就不會死亡。人自然有死亡，那是肉體的死亡，但在這種身體的死亡以前死亡過，就是禪宗所講的大死，他克服了生死的背反，沒有這種生死的背反的意識，也沒有自我執著的意識。中共曾向劉曉波提到，可以讓他去保外就醫，他不要啊。對於這種人，中共有一種作法就是讓他到國外去，這樣，他的影響就沒了，就少了。可是劉曉波不要啊，他知道這是中共的一種策略，他就是要生活在內地，在大陸，那他的影響力才可以發揮出來，他一出去就沒有人注意了。你看魏京生、王丹、吾爾開希、柴玲他們，出去了，對大陸就沒甚麼影響了，但你也不能說他們貪生怕死。

旁聽生：老師，我想到一個問題，西藏的達賴喇嘛逃到國外，在印度組織了一個流亡政府，但是對西藏的人民還是有很大的影響力。所以我就想到，劉曉波、王丹他們，如果逃到了國外，有宗教的支持，還是可以發揮影響力，甚至更大，可以跟政治的力量相抵制。老師剛剛說劉曉波、王丹，他們逃到國外，沒有影響力，所以我就

想到了如果他們在國外有宗教的力量支持的話，就可以跟中共政治當局抗衡抵制，我是這麼想的。

老師：不過不一樣啊，劉曉波、王丹他們只是一介書生而已，他們沒有背景啊。達賴喇嘛有宗教方面的背景，還有印度方面的支持，印度方面在政治上跟中共關係搞不好，其中一種原因就是邊界沒辦法確定。所以達賴喇嘛背後是有很強大的靠山力量。另外，西方的政治人物很關注中共的人權問題，他們很支持達賴，也有西藏宗教方面的力量當作他的背景，然後還有印度政府跟他合作，讓他待在印度北部的山區，有幾萬西藏人跟著達賴喇嘛到了那個地方，印度就收留他們。所以達賴喇嘛跟劉曉波、王丹他們不同，你也可以說達賴喇嘛運氣好，有那麼多人在支持他，而王丹他們只是個人，他們的力量是分散的，都是獨自行動，彼此可能沒有聯絡，又是一介書生，沒有宗教政治的背景，所以不一樣。還有西藏文化作為背景，如果你要制服達賴喇嘛，你就要把西藏文化壓下去才行，因為他已經不是以一個個人的身分出現，他是西藏文化的象徵，你壓他就像是在壓西藏的語言、西藏的宗教、西藏的文化，這是一件很大的事情。最近溫家寶不是說要推行政治改革嗎？不進行政治改革就是死路一條。然後你看劉曉波跟其他幾個人所提出的請願書，都是一樣的。溫家寶總理可以說話，而且可以堂堂正正在世界上說話，可是劉曉波他們是大家簽名遞上去，共產黨根本不容許，是不公平的。在政治上很難講公平的。

所以我們還是回到原來那句話，一個人如果在他的生命裏面，能表現那種大勇，把生死問題置之度外，沒有這種貪生厭死的念

頭，接受生死一體的思考，對生死有一種徹底的瞭解，反而可以超越生死，突破生死，突破生死的背反，達到精神不死的層次，你可以說他已經擁抱永恆，不怕死。死就是他的肉體消失，這是一種很自然的現象，一個人活到七八十歲，就要走了，走的時候，甚麼東西都不能帶走，這就是大自然的運轉啊。這樣就消失了，可是他的影響力還是存在，我們通常說，「仁者無敵，精神不死」，就是這個意思。要精神不死，就要先把肉體上的生死背反克服；你能克服了，你就不怕死，就能證成那種在精神上不死的境界。所以那位神父在後面說，他死的時候是不會死的，就是說他的肉體快要死去，但是雖死猶生，肉體死去，但是精神還存在，而且他的影響力會變得很深很遠。可惜很少人能夠做到這點。

　　我也有這種想法，有時候覺得人生很痛苦，身體有很多方面的病痛都聚在一起，前一陣進行身體檢查，醫生問我很多病痛：血壓高、血糖、頭痛、腎臟，以往有沒有進行過大的手術，問我這些問題，我說全部都有，而且這些症狀都是不會好的，他會跟著你的人生一起走，會一直跟著你，直到死掉，你死掉才能得到解脫。所以我覺得，死亡，如果我突然死掉，也覺得是一種解脫，你從一種慢性病不能治好的病痛中解脫出來，有甚麼不好呀，也很好。可是我又想到，自己還有很多事要做，不能馬上死去，有時候也有這種矛盾的想法，這就是不能堅持，這就是我執。自己想還有很多工作要做，這就是一種我執。我們再回來講，海德格引中古時代一個教士講的話，一個人當他死亡以前，曾經死亡過，這個人在他死亡的時候就不會死亡。最後在這個死亡的時候他不會死，是因為他超越了死亡的關卡，超了生死的背反，他的生命已經是跟永恆連在一起

了。

如果用我提的純粹力動這種思想的背景，也可以講，就是一個人生在這個世界上，在我看來，就是純粹力動在他身上的顯現。純粹力動作為一個終極原理，他可以顯現在不同的眾生裏面，可以讓他們有不同的生命，可以讓他們這樣的生活下去：在生活中讓他們接受種種艱難困苦的試煉，讓他們表現一種大勇的精神去克服種種苦痛煩惱，最後時間到了便回歸到純粹力動裏面去。我們的生命基礎就是純粹力動，我們從哪邊來，就回到那邊去，這裏面沒有對個人的執著。要說歷史，說文化，還是從那個地方說。所以我心中有個想法，就是這純粹力動在世界上也有文化上的開拓，它不光是一種形而上學的力動，它要有它的表現，表現在甚麼地方呢？就是文化。什麼文化呢？就是科學、藝術、道德、宗教。科學表現真，道德表現善，藝術表現美，宗教表現神聖。文化的價值都在裏面。在這裏面是沒有個人的，既然沒有個人，就沒有個體的生命，也不需要講個體的自我意識，也不講我執。你問這是不是一種宗教？我覺得你要這樣看也可以，就是說純粹力動背後有他一套形上學，但它也不光是一套形上學理論、一套思想，而是一種生活上的生命指引，告訴我們人生到底是怎麼一回事，應該做甚麼事。這與基督教跟我們講的不一樣；與印度教跟我們講的不一樣；與儒家、道家跟我們講的不一樣。也不是佛教，佛教講空，空還是比較消極的。像莊子，他老婆死了，他去打鼓，去弄音樂，這樣看來，莊子不是一個怪人嗎？一點人情味都沒有，老婆死了，他不感到悲哀。可是這背後有他的一套哲學在內，他就是講氣啊。生死都是氣的表現，氣聚而生，氣散而亡。他老婆的死，只是氣散而已，沒有甚麼可以悲

哀的，他也不會順從一般人的想法，要流眼淚，表現得有人性，他也不會這樣做。對這些生命的問題，以生死為中心可以從不同的角度來看，感受就會不一樣啊。

　　近現代一百五十年左右，我最佩服的有三個人，他們是甘地、史懷哲和德雷莎修女，都不是中國人。這裏面雖然沒有中國人，但是沒有中外的分別。我最佩服的就是這三個人，尤其是甘地，他的寬恕包容的心靈是無遠弗屆的，層次非常深。有一個印度教徒的兒子，被一個回教徒幹掉了，這個印度教徒一天到晚都在悲哀，吃也吃不下，睡也睡不著，整個生命都陷在痛苦裏面。有個朋友就跟他說，你怎麼不去找甘地談談呢？他就去找甘地，甘地跟他提一種作法，他說這是一個仇恨的問題，仇恨是越深越不能解，你不能這樣活下去，你應去領養一個回教徒的孤兒，把它當成自己的孩子那樣來養大，如果你能這樣做，你的生命就不會有問題。他就是這樣化仇恨為慈悲，化恨為愛。你不能常常有一種要報仇的心情，要尋找殺死自己的兒子的回教徒，把他幹掉。這樣做是不行的，因為他的兄弟也回來找你報仇，這樣下去是沒完沒了的。你看印度跟巴基斯坦就是陷在宗教衝突的仇恨裏面，兩邊都不退讓，印度人相信印度教，巴基斯坦人相信回教，這兩個國家一直都是相敵對的。所以這不是解決問題的方法，化敵為友才行呀。我們先休息一下。

第二節　睿智的直覺自我屈折而成知性

同學（張）：那我現在要開始講第二點，純粹力動雖經詐現事物與自身屈折成知性之作用，但它的存在性並未消失，只是呈現隱而不

顯之狀態。所以說他是退居於隱藏地位，讓知性獨顯風騷而已。睿智的直覺有常住性，像佛教所說的如來藏自性清淨心那樣，倘若睿智的直覺真的會完全消失，則成斷滅論了。這裏談顯隱關係，我以為或可透過天台宗「一念無明法性心」來理解。從理上說，一念心可為無明，也可為法性。當一念心顯現為法性時，並非說無明消失，僅為隱而不顯之狀態而已；反過來說，當一念心顯現為無明時，也不是說法性消失，只是處於隱而不顯之狀態。但是這無明法性並非是兩者，而是同體異狀的相即不離的關係。再者，老師說睿智的直覺有常住性，像佛教所說的如來藏自性清淨心。這裏要注意的是佛教所說之如來藏自性清淨心也是佛性，就是空性，因此不會有落入實體主義的問題。睿智的直覺亦然。而所謂斷滅論，則是說人死如燈滅，死後形神俱滅這個樣子。其實現象界的一切變化都只是遷流更替，如科學所說的物質不滅定律，質能守恆而可以互換的，質能也可說一種顯隱關係，而沒有從有歸無，或從無生有的現象。如果真的能有這種情況的話，那物質就變得有增減的可能了，就成康德說的物自身義的生滅了，就不是顯隱的關係了。

老師：你說康德說有物自身義的生滅，他有這樣說過嗎？

同學（張）：康德說上帝的創造才是真正從無生有的創造，而不是只是現象界的變更，他在經驗的類推中的第一類推中有講到。

老師：他說我們不能了解物自身，我們只能達到現象的範圍，物自身是我們的認識能力不能達到的，所以對於這個物自身，進一步我們就不能再講了。他有甚麼性格，運作是怎麼樣，這些我們都不能

講。

同學（張）：他是講到這裏，但是他在講到本體是現象的托體的時候，如果我們了解現象的消失或生成，它只是變更，變更只能在現象上說，不能在本體上說。如果在本體上說，就會變成上帝的創生那種有跟沒有，就是上帝的創造，是物自身義的創生，而不是現象上的變更，我寫這句話是這個意思。

　　接著看第三點。純粹力動詐現事物與睿智的直覺屈折成知性是求顯現自己，這都是下墮的傾向。感性感官攝取現象事物的表象，同時知性以範疇概念對此表象認識為對象，這有讓我們執取現象事物為具有自性或實體的東西的危險。即是，事物既被詐現而成，知性即認識之，又執取事物有常住性，以自身與感性直覺的綜合體為自我，而起癡戀之情。這樣，宇宙論、有執的存有論、認識論與心理學一起成立。但睿智的直覺會俄然省覺，向上提起，回復它的明覺作用，知道執持及癡戀之為不當，詐現及屈折只是自己下墜以求顯現而已。因此不再執持事物的常住性，亦不癡戀由知性及感性直覺所合成的自我。這樣，宇宙論、無執的存有論、認識論與心理學仍可一起成立。這樣子可以保住世界，維持存有論，從有執的性格轉為無執的性格而提升至現象學層面。通過康德的《純粹理性批判》，我們可以知道，我們的知性僅能了解現象而無法真正理解物自身，而物自身自己也無法顯現說有這麼一種物自身。我們可以說，現象與物自身是對立的存在，純粹力動和睿智的直覺則是超越現象與物自身的相對性的終極原理。

老師：你不必照著你的文字念，你要有點解釋才行。你可以順著你

的文稿講，但是不需要每個字都讀出來。不過，你說康德的物自身的生滅，這不成一個問題，康德未有這意思。如你說有，需要提出文獻學的依據。

同學（張）：好，跟著一點是知性和感性直覺觀取事物的現象性格或特殊性格，睿智的直覺則觀取事物的本質性格或普遍性格。為什麼呢？這是因為現象事物是睿智的直覺下墮詐現而成的，這個時候，睿智的直覺隱藏起來而不顯現，但能夠隨時俄然省覺，向上提起，回復自身的明覺，這是它的特性，所以他能觀察事物的本質性格或普遍性格。我們在這裏看一下佛教的情況。在佛教天台宗與華嚴宗都有真諦與俗諦的綜合的說法，這真諦跟俗諦的綜合就是中道義，中道義就是中道第一義諦。天台宗收攝空假二諦，與中諦合一，而為三諦。天台宗的三諦是從緣生無性之空假中來說，它的性格，是不先預設有一個真心作為成佛的依據，而是由當前一念心說起，就這個一念心可以為法性，可以為無明來說。而華嚴宗講中道就是由真心即性上說起，先預設了一個佛性作為成佛的依據或可能性，也就是說，依著真心生起現象去說。就天台宗來看華嚴宗，視它為但中之理，因為它不性具一切諸法，只講隨緣起現諸法，最終仍無法保住差別法，也就是說，無法保住存有論。而天台宗則可以保住存有論。

老師：你這樣說，混亂得很，又引進天台與華嚴，讓人困惑。你還是需要引文獻來展示你所說的，展示華嚴怎麼講，天台怎麼講，要有文獻為據呀。資料上要有一個交代，這裏你可以再補充。

同學（張）：好，那我接著說，睿智的直覺下墮以顯自身，透過感性知性的作用而成就有執的存有論，又能俄然明覺地向上提升，回復明覺作用，回復本來的狀態，將有執性格的存有論轉化為無執性格的存有論。但這邊要注意的是，作為真俗二諦的綜合的中道第一義諦並非睿智的直覺的對象，睿智的直覺應是超越此三者，又能呈現此三者。換句話說，應是三諦並了，一時呈顯的，這樣才是睿智的直覺的作用。

老師：你在這裏提到中道第一義諦是真俗二諦綜合起來。這中道第一義諦不是睿智的直覺的對象，睿智的直覺應該是超越空、假、中三者，又能呈現這三者。你這裏要有一個推演，要有一個概念的推演，就是要把對這三者：真俗二諦跟中道第一義諦，睿智的直覺對這三者有一種超越性，這裏要有推演，不然便不好了解。然後你這樣說三諦一時並了，這是即空即假即中這條思路，這條思路就是說空假中一起貫串下來，成為一體，就是講真理的三個面向，是不是這個意思呀？這應該是天台智者大師的思想，可是你這裏沒有交代。就是談到這個問題的時候，這涉及二諦跟三諦的問題，或者說從二諦論發展到三諦論，這樣一種拓展，一種思考的歷程。龍樹在《中論》裏面並沒有講到三諦，只是講二諦，他有兩首偈頌，說諸佛依二諦為眾生說法，一個是真諦，一個是俗諦，然後要了解真諦就要先了俗諦，如果不了解俗諦，就不能了解真諦，如果不能了解真諦的話，就不能體證涅槃，這就是《中論》的意思。然後智者大師以龍樹《中論》二諦這種說法為基礎，發展出三諦。就是說，他吸收了中觀學這種真諦俗諦的講法，對這種二諦的思想，再繼續

拓展，建構多一種諦、一種真理，這便是中道第一義諦。他是綜合了真俗二諦這兩方面的內容，才能成就這個所謂中諦。

所以在這裏，我想，你光是這樣講是不夠的，因為智者大師跟中觀學的關係是很密切的，特別是，他把《大智度論》跟《中論》看成是中觀學最重要的文獻。可以說，在他的思想發展裏面，其前期是以這部《大智度論》為依據，到了後期則轉到《法華經》方面去。正式提出他的那一套思想文獻，就是解釋《法華經》的三大部，他就是在這解釋《法華經》三大部裏面展示自己的真理觀：這三大部是《法華玄義》、《法華文句》、《摩訶止觀》。一方面它有中道的意味，另一方面也有佛性的意思，最後他開展出他的真理觀，一方面是作為原理的中道，所以他有中道理這種複合的講法；另外他也把真理講到真心方面去，把中道跟佛性等同起來，提出中道佛性這樣一個綜合的觀念。在他看來，佛性就是真心，而中道則是屬理的方面。所以從這一點來看，在天台宗裏面，特別是智者大師，理跟心是同一的，沒有區分，這跟宋明儒學王陽明跟陸象山的思想相通，他們不是說心即理嗎？這種心即理的思考方式有他們相像的地方，只不過是名相不同。宋明理學是講心性，加上朱熹講理；智者大師則不用這些名相，因為他不是儒家，而是佛教，他用中道、佛性這些名相，把這兩方面合併起來，便成中道佛性或佛性中道這種複合概念。我們可以看到他同樣是要把理、心結合起來，把雙方等同起來，成就他的心理為一、心即理的思考方式。你要講到這個程度才可以，我剛剛提的那些比較具體的講法也包括在裏面，你要這樣講才算交代清楚，特別是文獻跟概念才交代清楚。

同學（張）：老師認為天台宗是真心系統嗎？

老師：華嚴宗才是真心系統。

同學（張）：那老師也跟牟先生一樣認為天台宗是妄心系統嗎？

老師：它也不全是妄心，它是真妄和合，你從他的一念無明法性心這複合的講法就可以知到的很清楚。他講這個心，不是固定的真心，也不是固定的妄心，而是真妄相互可替代的心。這樣講，心的狀態就有兩種，一種是妄，執著事物的自性，這是一邊；另外一邊是法性的，就是講空理的。所以我們不能把他的心講成是真心，也不能講成是妄心，具體的講法就是一念無明法性心。講真心的不是天台宗，而是華嚴宗。華嚴宗講如來藏自性清淨心，這沒錯，牟先生就是這樣講，我覺得他講的對。他也不是把一念妄心當成智者大師的意思，智者大師看這個心，是從兩個面看，一面它是一念妄心，另一面它也是真心，是佛性真心。它是比較複雜的，你可以說他的心是多元性的，不像華嚴宗的這麼清楚，真心妄心分得很清楚。華嚴宗是如來藏系統的路向，天台宗不是這種路向，它是真妄和合的形態。當然要看你怎麼去實踐，你這個心本身有真妄兩方面的性格，如果往妄心這方面發展，就是無明，就是迷；如果往真心這方面發展，就是法性，就是覺。所以，他也說無明即法性、法性即無明，這也不一定是矛盾的。一般所謂的「弔詭」、「辯證」，或京都學派西田幾多郎所說的「逆對應」，都是這種思路。無明即法性、法性即無明，這兩種形態可以互轉，你如果向無明向迷那邊去，就是法性即無明；如果向覺悟這方面，就是無明即法性，應該

是這樣。所以你在這裏應該把這個意思寫出來,加一些文獻的字眼,是《法華玄義》還是《摩訶止觀》,你要講清楚。

同學(張):那老師我還有一個問題,《大乘起信論》那個阿賴耶識是如來藏跟七識染心的結合,這阿賴耶識也是真妄和合的嗎?

老師:《大乘起信論》最關鍵的觀念不是阿賴耶識,而是眾生心。這眾生心也是一個有真妄兩方面內容的一種心,所以它可以開出兩種性格不同的心,這是它所提出的一心開二門:心真如門跟心生滅門。心真如門就是如來藏自性清淨心,心生滅門才是阿賴耶識。從這方面來看,《大乘起信論》的成書時間應該是很後的,在如來藏自性清淨心跟阿賴耶識成立以後才出現。傳統上說《大乘起信論》是馬鳴所寫,但是馬鳴的時代比龍樹還早,就有問題了,因為他還沒到那種思想成熟的程度。《大乘起信論》的思想的成熟程度要比馬鳴的時候後很多,因為在《大乘起信論》裏面已經有了華嚴的思想,也有唯識的思想,心真如門是靠近華嚴這一邊,心生滅門則是靠近唯識這一邊。我們要關心的不是作者的問題,而是它的思想的內涵,跟它的思考方向是怎樣。它是分析思考跟綜合思想的集合,它是有這個面向,不管作者是誰,我們只是看它的原文,它就是這樣記載一心開二門。心真如門向覺這個方向,心生滅門向迷這個方向。這兩方面都總合在眾生心這個觀念裏,我想大概應該這樣了解。關於思想史的問題,我們也可以從思想的成熟程度上來否定馬鳴是作者,我們也不一定要替它找一個作者,只是要從它的義理形態來看它的思想。我們要把這本書成立的時間往後推,推到較唯識、如來藏更後了。印度大乘佛教有三個系統,最先的就是中觀

學，再來就是唯識學，再來就是如來藏思想，應該這樣了解。

同學（張）：那接下來要看下一點。睿智的直覺是創生與認知的一體化，也是現象與物自身的一體化。前面已提過康德的現象與物自物二分的概念，康德的想法告訴我們，以知識論去理解形而上的真理，是沒有辦法的，同時也正因此現象與物自身二分，進而逼出實踐理性的必要，這也是康德寫《實踐理性批判》的主要目的。再者，像上帝般的真理價值無法被理解，但不斷逼近這個上帝般的真理的價值，就是一種真理價值，也是康德哲學最精采的地方。我們可以更進一步推說，正是因為真理無法窮達，所以當下每一實踐活動，不斷逼近真理的過程，這樣的過程就是真理價值。

對於真理，康德都已經講的這麼精采了，這麼好了，為何要將現象與物自身做一統合呢？老師就會認為現象世界的價值是有限制性、相對性的，是無法達到一絕對超越無限的那種理想價值；此理想價值必須由物自身入手，讓它能展現，這是東方哲學的特色，如儒家謂天命之謂性，天道性命相貫通；道家言道在屎溺；佛家說色即是空，空即是色；印度教曰梵我一如。物自身是內在於事物中，必須藉現象而顯現的，不是一孤懸高掛的但中之理。東方哲學認為，我們是可以了解物自身的。

老師：你在這裏的討論，很是混亂，對於目下所涉及的問題脈絡，捉錯用神，可以說是離題了。你把物自身、真理、上帝、康德的《實踐理性批判》湊在一起，但講不出一個在思想上清晰的線索。我姑作以下回應。

康德這種了解，把存在二分，一邊是現象，一邊是物自身；又

說我們只能了解現象這一邊，我們不能了解物自身那一邊，因為沒有認知它的能力，所以我們是不能說。對天台來說，有人像康德一樣提出現像跟物自身的區分，天台是不會接受的，他說現象，我們當然可以了解；物自身，我們也可以了解。但是一般的能力不能了解物自身，要透過培養睿智的直覺。但是康德說這種睿智的直覺我們人沒有，只有上帝才有，然後天台學就這樣回應說，基本上我們有這樣一種能力，一種睿智的直覺的能力。實際上，我們可以藉著唯識學無漏種子的觀念來理解，我們要培養它，我們有這種能力的種子，不過我們要用正確的方法培養它，例如正聞熏習，才可以有這種睿智的直覺的能力。有這種能力就可以了解物自身，就可以了解現象的另一面。如果是這樣的話，就不用把現象與物自身二分，就可以把它們統合起來，用感性直覺與知性去了解現象，以睿智的直覺來理解物自身。他講那個三諦也可以在這個脈絡下作一個對比，就是，你光是講假諦跟空諦是不夠的，要把假諦空諦綜合起來，綜合在中道這個概念下面，作為真理的真諦才是周延的，才是完滿的。我們可以從義理這方面來了解，不過我們主要要了解的是康德的現象跟物自身二分這種提法，天台是不會接受的，其他很多佛教的派別也是不會接受的，像禪宗，我想就不會。但是華嚴宗就很難講，華嚴宗也有它的實踐方法，就是法界觀。我的看法就是，法界觀應該有包含一種接近睿智的直覺的認識能力，但是它比較複雜，涉及四法界的問題；四法界就是事法界、理法界、理事無礙法界、事事無礙法界。事法界相應於俗諦，理法界相應於真諦，理事或者事理無礙就含有中道的意味，最後事事無礙就是把這個理拿掉，因為每一種事都以這種理作為基礎，既然理事無礙，我們自然

也可以提事事無礙。因此，華嚴宗這樣的法界觀也是不會同意康德所說的現象跟物自身二分的看法。

同學（張）：可是老師，華嚴宗不是說要去無明嗎？它還是要去除九界才能到佛境界，那我們可不可以想成是要去除現象界，才可以回到物自身界呢？

老師：你的這種講法，我們可以想一下。它去除九界的說法，是天台宗對華嚴宗所作的一個總結，說它是緣理斷九，就是說斷除對九界的關係，只要突顯原理，這就是終極真理，就是有關於四法界的真理內容。不過我想法藏作為華嚴宗開宗立派的人物，從四法界來講，天台宗所提的緣理斷九這種批評是不能用在法藏上，起碼要到中期或者後期，才能說華嚴宗有緣理斷九的傾向。就思想史上來看，這樣的差別像是跟天台宗山家山外有關，山家就是守住智者大師的綜合的思路，山外就是傾向華嚴宗的分解的、分析的思路。緣理斷九這種批評，應該是山家對於華嚴宗的批評，它也沒有說明是批評誰，文獻上只講到華嚴有這緣理斷九的講法。華嚴裏面有誰提出這樣要斷九界的講法呢？沒有明顯的講法，所以這種爭辯很麻煩。我們今天就講到這裏。

第三節　道家的靈臺明覺我

同學（張）：這個禮拜開始要講道家之自我設準：靈臺明覺我與前面所談的純粹力動現象學的自我設準。莊子如何論其自我之設準呢？莊子談自我設準是從靈臺明覺處來說。他大概分開幾點來討論

靈臺明覺心的性格。

第一點就是，靈臺明覺心是超越對象性的，超越主客二分的。這裏是說這個靈臺明覺心是一種可以操持、照耀的靈光，但這操持與照耀是沒有對象的，也不可以被外在的東西所執持以為用。換句話說，靈臺明覺心是超越對象性的，不以他者為對象，自身也不能作為一個對象而被處理；同時也是超越主客二分的。《莊子》原文有「靈臺者有持，而不知其所持，而不可持者也」的說法。

第二點，靈臺明覺心能直接地見到物之本質。它的作用，可見於《莊子》文本：「視乎冥冥，聽乎無聲。冥冥之中，獨見曉焉；無聲之中，獨聞和焉。故深之又深，而能物焉；神之又神，而能精焉。」莊子認為這靈臺明覺心，能於「冥冥，無聲」之狀態中見曉聞和，也就是說這靈臺明覺心可以直接對道或自然作通體透明的明照；或者說是可以直接見到道，見到真理的，又能夠通於物物之間，了解物的根本性格；可以說是能了解康德所謂的物自身，同時又能保持自身的純淨性。另外一段是：「宇泰定者，發乎天光；發乎天光者，人見其人，物見其物。」所謂泰定，是指一特別安閑寧靜的狀態，而天光則是使人與物都能自在地、如如地呈現。「人見其人，物見其物」的見，是能直接地見物的本質或根本性格，相應於康德所謂的睿智的直覺，而非感性直覺與知性。康德認為此直覺上帝才有，不是人可以有的。

老師：這裏我們可先了解一下，所謂靈臺明覺心這種心靈，它的狀態跟它的作用是怎麼樣的。如果我們把靈臺明覺心跟我們通常所了解的認識心，就是認知外界的心做一種比較的話，就會清楚些。一

般來說，我們認知外界，先要有一個器官或是機能吸收外界的資料，我們都有一種直覺，感性的直覺，它有一種作用，能夠接受外在世界的種種不同的資料，對這些資料以範疇進行整理；如下面所說，這範疇與康德所講的範疇是相應的。就是說，我們先要有一個接受外界的感覺機制，來接受外邊的對象的資料。可是通過感覺，你所得到的是對象的一個模糊的、不確定的狀態，你要把它整理，就是你要有另外的、感覺以外的認知機能把材料加以整理，這個機能我們通常說是知性。我們認知外界有兩種機能，就是感性跟知性，這就是康德所講的我們的認知功能。知性本身有一些形式性格的組合外面資料的功能，就是所謂範疇；這知性自己有一些能運作的範疇，以這種範疇來整合感性從外界所得到的資料，把它範鑄。範疇是名詞，範鑄是動詞，就是把這些資料確認，確定下來成為對象，這就是認知對象，認知活動就開始了。莊子所提的靈臺明覺不是這種認知的機能，它是另外一種層次的認知機能，是跟萬物相溝通的另外一種能力。它不是把外邊的資料看成是一種對象，然後以認知主體的身分來認知這個對象，它也沒有範疇，也不是知性，可是他還是一種主體性。我們說知性是一種主體性，靈臺明覺也是一種主體性，但是在不同的層次。

　　如果拿康德的學說來講，知性是一種經驗的主體性，也可以說是一種邏輯的主體性，邏輯的主體性我們在這裏先不講，先講經驗的主體性。這個經驗的主體性要處理、要認知的對象是經驗的現象，可是莊子所提的靈臺明覺心，如果說是一種主體性的話，我們可以說是一種超越的主體性，當然這種超越的主體性裏面還可以有很多不同的區分，我們現在只是就最初步的階段來講，我們有這麼

兩種主體性。感性、知性是經驗的主體性，靈臺明覺心是超越的主體性。經驗的主體性了解事物經驗方面的面向，就是說在時間空間這種形式條件下，去認知事物的現象的性格。另外是超越的主體性，它所認知的對象或事物，層次要比經驗的主體性高。經驗的主體性只能認知事物的表象、現象，超越的主體性能了解事物的本質，隱藏在現象背後或是現象裏面的本質。經驗的主體性不能了解事物的本質，要了解就要靠超越的主體性；這種超越的主體性超越時間跟空間，它對於事物的本質的認識沒有時間空間的限制，這是很重要的分別。當然，這超越的主體性是一種很籠統的講法，所謂超越就是指超經驗的，這種超經驗的主體性可以不只有一種，可以有很多種，一種是道德性格的主體性；另外一種超越的主體性能讓我們從種種苦痛煩惱超越上來，跨越事物的現象的性格，進一步克服我們生命裏面的種種的苦痛煩惱，得到覺悟、解脫，證成天地宇宙的真理，讓我們達致自由自在的境界。這種主體性跟道德的主體性不一樣，它是宗教的主體性。另外還有一種主體性，它是遠離那些經驗現象的東西，在它的那個距離之外對現象進行一種觀照，從觀照中體現自由自在的性格；對外物有一種情意性格，或審美性格的觀賞。這不是認知，而是觀賞，把外物作一種美學的觀賞。這就是美學的主體，或者是藝術的主體。因此，在這裏講到超越的主體性，或超越的主體，起碼有三種，其他的我就不講了。莊子所謂的靈臺明覺心，就是屬於這第三種超越的主體性。我們先對靈臺明覺心這個主體性有一種扼要的理解。我剛剛講的有沒有問題呢？這應該是念哲學所應有的一些了解。

同學（張）：下面是有關靈臺明覺心與它所明覺的究竟之境界。這些比較是我自己的想法。基本上，我們可以說純粹力動在個體中的表現是睿智的直覺，而莊子所謂的自然亦可以說靈臺明覺心。就是說這個靈臺明覺心應是就人而言的，這樣來說一個靈臺明覺心；我們通常就世間之存在來說自然，就人存在的智慧表現說靈臺明覺。這邊我是借用了海德格的說法，說存在要呈顯其意義與本質，而自然就是自己而然的如實呈現，是海德格講的存在先於主客二分的一種狀態。為什麼會有主客二分呢？這是因為人本來存在於一個沒有主客二分的自然世界，忽地，這自然產生斷裂，一切東西在人的觀察下，成了二元關係。

老師：你的想法怎麼這樣古怪，不像讀哲學的頭腦。在這裏，我姑就主客二分的思想回應一下，並著眼於經驗的主體性與超越的主體性的一些區別。經驗的主體性認知或處理外物，是在一種主客二分的關係裏面來表現；主是他自己，客是現象外物。不管是自己也好，外物也好，都是存在於時間、空間之下，這種認知活動受到時間、空間的限制。譬如說早上太陽出來，五點日出了，可你不是五點出去看，你九點才出去看，你就看不到日出的景象了，所以，在時間這方面你不對應的話，就看不到；你就可以了解到，看日出這種經驗的活動，會受到時間的影響，空間也是。超越的主體性處理對象，不是在一種主客二分的關係裏面進行，它跟它所處理的那些現象事物，不是分隔而是連貫的關係。我們用連貫這個字眼，就是說他跟他所處理的那些對象是一體的，有很密切的連貫性。至於所謂一體，一體到什麼程度，這邊先不管。我剛剛說的那幾種超越的

主體性，就是道德的主體性、宗教的主體性、審美的主體性，都是沒有主客二分的，都是一體的情況。而莊子所謂的靈臺明覺心，就是這種超越的主體性，它對萬物的觀照，不是把萬物當作一個外在的對象，不是在主客二分的情況下進行的。它對事物的觀想，與外物這些對象的關係是一體的，是當作一體的來觀想。那可以問，你說這個靈臺明覺心，這樣一種審美意義的主體性，有沒有文獻的根據呢，還是只是現代人提出來的一種名相，在古典文獻裏面沒有根據？有的，在《莊子》〈庚桑楚〉篇中，就有提到這個靈臺明覺心，靈臺是莊子自己提出來的字眼，明覺是我們加上去的。為什麼要用靈臺呢？我猜有兩種意思，它這種靈，是在活動中的，是有動感的，是靈的，有生命活力在裏面的，不是死的，不是靜態，而是動態。然後，這個臺，以前我們一講起臺，就是跟鏡連結起來，明鏡臺就是神秀講的那個明鏡臺，當然神秀講的主體性是從宗教的主體性裏面講，而莊子不是。明鏡就是有明鑑的意思，可以彰顯萬物的姿態。所以靈臺就是這種意思，是有這種機制，能夠生動地、動感地來突顯萬物，把它們的本源姿態照出來。

道德的自我活動是反省的，而靈臺心的活動則不是反省的，它是向外的，但是這種向外是超越時空的。明覺是我們加上去的，他跟靈臺相應，明相應於靈，覺相應於臺。我們說靈臺明覺心，就是指有這麼一種作用的心靈，我們先這樣了解。這個靈臺字眼的文獻學的根據與它的意義，唐君毅就常常提到，用靈臺明覺來講道家的主體性，他在《中國哲學原論原性篇》中，就有一章講這個靈臺明覺的主體的。好，繼續。

同學（張）：接著繼續講，以主客二分的方式去了解真理，終是隔了一層，且用錯了方向。海德格這樣子的說法是對用主客二分的知識論的本質、意義給出一個超越的詮釋。依此，我們可以說，人存在本來便是一種自然的狀態，此即莊子所謂的自然或道。然後，人的存在與自然或道有斷裂，就開拓出主客二分的知識論，以期能窮盡地了解世界。這時若能經過修養如心齋、坐忘之類的工夫，便能回復原來的靈臺明覺心，此乃是莊子所謂的泰定天光的境界。這個自然或道，是世界本然如此的，而靈臺明覺心則是經過主觀修養而達致的心靈。舉個例子，像《大乘起信論》中論本覺、不覺、始覺與究竟覺的關係，可解釋我想說的意思。《大乘起信論》中的本覺是我們本來便有的能覺悟的本心，正是因為我們有這種本覺，才有不覺，因為有不覺，我們在迷，我們要去修養，才有始覺，通過這種始覺工夫，我們才可以回到究竟覺。所以說依本覺而有不覺，有不覺而後有始覺，又復有究竟覺。本覺跟究竟覺是同一的心，但是這兩者應該還是有些不同，究竟覺是經過修養工夫而達到的，而本覺則是本來如此的狀態。莊子說自然或道是一種先於主客二分的存在，是就本覺的層面來說。然後忽然我們自己內部知見產生斷裂，與自然或道有了斷裂，於是我們建構知識論來理解世界，所以有不覺。我們又透過莊子的修養工夫去努力，這就是始覺。最後達致一個主客合一的逍遙無待的自然境界，這就是究竟覺。我以為莊子言自然或道，是就一個本來如此的狀態來說，而說靈臺明覺心，是就修養工夫後，回歸自然的逍遙無待來說的。不過這個究竟覺可以保留主客二分，莊子的修養工夫並不是要我們捨去知識論的建構，因為知識論還是有它的功用，還是能幫助我們更了解一些東西，讓我

們生活得更好。莊子告訴我們知識的局限，我們要超越這種種局限，回歸原來主客合一的境界。

老師：這裏你拿《大乘起信論》來講，它裏面講的那個覺的觀念，跟道家講的那種靈臺明覺，如果你從兩者都是超越的真心這方面來說，兩者都是超越時空，都有不是相對而是絕對的意味。就這點來說，我想是可以的，我是說你可以做這種比較。可是進一步，兩者的差別還是不能忽視。先說《大乘信起論》，它裏面所提到的那種覺，不是美學的覺，而是宗教意味的覺，覺是覺悟，覺悟世界跟我的真實性，就是空性。而莊子講的這個明覺，你可以說不是一個宗教學的概念，而是一個美學的概念。這個覺不是覺悟，而是覺照，覺照甚麼東西呢？覺照天地的大美，所以一講到這裏，差別就很明顯，一個是宗教的覺，一個是美學的覺。佛教講覺，都是覺悟的意味，不是覺照；講覺照是審美的，對天地宇宙的美感性的照明。例如你去故宮博物院，看一幅山水畫，一些境界非常深遠的山水畫，要講覺的話，都是覺照的意味。這山水畫是反映天地的美的那種形態，它是通過中國畫這種方式顯現出來，所以我說這個美的姿態可以從不同的方式顯出來。如果你要用海德格對於存有的彰顯這點來看，我們也可以說，這個天地在我們的那種藝術審美的眼光之下，它的形態、美的形態可以彰顯。

我們可以稍微轉一下方向來說，我們對於天地萬物的美那種姿態，有一種覺照觀照，它也是覺，可是他的覺不是向內，而是向外，向山水。所以莊子有一句話：天地有大美而不言，用這句話來詮釋這種覺照就很清楚，就是天地有大美，它不會說給你聽，也沒

有人可以說給你聽，因為天地大美是不可言的，言語道斷，要你自己去感受，也可以說是超越言詮，超越文字。你可以說要跟天地大美有一種相通的關係，或者說，要照見那種天地的大美，那你就只能提覺照，這覺照的主體就是靈臺明覺心。方東美也常常提這句話，我也覺得他講得很好，唯有莊子才可以這樣講。用大美來形容這個天地，那純粹是一種美，從美學的審美角度來看天地，不是愚公移山所講的門前那座山。那座山討厭呀，擋住你的去路，你要去超級市場麼？你不能走直路，因為門前有一座大山，你要繞過去，可能要走一個鐘頭才能過去，這無所謂天地大美。可是這種自然世界的美感，就是你先要覺，要能覺到它的美，具體的方式就是覺照。暫時我只能提覺照這種方式才能講自然的美感，沒有更好的講法了。它是一種覺沒錯，可不是道德宗教的覺悟解脫，而是審美的覺。這也不表示你能把天地的美都吸收到你的覺裏面，人家就不能欣賞。每一個人都可以欣賞天地的大美，問題是你能不能覺照它。

同學（張）：老師，可是我覺得莊子不是只有美學的境界呀，他還講人生的體悟、生命的境界、意義的追求呀，這樣子只講他是審美的主體性，好像把他給限定住了，局限在藝術的審美的觀照之中。

老師：你說生命的追求、意義的追求，那你說生命意義可能讓那個問題變得很複雜，因為生命的意義是甚麼，這個問題很大。生命有甚麼意義？不同的宗教、不同的哲學，都有他們自己不同的講法。比如說儒家講生命的意義，就是實踐我們的道德自我，讓我們進行道德覺悟，能夠顯現理性。佛教講生命的意義是從解脫來講，在苦痛中求解脫，這很難講有甚麼美感。你要把苦痛煩惱克服，從那裏

面解放出來，這不能講美感。一般來講就是，宗教的事物不是美感，你可以說他超越了美感，美感對他來說還不夠，光只有美感還不行，要能解脫才行。有沒有人在美感裏面沒有解脫呢？有的呀，很多文人雅士聚在一起吟詩喝酒，像竹林七賢；他們聚在一起談天說地，大罵這個大罵那個，大家拿出作品來一起欣賞。他們只是沉醉於文人的雅興裏面，他們沒有想到在他們一小群人以外，有一個大的世界，眾生都在受苦難，沒有辦法像他們一樣，享受這種吟詩喝酒，眾生連飯都未能吃飽哩。也可以說他們是沉迷於一種表面的文人的自我表現的情態裏面，或者說沉迷在虛幻的美，沉迷在美的影像裏面啊。他們覺得自己生活在一種美的世界裏，但那只是一種假象，美不是這樣講。他們所了解的這個美，只是主觀情緒上的一種美啊，這根本不是莊子所講的那種美。莊子講的美是天地的大美，是整個天地宇宙都可以是我們進行活動的一種美感的場所。你說林志玲很美，臺灣第一名模，我沒有說她不美啊。如果你問我誰最美，我會說林志玲最美，可是這是莊子說的美嗎？假如有人介紹林志玲給莊子認識說，這位小姐是我們臺灣第一名模，很美啊，你的看法怎麼樣？你想一下莊子會說甚麼？所以這個問題就來啦，他現在暫時是美，可是幾十年以後還不是會變成枯朽的骨頭麼？

旁聽生：老師，可是這樣聽起來，這個例子聽起來，莊子好像也有他的覺悟哩。

老師：不是，我說的覺悟是宗教的那種覺悟，不是光是自己的覺悟，是普渡眾生的那種。莊子是比較偏向個人的孤獨的那種美，那種逍遙的境界。他提的那個列子，是一個傳記性的人物，歷史上有

沒有都不知道。《列子》這本書有人說是魏晉時候成立的，列子御風而行，形容他如何在空中飛動，令人非常嚮往，可是那只是列子一個人呀，你看天下蒼生呢？還在苦痛煩惱裏面呀。所以你如果要批評莊子，我想他最大的缺口就是在這方面，就是他的飄逸境界，始終都是在強調個人。不過我看他有一些篇章，很嚴厲的批判帝王公卿那些人物，整天享樂，把自己的欲望建築在老百姓的痛苦上。這些篇章好像不太在〈內篇〉裏面看到，大多都在〈外雜篇〉；〈內七篇〉裏面的文字，大多是比較正面的，包括〈齊物論〉在內，他講那個天籟，就是天地大美的一種表現，我看了他這一篇章才知道原來這個天地的聲音可以讓人生起那麼豐富的想像力。所以在這裏，我們一定要弄清楚藝術跟宗教，它們有同的地方，就是我剛才所講，兩者都是超越的主體性那種活動，那種成果，成就藝術、宗教。可是也有不同之處，因為藝術基本上是要顯現一種純粹的、純然的美感，一種美態。他已是一個藝術家，一個真能欣賞藝術的人，他真的能在欣賞藝術裏面，享受一種在美感裏面的境界，不會想到其他的問題。

　你有沒有讀過王國維的《人間詞話》呢？他不是說藝術有兩種境界，有我之境與無我之境麼？他舉例說，一般詩文是有我的，那無我的是要到何種境界才能顯示出來呢？他沒有說明清楚，只說陶淵明的一首詩，裏面有兩句：「採菊東籬下，悠然見南山」，他說這是無我的藝術境界。但他講不出，不能用語言文字來對我們講。他只能拿陶淵明這兩句來形容，那我們好像可以領略到一點那種無我的美感，可還是在一種不清不楚的情況裏面。

　朱光潛有一些書是講美學的，例如《文藝心理學》。他也引用

王國維的有我無我的這種感受來判別藝術這門學問或者活動，有不同的境界，一種是有我的，一種是無我的。然後他從理性這邊來講，有我的就是有對象性的，是可以用言語文字來形容說明的，人跟物是分開的，是清清楚楚分開的。所謂有我的，意思就是我跟藝術品是不同的，我跟藝術品是分開的，這就是有我。到了無我的境界，這些都不存在，我跟藝術品的相對的關係失去了，沒有了，可以說是昇華了，昇華為一種純粹是超越一切文字言說的心靈上的感受，整個人的存在都融會在美感的境界裏面。美感是怎麼來的呢？就是人跟藝術品有一種移情關係，朱光潛用的好像就是移情這字眼，就是說人的感情流到物裏面去，然後物的種種美的姿態也轉到人的心靈裏面。人的心靈跟事物對象起一種互動的、交感的關係，連貫起來，在這種脈絡下，分不出誰是主，誰是客，誰是人，誰是物，這就是藝術最高的境界。可是這種藝術的最高境界，誰能達到呀？不是我，也不是你們，是那些有藝術天才的人物，如米開朗基羅、莫札特。面對著達文西的蒙娜麗莎的微笑，人的精神全部融入藝術作品裏面，全部忘掉自己的存在，跟藝術品沒有區隔，人的情感流到藝術品裏面，而藝術品的美的姿態也回應人的感情，回流過來，這就是物我一如、物我兩忘。只有物我一如、兩忘才能說無我，你要到一如、兩忘的境界。可是這個如不是佛教所講的那個如，而是道家所講的如。佛教所講的如，意思比較豐厚，它是從普渡眾生這個大的宗教目標來講，不是從一種美感來講。就是一個覺悟的人，以一種平等的心來看所有眾生，一切眾生皆有佛性，他對每個眾生都有責任，他要讓他們每個人覺悟，如果有一個人未覺悟，他就不成佛。佛教是這樣，宗教是這樣。

旁聽生：老師，那莊周夢蝶、物化，也是無我的另一種詮釋嗎？

老師：對，因為莊周的精神境界，已經跟蝶連成一體，沒有分別。這個例子也舉的很好，徐復觀的論文裏也有提到這一點，他的兩本書，一本是《中國人性論史先秦篇》，另一本是《中國藝術精神》，在這兩本書裏面，就有一段談到莊周夢蝶是一種境界。根據莊子的講法，只有一種人不會作夢，至人、真人、神人，它們的意識是清清朗朗的，沒有任何雜質，很乾淨，沒有不好的念頭，所以無夢可做。我們一般人就非常多夢，甚至以夢維持睡眠。我最近看西格蒙弗洛伊德的講法，他談到夢，說這個夢有一種正面的功能，你不要說做夢不好，你如果要維持你的睡眠狀態，你只能在夢裏面能夠有這個情況，如果是夢醒了，一個人也醒了。你懂不懂呢？就是人所知道的都是意識裏面的東西，可是意識裏面的東西並不表示宇宙的全部，有很多東西藏在下意識裏面，人在醒的時候，意識在起作用，所以潛意識裏面所藏的東西，你不能看到，也不知道。在什麼情況下，可以說在意識以外的那種情況，你的腦袋所藏的神秘東西會透露出來呢？就是做夢。只有在做夢的時候，你下意識的想法才會出現，它在你的記憶裏面也很模糊，一下子就忘了。有些夢是很輕的，一醒來，夢中出現的東西就跑掉；可是你知道做過夢，只是記不得內容了。只有那些比較重的夢、一直出現的夢才會記下來，所以我們要了解人的精神的內涵，非要在夢裏面作一番工夫不可。去除掉夢，你只能覺到意識裏面存在的東西。

同學（張）：老師，可是他不是說過潛意識的內容除了作夢，還可以通過失誤的動作，或自由聯想的行為來了解潛意識麼？

老師：可是那也離不開夢啊。

同學（張）：可是夢是一個方法，那遺忘或是失誤的動作，或是放空去做一些自由聯想，這些行為也可以發現自己一些潛意識裏的想法，好像不是只有作夢是唯一的方法。

老師：可是這種潛意識的想法，通常只存在一瞬間，一下就忘掉了。這個潛意識，一般來講，我們對它是無知的，可有些時候它好像是給意識的關卡擋住，那一扇門總是關起來的。可是在某些情況，它鬆開一點，會溜出一點點出來；對於這一點點，我們會有印象，因為意識有記憶的功能。可是我們不能證實，如果可以證實的話，他就不是潛意識的東西。有時候在意識與潛意識中間，有一個過渡。

同學（張）：老師，弗洛伊德有給中間那個門一個名字，叫前意識。

老師：對，他講意識有三種，一種是意識，是正常的；還有潛意識跟前意識，這前意識可溝通意識跟潛意識，可是它的作用經歷的時間很短，它的作用失去，意識跟前意識就失聯了。所以他就是提這個前意識，來作為兩種意識的中介、媒介。可是你也不能把這三者排在一起，說有平等的關係，因為很明顯的是，前意識只是一個中介，只有溝通的作用，他的實在性我們不能確認，因為它的存在性是暫時的。從存有、從存在性的強弱來講，前意識是最弱的，而且弗洛伊德在書中也很少提，大部分是在講潛意識。還有，我覺得他把潛意識的作用誇大了，因為他是一個精神科醫生，他是很著重病

人的夢，總是會對病人進行夢的分析，盡量要病人把夢的內容講出來，跟現實生活做比對，看看有沒有甚麼地方可以連起來。我並不覺得夢有像他看得那麼重要。而且他說夢可以有一個作用，可以維持你的睡眠的狀態，他是很清楚的這樣講，我也覺得這是有根據的。可是另外一點，就是說這個夢在不知不覺中，消耗你的精神，一個人在晚上睡覺，夢做的越長越複雜，你醒來的時候，精神就越衰退。你也不能否定，這是事實。我個人的經驗是，我常常在夢中計數，做幾何習題，我一碰上這種夢，在夢裏面總是找不到答案，而且醒來以後總是非常疲累，為什麼這樣會對精神構成這麼大的損害呢？做幾何習題沒有一次是成功的，找到答案的，最後醒來都是疲累的不得了，今天我們就講到這裏。

同學（張）： 上次講到靈臺明覺心與識知心，它們是同一顆心，只是不同的展現。接著在下一段，我對於靈臺明覺心與自然可能有一些自己的理解，與老師不同。道或自然應該是一種不分主客的存在，不是需要透過修養工夫去超越的，而是一種本然如此的呈現。那靈臺明覺心則是有了主客二分之後，透過修養工夫去超越的一種心境。一個是主客無分而本然如此，一個是主客二分而去超越所達的境界，所以我覺得兩者是有點不一樣的。我看老師的書的時候，並沒有找到對此自然與靈臺明覺心有一個解釋，所以我猜想老師可能把兩者當作是同樣的，我自己是覺得有點不同的，但我這樣的理解並非是要幫老師補充或評論甚麼，我也沒有這種能力，僅僅只是想提出一些自己的體會、心得罷了。莊子在〈庚桑楚篇〉中說赤子的心境，仍然不是至人的境界。赤子之心並非是出自對自然的領

悟，只是自然或道本然如此地呈現，而至人之境則是經過修養工夫而達到的境界。這個自然斷裂後，我們要求一個赤子之心的境界，所達到的便是至人之德，也就是靈臺明覺心的境界。所以莊子在〈天地篇〉中說，夫子曰：「夫道，淵乎其居也，漻乎其清也。金石不得，無以鳴。故金石有聲，不拷不鳴。」金石就是靈臺明覺心，如果它不能得到道，也沒辦法鳴，所以如果人沒有道或自然，就算有靈臺明覺心也沒用，或者可以說沒有自然也就沒有所謂的靈臺明覺心。

老師：如果從文化的、美學的角度來講，道是主客合一的形態，到了最高的層次，藝術、道德與宗教，哪一個方面比較好，哪一方面比較偉大，境界更高，這些我們都是不能講的。你可以從不同的面向來達到主客合一的境界，藝術創作是一種途徑，道德實踐是一種途徑，宗教覺悟也是一種作法。就是到了最高境界，已經打破了主客二分的關係，在這種情況下很難比較誰高誰低的問題。這是因為人的自我有不同面向的表現，然後開拓出不同的文化活動，道德、藝術、宗教這些都是很有價值的文化活動，這是根深於我們的自我或是最高的主體性、終極的主體性。從這裏生出來，然後發展不一樣，我們不能用一種估值的語言，去說哪一個價值比較高，哪一個價值比較低，我們不能去問這種問題。這跟自我的設準有關係，就是說這個自我的設準可以有種種不同的形態，有種種不同的講法，我在自己這本書裏面就提出幾種。

如果你們有注意勞思光先生的《中國哲學史》的話，他也提出了四個自我設準，一個是形軀我，一個是道德我，一個是認知我，

一個是情意我，他是這樣子分的。我也有聽他在課堂上講，當時沒有甚麼意見，以為就是這樣。後來我自己繼續努力學習，就發現他這樣的講法還是有一些不周延的地方。如形軀我的境界太低，很難說它有甚麼價值，特別是精神的價值。然後他講情意我，講得太泛，情意我可以是一種情感，也可以是一種藝術的境界，那是情感昇華、不斷向上昇華所致。這個情意我很難抓到它的意思，他是以這個情意我作為藝術方面的主體、審美方面的主體，就是開拓那個藝術文化活動的主體。另外，他缺少了宗教方面求解脫求覺悟的主體性，如果這方面不講，人的精神活動就忽略了這方面。宗教在人的生命裏面，在生活形態、前途、生活走向上，所起的作用是很大很大的，所以我們不能忽略在宗教方面的自我設準。不過，有些人在宗教生活裏面已經到了一種過分的狀態，對於宗教信仰陷的太深，已經到了宗教的神話的程度了。像前幾天我們研究所的助理，一個女生，有一次遇到她，她就問我我的身體如何，我就回答還可以，還好，他就說感謝主。為什麼要這樣講呢？她是替我開心啊；在她看來，我的身體狀態可以保持不惡化，是主給我的一種恩典，可是我完全沒有這種想法，奇怪啊。還有多年以前，我還在香港教書時，那是基督教背景的大學。有一天我去維多利亞港那邊散步，看到一個文學院的女秘書，她派發傳教的單張給我看，那頁宣傳基督教義的傳單，說它的宗教怎麼怎麼的好，對於其他宗教卻說如何如何的壞，裏面包含了佛教。它批評的很嚴屬，說信仰佛教的人都是在意識昏迷的狀態下才會這樣做。這樣透過批評佛教來宣傳基督教，是不對的。我想回頭跟她說你有權去宣揚基督教，但是你沒有權利去批評其他的宗教來宣傳基督教的價值，你不能這樣做。可惜

她已經離開了，可能已回家了。

同學（張）：那現在要繼續講：靈臺明覺心的內容：逍遙跟無待。老師認為逍遙跟無待是表詮跟遮詮的不同，逍遙是表詮，是正面的表達方式；無待是遮詮，是反面的表達方式。同樣是表達無礙的意思。於是舉了列子御風的例子，列子御風好像很逍遙，可是還是憑藉風，還是有所待。若是真正的無待，就是天地之正，不用憑藉任何東西就可以逍遙，大概是這樣。

老師：天地之正你怎麼解釋？天地還有正不正嗎？

同學（張）：天地之正應該是想說明一種天地本源的狀態。

老師：那可以說天地之源呀。這裏可以有一個問題，你看最後幾句，「夫乘天地之正，而御六氣之辯」，這幾句就是正面，而且拿出例子來說明無待，表示這是道家的終極境界。所以正這個語詞，也很難猜出它背後的意味。其實這幾句話，有形而上的意味。天地，是形上學的概念；六氣，氣我們都常看成是物質性的開端，好像六氣就是一個宇宙的觀念，從道生起、發展、變化而來。所以天地是本體論的觀念，六氣是宇宙論的觀念。無窮是一種境界，以這個自然世界的無窮來比喻逍遙境界是無遠弗屆的。時間上無盡頭，空間上也沒有界限，就是無待。這是很重的話語，不是一般的概念，他用宇宙論的語詞來彰顯無待的境界。

同學（張）：老師，我在看的時候，就把它看成天地的大道、正道。我沒有想太多。

老師：道家講大道，通常用道或自然這個字眼，而不用正，為什麼呢？

同學（顏）：老師，這會不會是因為經後人整理過的關係呢？像《莊子》這本書，就經過魏晉南北朝的郭象的整理，會不會是郭象那時代的人的用語呢？

老師：在《莊子》這本書的其他部分也出現這字眼呀，它是放在〈逍遙遊〉裏，是〈內七篇〉，可信度很高，又是第一篇。

同學（呂）：老師，我想剛剛惟智同學說的正道的意思，雖然這個語詞比較多出現在儒家，但是正道是甚麼意思？正道就是不偏不歪曲，就不偏不歪曲來理解天地本來的狀態，可以這樣理解嗎？所以叫做天地之正。

老師：正可以是相對於邪來說，也可以就不偏來說，就是正位正統。我們說正統的，這是一個很重的語氣，是可以沒有挑戰的、合理的意味。對，你說的不偏不歪，可以作為正的注解。一般來說，正是作為倫理學的觀念：正邪、善惡。我們可以這樣講，道家不是很重視倫理學。我也不知道，所以才問你們啊。如果這個字眼表示不偏不倚的話，就表示正確的、正面的，是善的，不是惡的，這是倫理學的意味，不是道家所強調的。我們看，了解古典文獻，你有沒有注意到，越古的文獻，它的文句越短？他要節省文字，沒有作用的文字便不放上去。因為他那個時代，用竹簡書寫，是要用刀刻上去，非常的不容易呀，所以他要盡量的減少用字。當然，這個也跟背誦有關係，例如《論語》、《孟子》，以前這些經典的書，都

要背的，所以這也是一個理由。佛教那些偈頌也是要人背誦的。你問蕭振邦一下，他最近不是出了一本講莊子的書麼，問他有沒有注意這個問題。

同學（呂）：老師，那有沒有正氣的意味呢？

同學（顏）：是老師說承天地之正，御六氣之辯這樣子嗎？

老師：那層次不一樣，天地是形上學，自然、六氣是宇宙論啊，這在哲學上的層次不一樣。算了，我們暫時把它擱下，看成是一種大道說算了。繼續吧。

同學（張）：接下來講靈臺明覺心的精神與自然諧和問題。老師在書中說到，靈臺明覺心不是一個孤明，它最後還是要跟世間和合的，還是要落實到跟自然與人的和合中。天的本質為和，人與心靈的本質亦為和，因而有所謂的天和、人和，莊子較強調天和。我們的靈臺明覺心能達致天和或自然大和諧的境界，關鍵在於與自然和合為一體。我們在回歸到自然之中，不被主客二分所限制，甚至切割，莊子稱這種狀態為物化、物忘，這種物化的作用也表現在莊周夢蝶的故事中。

老師：這個物化怎麼解釋？例如說，唯物論把一切存在還原為物質，如果這樣看物化的話，物化就把那些精神理性都解構了，都回歸到物質性上，這不是道家的意思啊，道家不是唯物論者，那它是甚麼意思呢？

同學（張）：他這個物化還是要就著〈齊物論〉來說，是我們的精

神能夠遨遊在天地萬物中，所以物我是一體的。

老師：那天地與我並生，萬物與我為一，這句話要怎麼解釋呢？

同學（張）：天地與我並生，萬物與我為一，我還是會借助牟先生所說的不生之生的想法來理解那個生。

老師：你說不生之生，那物有沒有這個意味呢？

同學（張）：老師是說物化的這個物嗎？這個物化應該被放在精神的感通上說。

老師：現在是說作為客體的天地自然，與作為主體的自我，以一種統合、主客統合而成一體的方式存在，莊子也是在這個脈絡裏講物化。所以我們不能只看物化兩個字，要前後看，要在脈絡中看。我們看天地與我並生，萬物與我為一，要在這個背景下講物化。這個物化應該是主客合成一體：在藝術上沒有主體跟客體的分別，在道德上沒有人我的分別，在宗教上也沒有煩惱菩提、生死還滅的分別。這是最高層次的，用佛教的術語來說就是圓。

　　如果用唯物論來說物化的話，就不是莊子要說的意思了。物化是莊子最高的精神境界，是回應萬物與我為一的講法，就是萬物與我合成一體。可是這裏還是可以再問，與萬物成為一體，「成為一體」大概要怎麼理解呢？這是可以繼續研究的。例如背反，善惡、存在非存在，它們可以成為一種背反；就是說兩種性格相反的東西，總是擁抱在一起，不能分開，成為一種背反。背反是要被突破的，要怎麼樣去突破呢？我們不能把背反分成兩面，善是一面惡是

一面，生是一面死是一面；我們不能說這個背反可以切開為兩段，我們可以挑，挑生不挑死，挑善不挑惡，不能這樣處理。我們要從整個背反突破，把它解構，突破那些生死、善惡所形成的相對的領域。突破相對性，絕對性才能夠彰顯。你如果一定要把生死分開，生是一邊，死是另外一邊，這還是相對的，精神狀態還是停留在相對的層次，沒有終極性可以講，不能講絕對。所以要破就是生死一起破，把生死看成一個整體，兩個面向；它們是同體的，不能分開的，熊十力講的不離就是這個意思。另外的意思就是完全一樣，不光是不離，而是完全同一個東西。如果是完全同一個東西的話，那生死、善惡這些分別概念都沒有意義了。因為我們一般理解生死，生就是死的生，死就是生的死，如果我們把生死完全當作一樣的話，那我們說不需要提生與死這兩個語詞，就沒有生死，這就是純粹力動裏面所講的體用的關係，亦即是沒有體用關係。在這個脈絡下，生死、善惡、體用如果兩邊是完全一樣的話，內涵一樣的話，那根本不需要設立這些概念。如果我們把這些概念都撤消了，那生死、善惡、體用這些概念也自動瓦解，這樣就進入一個超言說的境界，沒得講。一講就落入言詮了。

那這個物化，在這兩個意思裏面，是比較靠近哪一面呢？這是很重要的。我們念古典，要一個字都不能放過，他們用字是很嚴格的。佛教裏面的翻譯也是，多餘的字眼、不表示意義的，他們都不會用的。我還想到另外一點，就是現象學，胡塞爾所講的現象學，有一個口號，就是要回到物的自己，就是一切事物的自己，那生活世界就建構在一種現實事物的層次裏面。不過這裏面還是有一個問題，就是胡塞爾所說的物，是一般物質的東西呢？還是康德所說的

物自身的東西呢？人能不能認識這物自身呢？這裏還要再作研究。基本上，胡塞爾是承認人有睿智的直覺以認識物自身的。從康德開始，人有沒有睿智的直覺以認識物自身的問題，哲學家一直都有注意。康德在前兩部批判裏面，就是第一跟第二批判，還是很強硬的認為睿智的直覺是上帝所獨有，人是沒有的。所以他講物自身是以遮詮的方式來講，就是用否定的方式來講，說物自身是一個界限的概念，是我們認知的界限，就是現象的範圍。一離開現象，後面的物自身我們是沒辦法了解的，所以他提的物自身，在人來講它是不能實證的，我們不能體證的；它也不是一種正面的觀念，是負面的，是一種限制的觀念（Grenzbegriff），限制我們認知的範圍。我們認知用感性、知性去認知外物，只能認知現象的層面而已，現象的背後所謂的物自身，我們可以假設，但不能確認說有這個東西，更不能說這個東西是怎麼樣，有甚麼性質，一句話也不能講。

　　回到前面天地與我並生，萬物與我為一，然後是物化，這個物化是不是有康德所講物自身的意味呢？這也是一個問題。徐復觀講莊周夢蝶裏面表達了一些意見，對物化也提出了一些詮釋。物化就是自然，自然有兩面的表現，一面是道，一面是自然世間中的種種面相，花草樹木、山河大地等等。然後說自然跟我們一般所見到的事物，兩者最後是相通的，沒有創造的與被創造的分別。我覺得道家物化的語詞、概念，可以拿來作一篇碩士論文，我們在這裏也不能確定是甚麼意思，因為拿到的資料還不夠，也沒進行過專門的研究。說到這裏，差不多了，你講一下結論。

結　論

同學（張）： 結論就是道家的靈臺明覺心，可以呈現自我之本然狀態，超越主客二分，同時又保住主客二分，表現解消執著之逍遙遊的美感的精神境界；又能使人不會下墮而落入知識論的束縛中，也可以守住知識論之價值，這便是靈臺明覺心精采的地方。那老師的純粹力動，也能含有靈臺明覺心的精采，在睿智的直覺自我屈折而成知性，復經明覺回復、凝練而稍收動勢的時候，就是動勢沒那麼猛烈的時候，能夠呈現一種平和的、明淨的藝術美感。藝術美感也可以說是審美的明覺，這個美感的明覺也是物我雙忘之境界，也是超越主客二分的。但是這個美感的明覺，只是純粹力動多種導向當中的一種，其他導向為道德、宗教、科學等等。所以純粹力動能包含更大的外延，這是純粹力動的寬廣、深邃的地方。還有一個比較重要的問題，莊子的心跟道是互通的，所以莊子的道是有實踐的、工夫論的意味的，展示一種主觀的實踐境界。我對莊子的理解比較傾向牟先生的境界形態的詮釋。

老師： 你提到牟先生的實踐的境界形態，如果是這樣子的話，就會把道的實體性、客觀性減殺，把形而上學的那種體性意味減輕了，那就表示實體主義的傾向減輕，而非實體主義的傾向就提高了。不過，我們還是要注意一下文獻的問題，牟先生這樣講，我覺得有道理，但是我們也不能完全以他的講法做準則，我們也可以發現在《莊子》文獻裏面也有展示道有實體主義的意味。我舉個例子，在〈內七篇〉裏面，說道有情有信，神鬼神帝，生天生地。有情有信

不是講無，而是講有，情是情感的情，信就是徵兆、徵訊，然後生天生地，神鬼神帝。我們集中在生天生地這邊來講，他這種生天生地跟老子講的那種自然的天地不一樣，因為從莊子這話來講，道就是創生天地的，天地就是萬物，如果是這樣的話，那不免要涉及實體性問題。如果不是實體的話，道憑甚麼能生天生地呢？這個生不能隨便講，例如基督教講上帝創造世界，創造人類和萬物，這在基督教來說是很自然的，因為基督教的上帝是一個實體，進一步是一個人格的實體。莊子講的道不是人格性的，但還是可以生天生地，那如果跟著牟先生的理解，就很難回應這方面的問題。

同學（張）：老師，那可以說讓天自生，讓地自生嗎？

老師：如果是這樣，那天地就有實體啦，不然要怎麼生呢？譬如雞生蛋，父母生子女。即是，有實體性的東西，不是空的，卻是有一些內涵，有它的常住性，有它的動感（除了一些罕見的例外，如柏拉圖的理型），有它作為萬物的根源的意味。如果你不講實體的話，那我剛剛講的那幾種東西怎麼來，例如雞生蛋，牠要有這個能力、潛能才能把蛋生出來，如果母雞裡面是空的，或者像佛教所講本質是空的，那要怎麼把它生出來呢？牠一定要有那個內涵、內容。我們今天就講到這裏。

淡江大學　中文所碩一　張惟智

參考書目

說明：

一、這個書目包含四種著書：中文的、日文的、英文的、德文的。

二、所列用書，以具有內涵（substance）、可讀性高和容易找到為
主。

三、排列次序方面，中文書以作者姓氏筆劃多少為準。日文書方
面，以假名字母次序為準。英文書及德文書方面，以羅馬體字
母 a、b、c、d、e……排列次序為準；同時，以姓為首，先
行，以名隨後。

一、中文

丁四新著《郭店楚墓竹簡思想研究》，北京：東方出版社，2000。

王卡點校《老子道德經河上公章句》，北京：中華書局，1993。

王邦雄著《生命的大智慧：老子的現代解讀》，臺北：漢光文化事
業公司，1993。

王邦雄著《老子的哲學》，臺北：東大圖書公司，1991。

王邦雄著《莊子道》，臺北：漢藝色研文化事業有限公司，1994。

王明著《道家和道教思想研究》，北京：中國社會科學出版社，

1990。

王叔岷著《先秦道法思想講稿》，臺北：中央研究院中國文哲研究所，1992。

王弼注《老子道德經》，臺北：世界書局，1963。

王弼注、袁保新導讀《老子》，臺北：金楓出版社，N.D。

王博著《老子思想的史官特色》，臺北：文津出版社，1993。

王葆玹著《玄學通論》，臺北：五南圖書公司，1996。

王德有著《老莊意境與現代人生》，北京：中國廣播電視出版社，1998。

方東美著《原始儒家道家哲學》，臺北：黎明文化事業公司，1992。

孔繁著《魏晉玄談》，瀋陽：遼寧教育出版社，1992。

瓦格納著，楊立華譯《王弼〈老子注〉研究》，上、下，南京：江蘇人民出版社，2008。

漢斯・格奧爾格・加達默爾著，洪漢鼎譯《詮釋學 1：真理與方法——哲學詮釋學的基本特徵》，臺北：時報文化出版公司，1996。

付粉鴿著《自然與自由：老莊生命哲學研究》，北京：人民出版社，2010。

成玄英疏《老子義疏》，臺北：廣文書局，1974。

牟宗三著《才性與玄理》，香港：人生出版社，1963。

牟宗三著《中國哲學十九講：中國哲學之簡述及其所涵蘊之問題》，臺北：臺灣學生書局，1989。

牟宗三著《現象與物自身》，臺北：臺灣學生書局，1975。

牟宗三著《智的直覺與中國哲學》，臺北：臺灣商務印書館，
　　1971。

牟宗三講述，陶國璋整構《莊子齊物論義理演析》，香港：中華書
　　局，1998。

牟宗三主講，盧雪崑錄音整理《四因說演講錄》，臺北：鵝湖出版
　　社，1997。

朱哲著《先秦道家哲學研究》，上海：上海人民出版社，2000。

朱越利、陳敏著《道教學》，北京：當代世界出版社，2000。

那薇著《道家與海德格爾相互詮釋：在心物一體中成其人物成其
　　物》，北京：商務印書館，2004。

伍至學編《哲學雜誌季刊第 13 期》主題論述之一：自然無為與生
　　態保育，臺北：業強出版社，1995。

安樂哲、郝大維著，何金俐譯《道不遠人：比較哲學視域中的〈老
　　子〉》，北京：學苑出版社，2004。

艾蘭、魏克彬著，邢文編譯《郭店老子：東西方學者的對話》，北
　　京：學苑出版社，2002。

呂志鵬著《道教哲學》，臺北：文津出版社，2000。

杜導明著《道家與解脫》，北京：作家出版社，1997。

何啟民著《魏晉思想與談風》，臺北：臺灣學生書局，1990。

李大華著《生命存在與境界超越》，上海：上海文化出版社，
　　2001。

李剛著《重玄之道開啟眾妙之門：道教哲學論稿》，成都：巴蜀書
　　社，2005。

李振綱著《生命的哲學：〈莊子〉文本的另一種解讀》，北京：中

華書局，2009。

李晨陽著《道與西方的相遇：中西比較哲學重要問題研究》，北京：中國人民大學出版社，2005。

李零著《郭店楚簡校讀記》，北京：北京大學出版社，2002。

李錦全、曹智頻著《莊子與中國文化》，貴陽：貴州人民出版社，2001。

吳汝鈞著《老莊哲學的現代析論》，臺北：文津出版社，1998。

吳汝鈞著《胡塞爾現象學的知識論析論》，臺北：鵝湖出版社，2008。

吳汝鈞著《胡塞爾現象學解析》，臺北：臺灣商務印書館，2003。

吳汝鈞著《純粹力動現象學》，臺北：臺灣商務印書館，2005。

吳汝鈞著《純粹力動現象學續篇》，臺北：臺灣商務印書館，2008。

吳汝鈞著《純粹力動現象學六講》，臺北：臺灣學生書局，2008。

吳汝鈞著《絕對無的哲學：京都學派哲學導論》，臺北：臺灣商務印書館，1998。

吳汝鈞著《機體與力動：懷德海哲學研究與對話》，臺北：臺灣商務印書館，2004。

林麗真著《王弼》，臺北：東大圖書公司，1988。

金春峰著《〈周易〉經傳梳理與郭店楚簡思想新釋》，北京：中國言實出版社，2004。

周大興著《自然、名教、因果：東晉玄學論集》，臺北：中央研究院中國文哲研究所，2004。

胡孚琛著《魏晉神仙道教：〈抱朴子內篇〉研究》，臺北：臺灣商

務印書館，1992。

胡孚琛、呂錫琛著《道學通論：道家、道教、仙學》，北京：社會
科學文獻出版社，1999。

胡楚生著《老莊研究》，臺北：臺灣學生書局，1992。

胡塞爾著，李幼蒸譯《純粹現象學通論》，臺北：桂冠圖書公司，
1994。

胡塞爾著，張憲譯《笛卡兒的沈思》，臺北：桂冠圖書公司，
1994。

徐復觀著《中國人性論史先秦篇》，臺北：臺灣商務印書館，
1999。

徐復觀著《中國藝術精神》，臺北：臺灣學生書局，1979。

唐君毅著《中國哲學原論導論篇》，香港：人生出版社，1966。

唐君毅著《中國哲學原論原性篇》，香港：新亞研究所，1968。

唐君毅著《中國哲學原論原道篇一》，香港：新亞研究所，1973。

唐君毅著《生命存在與心靈境界》上、下，臺北：臺灣學生書局，
1977。

唐君毅著《哲學概論》上、下，《唐君毅全集》卷 21，22，臺
北：臺灣學生書局，1996。

袁保新著《老子哲學之詮釋與重建》，臺北：文津出版社，1991。

袁保新著《從海德格、老子、孟子到當代新儒學》，臺北：臺灣學
生書局，2008。

高柏園著《莊子內七篇思想研究》，臺北：文津出版社，1992。

高齡芬著《王弼老學之研究》，臺北：文津出版社，1992。

郭沂著《郭店竹簡與先秦學術思想》，上海：上海教育出版社，

2001。

郭梨華著《王弼之自然與名教》，臺北：文津出版社，1995。

郭象注，成玄英疏《南華真經注疏》上、下，北京：中華書局，1998。

郭象原注，林聰舜導讀《莊子》上、下，臺北：金楓出版社，N.D.

郭慶藩輯《莊子集釋》四冊，北京：中華書局，1978。

連清吉著《日本江戶後期以來的莊子研究》，臺北：臺灣學生書局，1998。

陳鼓應著《老子註譯及評介》，香港：中華書局，1993。

陳鼓應著《老莊新論》，香港：中華書局，1993。

陳鼓應著《易傳與道家思想》，北京：生活、讀書、新知三聯書店，1996。

陳鼓應注譯《莊子今注今譯》，香港：中華書局，1990。

陳鼓應著《莊子哲學》，臺北：臺灣商務印書館，1993。

陳麗桂著《戰國時期的黃老思想》，臺北：聯經出版事業公司，1991。

許抗生著《魏晉思想史》，臺北：桂冠圖書公司，1992。

許抗生、李中華、陳戰國、那薇著《魏晉玄學史》，西安：陝西師範大學出版社，1989。

崔大華著《莊學研究：中國哲學一個觀念淵源的歷史考察》，北京：人民出版社，1992。

張吉良著《老聃〈老子〉太史儋〈道德經〉》，濟南：齊魯書社，2001。

張智彥著《老子與中國文化》，貴陽：貴州人民出版社，1996。

張欽著《道教煉養心理學引論》，成都：巴蜀書社，1999。

莊慶信著《中國哲學家的大地觀》，臺北：師大書苑，1995。

莊耀郎著《郭象玄學》，臺北：里仁書局，2002。

湯一介著《中國傳統文化中的儒道釋》，北京：中國和平出版社，1988。

湯一介著《郭象與魏晉玄學》，臺北：谷風出版社，1987。

湯一介著《魏晉南北朝時期的道教》，西安：陝西師範大學出版社，1988。

湯用彤著《理學、佛學、玄學》，北京：北京大學出版社，1991。

湯用彤著《湯用彤學術論文集：湯用彤論著之三》，北京：中華書局，1983。

湯用彤、任繼愈著《魏晉玄學中的社會政治思想略論》，上海：上海人民出版社，N.D。

程維榮著《道家與中國法文化》，上海：上海交通大學出版社，2001。

賀昌群、劉大杰、袁行霈著《魏晉思想：甲編三種》，臺北：里仁書局，1995。

強昱著《從魏晉玄學到初唐重玄學》，上海：上海文化出版社，2002。

勞思光著《中國哲學史》第一卷，香港：香港中文大學崇基學院，1974。

傅佩榮著《儒道天論發微》，臺北：臺灣學生書局，1988。

卡爾・雅斯貝爾著，李雪濤主譯《大哲學家》，北京：社會科學文獻出版社，2005。

葛榮晉主編《道家文化與現代文明》，北京：中國人民大學出版社，1991。

董光璧著《當代新道家》，北京：華夏出版社，1991。

董恩林著《唐代〈老子〉詮釋文獻研究》，濟南：齊魯書社，2003。

董恩林著《唐代老學：重玄思辨中的理身理國之道》，北京：中國社會科學出版社，2002。

蒙培元著《人與自然：中國哲學生態觀》，北京：人民出版社，2004。

葉海煙著《老莊哲學新論》，臺北：文津出版社，1997。

葉海煙著《莊子的生命哲學》，臺北：東大圖書公司，1990。

葉舒憲著《莊子的文化解析：前古典與後現代的視界融合》，武漢：湖北人民出版社，1997。

楊立華著《郭象〈莊子注〉研究》，北京：北京大學出版社，2010。

楊安崙著《中國古代精神現象學：莊子思想與中國藝術》，長春：東北師範大學出版社，1993。

楊啟亮著《道家教育的現代詮釋》，武漢：湖北教育出版社，1996。

楊儒賓著《先秦道家「道」的觀念的發展》，臺北：國立臺灣大學出版委員會，1987。

樓宇烈校釋《王弼集校釋》，臺北：華正書局，1992。

熊鐵基、馬良懷、劉韶軍著《中國老學史》，福州：福建人民出版社，1995。

趙衛民著《老子的道》，臺北：幼獅文化事業公司，1994。

寧稼雨著《魏晉風度：中古文人生活行為的文化意蘊》，北京：東方出版社，1992。

鄭世根著《莊子氣化論》，臺北：臺灣學生書局，1993。

劉光義著《莊學蠡測》，臺北：臺灣學生書局，1986。

劉笑敢著《老子：年代新考與思想新詮》，臺北：東大圖書公司，1997。

劉笑敢著《老子古今：五種對勘與析評引論》上、下，北京：中國社會科學出版社，2006。

劉笑敢著《兩種自由的追求：莊子與沙特》，臺北：正中書局，1994。

劉笑敢著《莊子哲學及其演變》，北京：中國社會科學出版社，1993。

劉笑敢著《詮釋與定向：中國哲學研究方法之探究》，北京：商務印書館，2009。

蔡宏著《般若與老莊》，成都：巴蜀書社，2001。

魯迅、容肇祖、湯用彤著《魏晉思想：乙編三種》，臺北：里仁書局，1995。

盧國龍著《中國重玄學：理想與現實的殊途與同歸》，北京：人文中國出版社，1993。

盧國龍著《郭象評傳：理性的薔薇》，南寧：廣西教育出版社，1996。

錢穆著《莊老通辨》，臺北：東大圖書公司，1991。

賴賢宗著《海德格爾與禪道的跨文化溝通》，北京，宗教文化出版

社：2007，。

戴璉璋著《玄智、玄理與文化發展》，臺北：，中央研究院中國文
　　哲研究所。2002

鍾振宇著《道家與海德格》，臺北：文津出版社，2010。

蕭兵、葉舒憲著《老子的文化解讀：性與神話學之研究》，武漢：
　　湖北人民出版社，1994。

蕭振邦著《深層自然主義：〈莊子〉思想的現代詮釋》，臺北：東
　　方人文學術研究基金會，2009。

韓祿伯著，邢文改編，余瑾翻譯《簡帛老子研究》，北京：學苑出
　　版社，2002。

魏啟鵬著《楚簡〈老子〉柬釋》，臺北：萬卷樓圖書公司，1999。

嚴靈峰編著《道家四子新論》，臺北：臺灣商務印書館，1977。

蘇東天著《易老子與王弼注辨義》，北京：文化藝術出版社，
　　1996。

蘇新鋈著《郭象莊學平議》，臺北：臺灣學生書局，1980。

二、日文

赤塚忠、金谷治、福永光司、山井湧著《中國文化叢書 3：思想
　　史》，東京：大修館書店，1997。

阿部吉雄著《莊子》，東京：明德出版社，1997。

內山俊彥著《中國古代思想史における自然認識》，東京：創文
　　社，1987。

岡田武彥著《岡田武彥全集 15：東洋のアイデンティティ》，東
　　京：明德出版社，2007。

小島祐馬著《中國思想史》，東京：創文社，2000。

金谷治著《金谷治中國思想論集上卷：中國古代の自然觀と人間觀》，東京：平河出版社，1997。

金谷治著《金谷治中國思想論集中卷：儒家思想と道家思想》，東京：平河出版社，1997。

菊地章太著《老子神化：道家の哲學》，東京：春秋社，2002。

木村英一著《中國哲學の探究》，東京：創文社，1992。

佐藤明著《〈莊子〉內篇の研究》，福岡：中國書店，1998。

武內義雄著《中國思想史》，東京：岩波書店，2000。

田邊元著《懺悔道としての哲學》，東京：岩波書店，1993。

西谷啟治著《根源的主體性の哲學・正》，《西谷啟治著作集》第一卷，東京：創文社，1991。

西谷啟治著《根源的主體性の哲學・續》，《西谷啟治著作集》第二卷，東京：創文社，1992。

西谷啟治著《西田哲學と田邊哲學》，《西谷啟治著作集》第九卷，東京：創文社，1993。

西田幾多郎著《善の研究》，東京：岩波書店，1997。

西田幾多郎著《哲學の根本問題：行為の世界》，《西田幾多郎全集》第七卷，東京：岩波書店，1979。

西田幾多郎著《哲學の根本問題續編：辯證法的世界》，《西田幾多郎全集》第七卷，東京：岩波書店，1979。

西田幾多郎著《働くものから見るものへ》，《西田幾多郎全集》第四卷，東京：岩波書店，1979。

西田幾多郎著《無の自覺的限定》，《西田幾多郎全集》第六卷，

東京：岩波書店，1979。

蜂屋邦夫著《中國思想とは何だろうか》，東京：河出書房，1996。

蜂屋邦夫著《中國の思維》，京都：法藏館，1985。

福井文雅著《漢字文化圈の思想と宗教》，東京：五曜書房，1998。

R. ベルネ、I. ケルン、E. マールバッハ著，千田義光、鈴木琢真、德永哲郎譯《フッサールの思想》，東京：理想社，1994。

エトムント・フッサール著，渡邊二郎譯《イデーン》，I：I、II，東京：みすず書房，2001。

村上嘉實著《六朝思想史研究》，京都：平樂寺書店，1992。

森三樹三郎著《中國思想史》上、下，東京：第三文明社，1996，2000。

山室三良著《老子》，東京：明德出版社，1996。

三、英文

Bergson, H., *The Two Sources of Morality and Religion.* Trans. R. Ashley and Cloudesley Brereton, Notre Dame, Indiana: University of Notre Dame Press, 1977.

Bernet, R., Kern, I., Marbach, E., *Edmund Husserl: Darstellung seines Denkens.* Hamburg: Felix Meiner Verlag, 1989.

Blakney, R. B., *The Way of Life: A New Translation of the Tao Te Ching.* New York: New America Library, 1955.

Callicott, Baird and Ames, Roger T., *Nature in Asian Traditions of Thought: Essay in Environmental Philosophy*. New York: The State University of New York Press 1989.

Chan, Wing-tsit, trans., *The Way of Lao Tzu*. New York: Bobbs-Merrill, 1963.

Fang, Thomé H., *Chinese Philosophy: Its Spirit and Its Development*. Taipei: Linking Publishing Co., Ltd., 1981.

Graham, A. C., *Chuang-tzu: The Seven Inner Chapters and Other Writings from the Book Chuang-Tzu*. London: George Allen and Unwin, 1981.

Hansen, Chad, *A Daoist Theory of Chinese Thought: A Philosophical Interpretation*. New York: Oxford University Press, 1992.

Kaltenmark, M., *Lao Tzu and Taoism*. Stanford, CA: Stanford University Press, 1969.

Kant, I., *Critique of Pure Reason*. Tr. N. K. Smith, London: Macmillan and Co. Ltd., 1964.

Lau, D. C., trans., *Chinese Classics: Tao Te Ching*. Hong Kong: The Chinese University Press, 1989.

Schwartz, Benjamin I., *The World of Thought in Ancient China*. Cambridge, MA: Harvard University Press, 1985.

Spiegelberg, H., *The Phenomenological Movement: A Historical Introduction*. With the Collaboration of K. Schuhmann. The Hague: Martinus Nijhoff Publishers, 1982.

Wagner, Rudolf G., *A Chinese Reading of the Daodejing: Wang Bi's*

Commentary on the Laozi with Critical Text and Translation. Albany: State University of New York Press, 2003.

Wagner, Rudolf G., *The Craft of a Chinese Commentator: Wang Bi on the Laozi*. Albany: State University of New York Press, 2000.

Waley, Arthur, *The Way and Its Power: The Tao Te Ching and Its Place in Chinese Thought*. London: Unwin Paperbacks, 1968.

Whitehead, A. N., *Modes of Thought*. New York: The Free Press, 1968.

Whitehead, A. N., *Process and Reality*. Corrected Edition by D. R. Griffin and D. W. Sherburne, New York: The Free Press, 1978.

四、德文

Buber, Martin, *Reden und Gleichnisse des Tschaung-Tse*. Deutsche Auswahl von Martin Buber. Leipzig, 1910.

Chung, Chen-yu, *Lebensweisheit und Weltoffenheit. Ein Vergleich zwischen daoistischem wuwei und Heideggerischer Gelassenheit*. Nordhausen, 2006.

Debon, G., *Tao-te-king: d. heilige Buch vom Weg u. von d. Tugend*. Übers., Einl. u. Aum. von Günther Debon, Stuttgart, 1985.

Gadamer, Hans-Georg, *Wahrheit und Methode: Grundzüge einer philosophischen Hermeneutik*. Tübingen: J. C. B. Mohr(Paul Siebeck), 1990.

Husserl, E., *Ideen zu einen Phänomenologie und phänomenologischen Philosophie*. Erstes Buch: *Allgemeine Einführung in die reine Phänomenologie*. Neu herausgegeben von K. Schuhmann. Den

Haag: Martinus Nijhoff, 1976.

Husserl, E., *Cartesianische Meditationen und Pariser Vorträge.* Herausgegeben und eingeleitet von S. Strasser. Den Haag: Martinus Nijhoff, 1973.

Jäger, H., *Mit den passenden Schuhen vergisst man die Füβe: ein Zhuangzi-Lesebuch.* Freiburg, 2003.

Kant, I., *Kritik der reinen Vernunft.* Herausgegeben von W. Weischedel. Frankfurt a. M.: Suhrkamp verlag, 1977.

Kant, I., *Die Religion innerhalb der Greenzen der bloβen Vernunft.* Herausgegeben von R. Malter. Stuttgart: Philip Reclam jun, 1974.

Lee Yen-hui, *Gelassenheit und Wuwei: Nähe und Ferne zwischen dem späten Heidegger und dem Taoismus.* Freiburg, 2001.

Möller, Hans-Georg, *Laotse, Tao Te King. Die Seidentexte von Mawangdui 500 Jahre alter als andere Ausgaben.* Frankfurt a. M., 1995.

Schuhmacher, Stephan, *Zhuangzi. Das klassische Buch daoistisher Weisheit.* Frankfurt a. M., 1998.

Wilhelm, Richard, *Laotse, Tao Te King.* Köln, 1982.

Wohlfart, Günter, *Der Philosophische Daoismus.* Köln, 2001.

國家圖書館出版品預行編目資料

道家詮釋學與純粹力動現象學

吳汝鈞等著.－ 初版.－ 臺北市：臺灣學生，2011.08
面；公分

ISBN 978-957-15-1533-5 (平裝)

1. 道家 2. 詮釋學

121.3   100014037

道家詮釋學與純粹力動現象學(全一冊)

著　作　者：吳　　汝　　鈞　　等
出　版　者：臺 灣 學 生 書 局 有 限 公 司
發　行　人：楊　　　　雲　　　　龍
發　行　所：臺 灣 學 生 書 局 有 限 公 司
　　　　　　臺北市和平東路一段七十五巷十一號
　　　　　　郵 政 劃 撥 帳 號：00024668
　　　　　　電　話：(02)23928185
　　　　　　傳　眞：(02)23928105
　　　　　　E-mail：student.book@msa.hinet.net
　　　　　　http：//www.studentbook.com.tw
本書局登
記證字號：行政院新聞局局版北市業字第玖捌壹號

印　刷　所：長 欣 印 刷 企 業 社
　　　　　　新北市中和區永和路三六三巷四二號
　　　　　　電　話：(02)22268853

定價：平裝新臺幣四二○元

西 元 二 ○ 一 一 年 八 月 初 版